Greg Campbell
Peter A. Thomaset

Das MännerLebensbuch

Die Vision und Seelenwerkstatt
einer neuen Männerkultur

Greg Campbell
Peter A. Thomaset

Das MännerLebensbuch

Die Vision und Seelenwerkstatt
einer neuen Männerkultur

beustverlag

Bibliografische Information Der Deutschen Bibliothek
Die Deutsche Bibliothek verzeichnet diese Publikation in der Deutschen Nationalbibliografie; detaillierte bibliografische Daten sind im Internet über http://dnb.ddb.de abrufbar.

1. Auflage 2003

Fraunhoferstraße 13
80469 München
www.beustverlag.de

Fotos: IMSI, Photodisc, CURA MEDIA, Peter A. Thomaset
Titelabbildung: Getty Images, München
Lektorat: Jürgen Bolz, Friedberg
Layoutdesign, Satz und Produktion: CURA MEDIA, Gilching
Umschlagdesign: ZERO Werbeagentur, München
Druck und Bindung: Finidr, Český Těšín

ISBN 3-89530-077-2

Printed in EU

Inhalt

Einleitung

Wir – Greg und Peter – sind davon überzeugt, dass jeder Mann sich auf die Suche nach seinem eigenen spirituellen Weg machen sollte. Denn eigentlich gibt es keinen anderen Weg als diesen einen alltäglichen spirituellen (seelischen, seligen) Weg, auf dem sich ohnehin jeder bewegen, innehalten und vergehen muss. Ein Tor öffnet sich dabei, der Eintritt in ein leidenschaftliches Leben wird möglich.

Aber nicht nur das wird dem Mann zum Geschenk gemacht, er beginnt auch eine Vision vom Leben zu spüren. Sein Leben wird dabei an Kontrolle verlieren. Nichts wird dadurch einfacher werden, alles jedoch intensiver; nichts wird dadurch sicherer werden, alles jedoch selbstbewusster und glücklicher. Mit dem Eintritt in die männliche Spiritualität wird das Leben risikoreicher. Der Mann wehrt sich nicht mehr dagegen, seinen Kopf ins Leben zu halten und seine Füße schmutzig zu machen.

Dieses Buch ist für alle Kinder dieser Welt geschrieben. Für alle Menschen, barfüßig und nackt, wie wir alle einst bei unserer Geburt waren. Geschrieben in Gedanken an und im Vertrauen auf das »innere Kind«. Die Vorstellung und das Bildnis des »inneren Kindes« symbolisiert das grundlegende Gutsein in uns Menschen.

Wenn es die Menschen schaffen könnten, dieses grundlegende Gutsein in sich wahrzunehmen, in ihrer Wärme anzunehmen und in menschenwürdiger Haltung durch Handlungen zum Ausdruck zu bringen, dann, ja dann könnten wir das uns aus Urzeiten vertraute Gefühl des Gutseins in allen anderen Menschen – aber auch in Tieren, Pflanzen und allem anderen, was uns umgibt – erkennen und zu uns in Beziehung setzen. Wenn das einmal geschafft ist, dann, ja dann wäre endlich Frieden auf unserem kleinen runden verletztlichen Erdenkörper.

Wir haben die Erfahrung gemacht, dass ein Mann erst dann seinem spirituellen Auftrag folgen kann, wenn er beginnt grundlegend an sich zu arbeiten. Einen Teil dieser Arbeit kann er natürlich allein anpacken. Wir glauben jedoch, dass es für den wesentlich größeren Teil der Arbeit einiges mehr an Männlichkeit braucht. In gemeinsamer Arbeit mit anderen Männern entsteht eine heilende Verbundenheit. Und wenn diese Verbundenheit gegenwärtig ist, entsteht bei Männern Mentorenschaft – Vatersein. Das ist die wiedergeborene Bereitschaft der Männer, eine verantwortungsvolle Vaterschaft zu übernehmen: für alle, die einen reifen, erwachsenen Mann für ihre Reifung brauchen.

Uns zivilisierten Menschen fehlt allen zumindest ein Elternteil, in vielen Fällen vermissen wir auch beide. Damit meinen wir nicht nur, dass sie verstorben sind, sondern wir stellen eine emotionale »Verlassenheit« fest, den Abbruch des Kontaktes zu den Eltern oder ihren Missbrauch für ein gesellschaftlich propagiertes familiäres Wertesystem. In unserer Kindheit mussten wir leider erfahren, wie heimtückisch die Erwachsenen die von uns so lebensnotwendig benötigte emotionale Unterstützung verweigerten. Später dann, als junge Erwachsene, hatten wir keine klare Vorstellung von unserer Aufgabe im Leben.

Es ist bezeichnend, dass viele einen falschen Beruf erlernt haben und ihre wahre Berufung nur in der Freizeit ausleben konnten. Gleichzeitig gingen wir eine wacklige Zweierbeziehung ein, sodass wir kaum das Wehklagen, die kindlichen Verletzungen in unserer und in der inneren Stimme unserer Geliebten wahrnehmen konnten. Trotzdem haben die meisten von uns in dieser Zeit alles versucht, verantwortungsvoll mit ihrer Frau, mit ihren Kindern und mit ihrem Beruf umzugehen. Aber leider hatten wir nur sehr wenig Erfolg dabei. Irgendwann schließlich – nach einer oder eher mehreren großen oder kleinen Krisen – entdeckten wir, dass es einer grundlegenden leidenschaftlichen Arbeit bedarf.

In diesem Buch versuchen wir, diese grundlegende Arbeit zu vermitteln und praktische Anleitungen zu geben, wie man sie mit größtmöglicher Effizienz in den so genannten Alltag übertragen kann. Nur die wirklich konkrete, praktische Auseinandersetzung mit diesem Arbeitsprogramm und den darin empfohlenen Übungen bringt dem auf Heilung und Reifung bedachten Mann Veränderung und neue Impulse, die positive Visionen über den Sinn des Daseins ermöglichen. Um zu diesen Visionen zu gelangen, müssen wir den Zugang zu unserer Unschuld wiederfinden. Die Wiederherstellung der Verbindung zum grundlegenden Gutsein führt uns direkt zur natürlichen Unschuld. Das ist unserer Meinung nach die einzig wichtige Voraussetzung für das Überleben auf unserem Planeten und für die körperliche und geistige Gesundheit nicht nur von uns Männern, sondern von allen Menschen.

Der Umgang mit diesem Buch

Eines sei gleich vorweg gesagt: Sie halten ein praktisches Arbeitsbuch in Händen, das ein Werkzeug für den Aufbau und für die Unterstützung von Männergruppen darstellt. Das sollte klar sein. Dieses Buch ist nicht dazu geeignet und auch nicht dazu gedacht, es auf einen Rutsch zu lesen, in ein Regal zu stellen oder als Alibi in die Büchersammlung aufzunehmen. Dieses Buch ist ein Dauerbrenner, geschürt von den Männern, die dazu beitrugen, dass das Feuer immer noch in unseren Herzen und in den zahllosen Schwitzhüttennächten brennt.

Ihre Kinder und Enkel sollten dieses Buch nur dann von Ihnen bekommen, wenn es für Sie ein Werkzeug war, mit dem Sie an sich gearbeitet haben. Die Kinder sollen sehen können, dass Sie damit ein Feuer genährt haben, das Ihren Gram als Asche zurückgelassen hat, dass es Ihre Gedanken und Handlungen beflügelt hat und dass die abgegriffenen Seiten Zeugnis davon ablegen, wie oft Sie im Begriff waren, Ihr Leben im Prozess der männlichen Reifung zu verlieren. Dieses Buch muss getränkt sein von Ihrem Schweiß und von Ihren Tränen. Es soll das Blut reinigen und zu den Herzen der Menschen fließen lassen.

Unsere Empfehlung: Sie können das Buch von vorn nach hinten lesen oder Sie schlagen einfach eine x-beliebige Seite auf. Lesen Sie, was dort geschrieben steht, und führen Sie entweder die dazugehörige praktische Übung aus oder meditieren Sie über den Text. Oder noch besser: Handeln Sie im Sinne des Gelesenen.

Doch achten Sie dabei auf einen imaginären Mentor: Was er Ihnen zu sagen hat, welche Hinweise und Informationen er Ihnen gibt. Er begleitet Sie wie ein weiser reifer Vater durch jedes Kapitel, durch das ganze Buch.

Wenn Sie vor schwierigen Textteilen stehen oder sich emotional überfordert fühlen, dann können Sie auch für eine Zeit Ihre Augen schließen und sich vorstellen, dass Ihr imaginärer Mentor, wie auch immer er aussehen mag – zum Beispiel ein alter Mann, ein Mönch, Jesus, Gott, ein Kind, ein eingehülltes Wesen oder aber ein helles Licht –, neben Ihnen oder hinter Ihnen steht, Sie stärkt und schützt. Alles, was Sie glauben, in diesem Moment nicht klären, nicht tragen, nicht bewältigen zu können, übergeben Sie einfach diesem imaginären Mentor. Er wird es für Sie bewahren, aufbereiten und Ihnen zu angemessener Zeit in angemessenen Portionen wieder zuführen.

Sie werden sehen, es geht! Wir möchten Sie jedoch vor der Annahme warnen, dieser imaginäre Mentor könnte die Arbeit mit den Männern ersetzen. Das ist unmöglich! Für diese Arbeit brauchen Sie andere Fleisch gewordene Männer. Sie brauchen andere Männer, um sich als Mann erkennen und erfahren zu können. Der imaginäre Mentor hilft Ihnen lediglich, mit der Seele in Verbindung zu treten.

Die Übungen und Lösungsansätze in diesem Buch können allein oder gemeinsam mit anderen Männern durchgeführt bzw. angestrebt werden. Nach unseren Erfahrungen erlebt man die Übungen noch intensiver, und die gewünschten Resultate werden effizienter, wenn in einer Männergruppe gearbeitet wird. Männergruppen, die unsere Konzepte anwenden, sind davon überzeugt und waren in der Vergangenheit sehr oft positiv überrascht von den Ergebnissen, die ihre Arbeit hervorbrachte. Diese Männer wissen auch von der Wirksamkeit der wöchentlichen Männertreffen. Ein sehr entscheidender Faktor bei diesen Zusammenkünften ist die Wahl des Ortes. Es muss ein neutraler, sicherer und störungsfreier Ort sein, an dem Männer sich und ihrer Arbeit Raum geben können.

Falls Sie Interesse an der Gründung einer Männergruppe (Männerstammtisch, Männertreffen) haben, dann informieren Sie sich auf der Homepage des beustverlages (www.beustverlag.de) über die entsprechenden Angebote. Das ewige Warten und ziellose Herumirren der Männer muss endlich ein Ende finden. Das Warten auf Heilung, Reifung, Entwicklung, Therapie, auf einen anderen Mann, Vater, Mentor oder auf den Zeitpunkt, an dem Gott Vater wirklich vom Himmel herabsteigt, hat lange genug angedauert: Schließen Sie sich endlich einer Männergruppe an!

Darüber hinaus ist es uns ein ernstes Anliegen, die Verantwortung für unsere körperliche, geistige und seelische Gesundheit nicht nur den aufgeblähten Apparaturen und anderen seelenlosen Mechanismen zu überlassen, sondern uns unserer eigenen Heilungskraft wieder bewusst zu werden und sie für uns zurückzugewinnen. In Eigenverantwortung für sich selbst zu handeln, um den eigenen und den Seelenhunger anderer zu stillen, und den Naturgesetzen, allein schon aus Überlebensgründen, zu folgen – das ist die Herausforderung des neuen Jahrhunderts. Die ökologische, soziale, politische und gesellschaftliche Ausbeutung könnte auf diese Weise ein Ende finden, so Gott (und Mensch) will!

Danksagungen

Wir danken folgenden Männern aus unserer gemeinsamen zehnjährigen Männerarbeit für ihren Mut, für ihre Ehrlichkeit und für ihre Bereitschaft, sich selbst und andere auf den Weg zur Heilung, Reifung und Mannwerdung zu bringen.
Schlussendlich waren es all diese vielen Männer und ihre oftmals sehr schwierigen und langen Veränderungsprozesse, die das Wesen dieses Buches ausmachen. Diese Männer stehen stellvertretend für viele andere Männer, die es auch gewagt haben auszubrechen, die nicht länger weggesehen und weggehört haben und die sich schließlich als Mann aus dem Staub gemacht haben, um sich dem tieferen Mannsein zu stellen.

Wir danken Hansjörg, Reinhold, Paul, Ewald, Herbert, Norbert, Klaus, Helmut, Christian, Wilfried, Wolfgang, Martin, Walter, Helmut, Andreas, Hans, Hanspeter, Richard, Herbert, Kurt, Hermann, David, Manfred, Franz, Rudi, Christoph, Alfred, Reinhold, Raimund, Michael, Günter, Jürgen, Bernhard, Johannes, Peter, Michael, Robert, Sebastian, Albrecht, Markus, Albert, Heinz, Konrad, Bernd, Simon, Manuel, Erwin, Wolf-Dieter, Karlheinz, Helfried, Georg, Wolfgang, Andy, Manfred, Nico, Harald, Rene, Klemens, Thomas, Peter, Franz, Josef, Jörg, Anton, Reinhard, Volker, Boris, Horst, Henning, Heinzpeter, Bernhard, Sebastian, Andreas, Michael, Roberto, Klaus, Martin, Karl, Erich, Manfred, Matthias, Alexander, Mario, Hanspeter, Raoul, Heinrich, Florian, Max, Armin, Wolfgang, Friedrich, Hermann, Rudolf, Willi, Hannes, Karl-Heinz, Wolfgang, Richard, Hans, Helmut, Gerhard, Boris, Alois, Alfred, Markus, Thomas, Michael, Pal, Stefan, Arno, Albert, Reinhold, Tobias, Hubert, Rainer, Herbert, Markus, Jürgen, Andreas, Simon, Michael, Hansgeorg, Christian, Joseph, Moritz, Tassillo, Hans, Erwin, Gunther und Lothar und vielen anderen mehr …

Wir danken den Frauen dieser Männer, dass sie diese Männerarbeit mitgetragen haben und bereit waren, die Veränderungsprozesse ihrer Männer in ihre Beziehung und Familie wohlwollend aufzunehmen. Möge diese Arbeit und ihre spirituelle Praxis uns und unsere Familien zur Gesundung führen.

Wörgl, im Mai 2003
Peter A. Thomaset
Greg Campbell

Was dieses Buch nicht ist ...

Unser Buch richtet sich nicht gegen Frauen und Kinder.
Es ist …

… kein literarisches Werk
… keine wissenschaftliche Abhandlung
… kein ausschließlich psychologisches Buch
… kein Therapie-Ersatz und verfolgt keine therapeutischen Absichten
… an keine Philosophie, Religion oder Weltanschauung gebunden
… keine Esoterik
… nicht von Theoretikern für statistische Zwecke geschrieben
… wahrscheinlich weder vollständig noch perfekt
… mit Sicherheit nicht der Weisheit letzter Schluss
… kein Freibrief für Entschuldigungen und Nichtstun.

… und was dieses Buch ist

Unser Buch spricht die Sprache der Männer. Es ist …

… ein Praxisbuch, geschrieben von Männern
… ein Buch für Männergruppen
… der Erfahrungsbericht aus zehn Jahren praktischer Arbeit mit Männern
… ein Mentor, Vater und Freund in gedruckter Form
… ein Wörterbuch für Männer, die ihr Leben eigenverantwortlich in die Hand nehmen wollen
… die Vision einer neuen, gesunden und gewaltfreien Männerkultur
… eine Seelenwerkstatt für Männer, die unnötig leiden und nach einem Ausweg suchen
… die Grundlage für den Bauplan zur Errichtung einer neuen Gesellschaft, weil auch die Gesellschaft unnötig leidet, solange Männer unnötig leiden.

Möge dieses Buch allen dienen, die es zur Hand nehmen.

Ein alter und ein junger Mann, eine Männerfreundschaft und darüber hinaus

Ich, Peter, möchte Ihnen zur Einstimmung erzählen, wie Greg und ich zur gemeinsamen Männer- und Schwitzhüttenarbeit kamen.

Es war 1956. Greg war gerade 18 Jahre alt und damit beschäftigt, seiner Vision von einem Helden hinterherzujagen. Freiwillig trat er den US-Marines – den so genannten Ledernacken – bei, mit der Absicht, dort sein Mannsein zu entdecken. Er folgte den Spuren seines Vaters nach Japan und war mit den Marineinfanteristen für einige Jahre dort stationiert. Ich wurde 1958 gerade geboren.

Fünfunddreißig Jahre später, 1991, lernten Greg und ich uns kennen. Viel Unerwartetes, Erschütterndes und zu jener Zeit für die Zukunft noch nicht Einschätzbares begann. In diesem Jahr fing ich an, ohne dass ich es wirklich so genau wusste, nach den Wurzeln meines Lebens zu graben. Dieses Suchen nach dem Ursprung meines Daseins bescherte mir ein so genanntes zweites Leben, das mit mehr Reife, Eigenständigkeit und Erwachsensein ausgestattet war. Der Quell meines bisherigen Lebens war mein Dasein als »Prinz« – ein Junge, der als zweiter und jüngerer Sohn von seiner Mutter für diese Aufgabe auserkoren wurde. Das tragische und folgenschwere Leben eines »Thronfolgers«, das die Märchen so oft beschreiben, wurde mir einerseits zum Verhängnis, andererseits ist es mittlerweile eine heilsame Kraft. Normalerweise wird ein unbefreiter »Prinz« früher oder später entweder vom Thron gestürzt und anschließend getötet (will sagen: er gerät in eine tiefe Krise), oder er bleibt für lange Zeit auf seinem Sessel kleben, wird darauf alt, hart, verbissen und verkorkst (das heißt: größenwahnsinnig, depressiv, süchtig), bis dann endlich ein Retter auftaucht (das ist meist ein Außenstehender), der den Mut besitzt, den Kampf mit den großen Mächten aufzunehmen, und dabei schier unglaubliche Hindernisse überwinden muss, um siegreich den alten König (zu deutsch: die Eltern, Tradition, Tabus und Dogmen) sterben zu lassen und sich selbst auf den Thron zu setzen.

1991 und in den darauf folgenden Jahren erlebte ich solch eine intensive Zeit, verbunden mit schmerzlichen Veränderungen und einer bewussten Wandlung. Ich begann, begleitet von Greg, mich einer neuen Identität zu stellen.

In einer Männergruppe erzählten sich Greg, ich und andere Männer ihre Lebensgeschichten. Wir zogen eine Linie auf einem weißen Blatt Papier und zeichneten mit einem schwarzen Filzstift die Höhen und Tiefen in unserem bisherigen Leben ein. Siehe da, Gregs und meine Lebenslinie glichen sich in vielerlei Hinsicht:

- Greg war umgeben von starken Frauen und von emotional schwachen, kaum anwesenden Männern.
- Ich war erzogen von starken Frauen und umgeben von schwachen, entweder schlagenden oder verwirrten Männern.
- Er litt an Minderwertigkeit, Verleumdung und Verrat.
- Ich ebenso – und zudem an der Angst, verlassen zu werden und ungeliebt zu sein.
- Er wurde nie aufgeklärt.
- Ich wurde nie aufgeklärt.
- Er wurde zum Opfer einer Beziehung.
- Ich wurde zum Opfer einer Beziehung.
- Er hatte ständig seine Frauen und Kinder verlassen.
- Ich hatte ebenfalls meine Frau und meine Kinder verlassen.
- Er war ein geistig und emotional ungesunder und unreifer Vater.
- Ich war geistig und emotional ein ungesunder und unreifer Vater.

- Er hatte einen spirituellen Lehrer.
- Ich hatte Greg als Lehrer und Mentor.
- Er studierte später Religionswissenschaften und betrieb Männerforschung.

Er begann ein neues Leben, als er 1970 zum Zen-Mönch geweiht wurde und die nächsten fünfzehn Jahre die Werke von Sazaki Roshi, einem berühmten Zen-Meister aus Japan, übersetzte.

Ich begann mein zweites, mein reiferes Leben mit der Wahrnehmung eines intensiven Geruchs an Gregs Kleidung – er roch nach Schweiß, Räucherstäbchen und Geselchtem, obwohl er Fleisch nicht so besonders gern mochte. Heute weiß ich, dass er nach Männerarbeit roch. Er »stank« so, wie Männer immer wieder zu »stinken« haben, um gesund, kräftig und mitfühlend zu bleiben: nach verkohltem Holz (wir werden das später »Aschenarbeit« nennen).

Greg brachte es einmal auf den Punkt: Er und ich waren gemeinsam mit einer Männergruppe gerade auf dem Weg zur Schwitzhütte. Die Wiese, die wir überqueren mussten, um zu unserem Platz am Waldrand zu gelangen, war über und über mit Pferdemist bedeckt. Greg begann voller Herzenslust zu lachen – er lachte so, wie er immer lachte, mit brummender Stimme, tief aus dem Bauch heraus. Dann sagte er zu den Männern: »Es ist schon eigenartig: Um zur Schwitzhütte zu gelangen, die uns körperlich und geistig reinigen soll, müssen wir durch Pferdescheiße waten. Und wenn wir danach gereinigt aus der Schwitzhütte kommen, irgendwann in der Nacht und zu unserem Haus zurückkehren wollen, dann müssen wir wieder über diese Pferdescheiße stapfen. Ist das nicht komisch, ist das nicht das wahre Leben?«

Greg und ich lernten uns anlässlich einer Zen-Meditationssitzung kennen, die er in harter, streng disziplinierter Zen-Manier leitete. Viele Leute sahen in ihm einen wahren Meditations-

und Zenmeister, und manche glaubten sogar, einem »Heiligen Mann« gegenüberzusitzen.

Später wurde Greg, der auf Grund seiner Zen-Ausbildung oft hart, straff und ungebrochen auf seine Umgebung wirkte, durch die Männerarbeit und als Folge eines Unfalls (er war beim Aufhängen von Vorhängen von einer Leiter gestürzt und hatte sich dabei das linke Knie zertrümmert) immer offener und zugänglicher.

Dadurch verlor er keineswegs an Ansehen, ganz im Gegenteil, er wurde noch menschlicher, mitfühlender, und das verlieh seinem Auftreten noch mehr Tiefe, Ausdruck und Echtheit. Seit seinem Sturz war Greg mit einer Krücke unterwegs, und er sagte des Öfteren zu den Männern:

»Irgendwie bin ich sehr dankbar für meine Invalidität, denn ohne mein kaputtes Knie und die Krücke, die ich die meiste Zeit zum Gehen brauche, könnte ich die Männerarbeit gar nicht so gut machen. Die Arbeit mit Männern verlangt nämlich unendliche Geduld, Mitgefühl, Aufmerksamkeit, viel Humor und ein gewisses Maß an Langsamkeit. Ich wäre früher viel zu ungestüm, ernsthaft und hastig in die Arbeit gegangen und hätte mit meiner Ungeduld die Männer überfordert oder gar vertrieben, und sie hätten mich womöglich rausgeworfen.

Die Krücke bringt außerdem noch andere Vorteile: Die Leute sind jetzt viel freundlicher und aufmerksamer zu mir. Allerdings sehe ich auch, dass manche sich denken: Was will der Krüppel da?«

So ist es kein Zufall, dass *Die Krücken* von Bert Brecht eines unserer Lieblingsgedichte ist. Es erzählt die Geschichte eines Mannes, der nach sieben Jahren Leiden mit seinen Krücken zu einem Arzt kommt, der ihm die Krücken wegnimmt, sie zerbricht und ins Feuer wirft, weil sie es sind, die den Mann am Gehen hindern, nicht irgendeine Krankheit, worauf der Mann erkennt:

Nun bin ich kuriert: ich gehe.
Mich kurierte ein Gelächter.
Nur zuweilen, wenn ich Hölzer sehe,
Gehe ich für Stunden etwas schlechter.

Ich war damals, als ich an jener Zen-Meditation teilnahm, schwer angeschlagen, hatte ich doch einige Wochen zuvor meine Frau und meine Kinder verlassen.

Greg und ich hatten uns vor dieser Sitzung noch nie gesehen, und trotzdem schien es uns so, als folgten wir einer gemeinsamen Geschichte. Greg redete zu dieser Zeit bei den Treffen nur sehr wenig, und was er sagte, sagte er auf Englisch, was ich wiederum nur schwer verstand. Jeweils im Abstand von einigen Wochen besuchte ich mehrere Meditationssitzungen von Greg, die er stets mit kargen, aber oft scharfen Kommentaren begleitete. Die wenigen Sätze bzw. die Wortfetzen, die ich verstand, reichten jedoch vollkommen aus, um ein uraltes Begehren in mir zu wecken. Seine Worte trafen mich und schossen förmlich in mein Innerstes. Etwas in mir, das im Austrocknen begriffen war, sog diese Botschaften mit einer solchen Kraft auf, dass ich manchmal die Sehnsucht verspürte, darin ertrinken zu wollen. Vom ersten Moment an war mir dieser schwarz gekleidete, weißbärtige, hinkende und kahlköpfige Mönch vertraut. Ich spürte eine angenehme Verbundenheit zu ihm. Irgendwie ahnte ich bereits, dass die Beziehung zu diesem Mann – der vom Alter her mein Vater hätte sein können – mein Leben neu prägen und völlig umkrempeln würde. Aber ich verspürte auch Angst und eine große Unsicherheit vor diesem kargen und einfachen Menschen, vor seinen wenigen und doch so scharfen, klaren und essenziellen Aussagen. Er sprach von der »barfüßigen Einfachheit« und vom »Liebestod«, vom »grundlegenden Gutsein« und vom »leidenschaftlichen Leben«, vom »guten Tod und danach«, vom »inneren Kind«, vom »inneren Dorf« und von der »inneren Frau«, von den »Archetypen« und der »Gralssuche«, vom »Hauthunger« und »Seelenverlust«,

von »Initiation«, »Innenschau« und der Gewissheit, »dass wir alle ins Himmelreich eingehen werden«.
»Werdet wie die Kinder« – das war und ist bis heute seine unmissverständliche Botschaft an alle Erwachsenen, Eltern, an alle Männer und Frauen.

Zur damaligen Zeit verstand ich von all dem noch nichts, doch ich ahnte fern, worauf es hinausläuft. Ich besaß weder die Vorstellung noch das Verständnis, was es heißt, ein reifer Mann, ein gesunder Mentor und ein verantwortungsvoller Vater zu sein. Ich spürte nur, dass von Greg etwas Ehrliches und Echtes ausging, und ich spürte die unstillbare Sehnsucht, das zu erlangen, was das Leben außer Familie und Beruf, Geld verdienen und wieder ausgeben, Freizeit und Vergnügen sonst noch zu bieten hat.

Was genau der Auslöser war, weiß ich nicht, aber es geschah allmählich. Ein Grablicht in mir wuchs sich zu einem leidenschaftlichen Feuer aus.

Ein Geheimnis umgab diesen alten »Bettelmann«, und ich war unendlich neugierig auf sein tieferes Verständnis vom Leben, neugierig, das kennen zu lernen, was andere mir verschwiegen hatten oder einfach nicht wussten und was mich an meinem oberflächlichen Leben verzweifeln ließ. Irgendwann bei einem Treffen sagte Greg plötzlich so nebenbei, dass er als buddhistischer Mönch seinen wichtigsten Dienst darin sieht, mit Männern zu arbeiten.

Er sagte: »Wenn Männer nicht beginnen, Trauerarbeit zu leisten, in die Asche ihres eigenen Kummers hinabzusteigen, um zu weinen, den allgegenwärtigen Lebensschmerz zu empfinden und sich mit ihm zu vereinen, wird die Welt untergehen.

Männerarbeit ist Friedensarbeit. Männer haben unbewältigte Ängste, Trauer und Wut in sich und sollten das alles im Projektionsfeld und in der Geborgenheit einer Männergruppe aufarbeiten können. Männer müssen die permanente Tendenz nach Kontrolle und Sicherheit aufgeben, damit sie ihre Kinder und Frauen schützen und ernähren und die Schöpfung bewahren können. Männer haben die Zerstörungskraft, die ganze Erde mit einem einzigen Schlag und an einem einzigen Tag auszulöschen, aber genauso können sie mit ihrer Schöpferkraft eine neue Welt erschaffen.«

Vor zehn Jahren verstand ich kaum etwas von der Bedeutung dieser Worte, aber etwas in mir hatte »Lunte gerochen«.

Ich sprach Greg bei einem seiner Abende darauf an, dass ich mich für die Männerarbeit interessiere, und ich erzählte ihm von meiner momentanen Not, Kinder und Frau verlassen zu haben.

Greg bot mir an, ich solle mit meinen Freunden, Bekannten und Arbeitskollegen reden, ob sie bereit wären, mich zu einem Männertag zu begleiten. Ich tat, wie mir geheißen, und tatsächlich kamen fünfzehn Männer zusammen. Wir trafen uns in meiner Heimatstadt in einem katholischen Tagungshaus. Es war ein Sonntag. Ich fand es bemerkenswert, dass ein buddhistischer Mönch in einer katholischen Einrichtung über Männerarbeit redete.

Die Männer hatten an diesem Tag auch ihr Essen mitgebracht, und es entstand in kürzester Zeit eine Art Männertafelrunde. Wir wurden alle satt: Nicht nur die reichhaltige Jause und der gute Wein labten unsere Bäuche und Seelen, sondern vor allem die emotionale Nahrung, die jeder einzelne Mann in die Gruppe gab.

An diesem Tag erklärte Greg das erste Mal umfassend, was er unter Männerarbeit verstand und wie er arbeiten wollte. Ich hatte ihn zuvor noch nie so viel reden gehört. Hinter seinen Worten glaubte ich ständig eine Aufforderung zu hören: »Männer, ihr habt keine andere Chance, ihr müsst in die Männerarbeit kommen, wollt ihr etwas für euer Mannsein tun.« Das war eine Facette, wie ich sie an Greg vorher noch nie wahrgenommen hatte.

An diesem Männertag, an einem Sonntag im Herbst, hörten ich und die anderen Männer zum ersten Mal etwas über »Initiation« und »Männerschwitzhütte«. Er sagte, dass er sich künftig einmal im Monat für ein Wochenende mit den Männern treffen wollte, um gemeinsam mit ihnen wesentliche Aspekte des Mannseins zu erarbeiten.

Wir einigten uns auf sechs Wochenenden im Abstand von jeweils vier bis fünf Wochen. Die Schwitzhütte, so sagte er, wird der Mittelpunkt unserer Arbeit sein. Wir werden an jedem Wochenende immer am Samstagabend dieses Ritual vollziehen.

Ich hatte keine Ahnung, was eine Schwitzhütte war. Greg zeigte die Abbildung einer Schwitzhütte und erklärte dazu: »Sie wird aus Weiden gebaut und repräsentiert die Mutter Erde – den Schoß unserer Schöpfung. In ihr finden die Männer Platz und sitzen im Kreis auf der Erde, eng beieinander. In der Mitte der Hütte befindet sich eine Erdgrube, dort kommen zwanzig bis dreißig glühende kopfgroße Steine hinein, die zuerst vor der Hütte am Schwitzhüttenfeuer aufgeheizt werden. In der Hütte seid ihr nackt und in vollkommener Dunkelheit. Ein Mann gießt Wasser auf die glühenden Steine, und der heiße Dampf bringt euch zum Schwitzen und reinigt euch. Es kann sein, dass ihr das Gefühl habt, die Hitze sei tödlich oder treibe euch hinaus, die Dunkelheit verschlinge euch oder die Enge sei unerträglich, aber ihr könnt auch loslassen und euch hingeben und fallen lassen in die Verbundenheit der Männer hinein, und ihr könnt euch geborgen fühlen und aufgehoben im feuchten Schoß der Mutter Erde. Ihr könnt unendliche Liebe und Zufriedenheit verspüren, nachdem ihr die Hütte verlassen habt. Und wenn ihr draußen seid, dann kann es vorkommen, als ob ihr eins wärt mit eurer Umgebung, mit der Natur und mit den Menschen um euch herum.«

An diesem ersten Wochenende stand bei allen Männern fest: Wir wollen die Schwitzhütte erleben! Ich war ungemein neugierig darauf und konnte es gar nicht mehr erwarten. Obwohl ich große Bedenken, ja Angst hatte, ob das mein Körper das wohl ertragen wird – womöglich würde ich diese Prozedur gar nicht überleben –, wollte ich die Schwitzhütte unbedingt kennen lernen.

Greg machte es unglaublich spannend. Die Männer fieberten förmlich auf den Tag hin, an dem uns die Hitze womöglich den Garaus machen würde.

In meiner Euphorie und Aufgeregtheit verdrängte ich vollkommen, dass ein ganz wesentlicher Teil unserer Zusammenkunft darin bestand, emotionale Arbeit zu verrichten, mich mit mir, den anderen Männern und mit dem Mannwerden auseinander zu setzen. Die Schwitzhütte war es, die mich vollkommen in ihren Bann zog.

Bereits im November trafen wir uns zum ersten Mal. Greg verstand es bis zum letzten Augenblick, die Männer in Spannung zu halten. Wir begannen das Wochenende am Freitag, und wir sprachen über das Thema »Das Innere Kind«. Doch alles zielte und strebte bereits auf den Samstag hin – auf unsere gemeinsame erste Schwitzhütte.
Greg stellte jedoch bald klar, dass wir Männer an unseren Kindheitswunden arbeiten müssten, um reife und bewusste Männer, Partner und Väter zu werden. Außerdem erklärte er, dass die Mutterwunde bei den meisten Männern tragischer und schwieriger zu heilen ist als die Vaterwunde.

Er sprach von der doppelten Tragödie der Männer, die zuerst beginnen müssen, sich von ihrer Mutter zu lösen, um dann hinausgehen zu können und am Mannwerden und Mannsein zu arbeiten – nach dem Motto: »Als Mann wirst du nicht geboren, zum Mann wirst du gemacht.« Dann sprach er von den Beziehungsschwierigkeiten der Männer, von ihrer Sentimentalität und Grandiosität, vom »Überflieger Mann« und von seinem Größenwahn, von der »Heldenreise« eines jeden Mannes und vom Nicht-Erwachsensein der heutigen Männer.

Die Schwitzhütte diente sozusagen als Werkzeug, um diese für die meisten Männer schwierige Arbeit in einen Kontext mit Körper, Geist und Seele zu bringen. Sie sollte uns Männern einerseits einen Überblick über unseren momentanen körperlichen und geistigen Zustand geben und uns andererseits mit einer Art Tiefenblick zeigen, dass es mehr gab, als wir zu sehen und zu spüren glaubten.

Die Dunkelheit, die Hitze, die Feuchtigkeit, die Nacktheit, das Sitzen auf der bloßen Erde, die Verbundenheit im Kreis der Männer – das alles sollte den individuellen und kollektiven Prozess der Heilung und Reifung verstärken und vertiefen.

Diese meine ersten Männerwochenenden und Schwitzhütten, die ich gemeinsam mit Greg und dreizehn anderen Männern erlebte, sind zutiefst in mir verankert, und heute weiß ich, dass sie meine Wiedergeburt eingeleitet haben. Ich kann mich noch sehr gut erinnern: Ich weinte jedes Wochenende, manchmal so viel, dass ich glaubte, meine Tränen würden nicht mehr aufhören zu fließen. Oft schämte ich mich und fühlte mich neben den anderen Männern schwach und einsam, aber irgendetwas in mir hielt mich, und mit der Zeit wusste ich, dass ich mich mehr und mehr in diese Gefühle hineinfallen lassen konnte.

Diese erste Männergruppe war großartig, so viel Verbundenheit, Mitgefühl und gemeinsame Vertrautheit hatte ich noch nie in meinem Leben auf solch bewusste Weise erfahren dürfen.

Neben all dem Schmerz über den Verlust der Familie entdeckte ich mehr und mehr, was es heißt »Innenschau« und »Spiegelung« in einer Männergruppe zu erfahren.

So also begann die gemeinsame Männerarbeit von Greg und mir. Am Anfang war ich einfach Teilnehmer und ausschließlich mit meiner Krise und meinem Seelenschmerz beschäftigt. Später habe ich über mehrere Jahre hinweg weitere Männerseminare organisiert. Greg war immer darauf bedacht, dass die

Männer – auch ohne ihn – die Arbeit fortsetzten und in ihren Alltag einbrachten. Er lehnte es ab, von den Männern zum »Guru« gestempelt und vereinnahmt zu werden. Mich holte er immer mehr in die Arbeit hinein, und schließlich begann ich gemeinsam mit ihm, die Männerarbeit zu leiten.

Greg brachte viel von seinen Lebenserfahrungen ein, von seinem theologischen Studium und buddhistischen Mönchsleben und ich von meiner momentanen Lebenssituation, von meiner überstandenen Krise und von meinem Verwurzeltsein in Tirol.

Ich hatte (und habe) die Fähigkeit, starke Naturplätze zu finden, Symbole zu sehen und Rituale zu erfinden. Greg hatte (und hat) die Fähigkeit, »innere und äußere Räume« zu schaffen und zu erhalten, Spannungen entstehen zu lassen, die bis zum »Siedepunkt« hochkochen, Projektionen aufzuzeigen und Rollen zu spielen. Er war ein Verkleidungskünstler und hielt den Männern viele ihrer eigenen Masken entgegen. Seine größte Fähigkeit bestand aber wohl darin, dass er durch die Vibration der Stimme in die Seele anderer Menschen blicken konnte.

Wir ergänzten uns großartig. In den letzten Jahren teilten wir uns nicht nur für mehr als ein Jahr eine kleine Dachbodenwohnung und begannen, dieses Buch zu schreiben, sondern wir teilten auch die Leitungsaufgaben im Seminar redlich auf. Wir brauchten beinahe nichts mehr zu besprechen, wir verstanden uns auf einer Ebene, die es uns ermöglichte, spontan in der Gruppe zu arbeiten und auf die Probleme und Emotionen jedes einzelnen Mannes einzugehen.

Während dieser mehr als zehnjährigen gemeinsamen Initiationsarbeit leiteten wir mehr als zwanzig Männergruppen – mit durchschnittlich fünfzehn bis fünfundzwanzig Männern – und hielten weit mehr als hundert Schwitzhüttenzeremonien ab.

Aber nicht nur die Männerarbeit prägte uns und unser Leben, sondern auch oder vielleicht sogar vor allem die Jugendarbeit. Jedes Jahr organisierten wir für ein oder zwei

Wochen etwas für Jugendliche und Kinder, zum Beispiel eine Woche mit dem Fahrrad: *Die Reise zu Pacha Mama*, zwei Filmwochen im Tiroler Karwendelgebirge mit dem Titel: *Helden in den Bergen*, eine Woche *Feuerprobe* im Kaisergebirge, einmal mit bis zu achtzehn Jungs unter dem Motto: *Aktiv-Wildnatur-Erleben* (die meiste Zeit hielten wir uns bei dieser Arbeit in der Natur auf), eine Woche *Abenteuercamp* in der Kaiserklamm und zahlreiche andere Veranstaltungen, wie Firmvorbereitungen und Rituale mit Schwitzhütten am Berglsteinersee. Vorträge (zum Beispiel gegen Gewalt an Schulen), Ausstellungen und diverse Veröffentlichungen ergänzten unser Programm.

Wir können heute mit Gewissheit sagen, dass man durch authentische und gesunde Männergruppenarbeit den Frust und die Langeweile und den daraus entstehenden Schaden bei unseren Jugendlichen drastisch reduzieren kann. Jugendkriminalität, Jugendgewalt, Drogenkonsum und sexuellem Missbrauch würde dadurch wirksam vorgebeugt.

Wir sind sehr dankbar für diese Jugendgruppenarbeit, denn ohne sie könnten wir nur schwer erkennen, wie gestärkt, gefestigt und gereift wir als Männer geworden sind.

Greg ist ein reifer Mann von über sechzig Jahren, und ich bin ein erwachsen werdender Mann mit über vierzig Jahren. Er könnte mein Vater sein – er war aber tatsächlich mein spiritueller Mentor. Ich könnte ein Sohn von ihm sein – ich war aber tatsächlich sein Schüler. Heute verbindet uns eine tiefe Männerfreundschaft – und die Männerarbeit.

Bevor Sie sich nun in dieses Buch hineinwagen, möchten wir den Begriff Männerarbeit, der Ihnen im Verlauf der Lektüre unzählige Male begegnen wird, erläutern.

Wir wissen, dass der Begriff Arbeit in unseren Breiten nicht unbedingt positiv besetzt ist. Wer will schon wirklich für sein inneres Selbst arbeiten, in Bewusstheit investieren, wenn überall um uns herum für das leichte, erschwingliche, beschwingte und auf Knopfdruck geregelte Leben geworben wird. Wer will schon arbeiten, wenn einem scheinbar alles zufliegt – Geld, Liebe, Glück? Zumindest die Medien erwecken den Eindruck, als sei das möglich.

Wir bedienen uns also nicht unbedingt eines Wortes, das in der breiten Bevölkerung populär ist, diejenigen ausgenommen, die sich gerade auf Arbeitssuche befinden – wohl deshalb geht den meisten das Wort »Jobsuche« leichter über die Lippen.

Dennoch gibt es für den Reifungsprozess der Männer kein besseres Wort als Männerarbeit. Mit Arbeit assoziiert man zumindest, dass man Körper und Geist einzusetzen und eine Leistung zu vollbringen hat. Arbeit heißt aber auch, sein Selbstmitleid zu überwinden und aktiv sein, handeln, bücken, auf der Erde kriechen, sich schmutzig machen, in die Luft gehen, auch sich abmühen, schwitzen und manchmal sogar seine letzten Kräfte und Reserven mobilisieren – und wofür letztlich? Für Geld – selbst wenn es nur ein Hungerlohn ist.

Für diejenigen, die in der Männerarbeit tätig sind, bedeutet der Begriff Männerarbeit nicht nur, für das eigene und das Leben anderer tatkräftig etwas tun zu können, sondern auch: neue Energien, Kräfte, Ermutigung, Ausdauer, Veränderung, Neuanfang und die Vorsorge für ein erfülltes, reiches Leben sowie die Erlösung durch einen guten, befreienden Tod.

Was heißt Männerarbeit?

An dieser Stelle seien einige der vielfältigen Aspekte der Männerarbeit aufgezählt: Männerarbeit bedeutet ...

... gemeinsam mit anderen Männern die Kindheitswunden zu heilen;

... einen achtungsvollen Abschied von Vater und Mutter zu nehmen;

... erwachsen, reif und eigenständig zu werden;

... die Arbeit mit Jungen;

... unsere Frauen und Töchter zu schützen;

... die Erde von Gewalt, Vernichtung, Missbrauch und

Entfremdung zu befreien;

... das Leben nicht auf die leichte Schulter zu nehmen;

... dass es lohnend ist, sich auf einen spirituellen Weg zu begeben, auch wenn er fernab einer eingeführten Religion verläuft;

... die doktrierte, dogmatisierte, moralisierte und tabuisierte Scham, Schuld und zwanghafte Minderwertigkeit der Männer abzulegen und sie in ein soziales, beziehungsfähiges Liebes- und Lebensnetz einzubinden;

... die sechs Säfte des Mannes - Wasser, Schweiß, Tränen, Urin, Blut und den Samen des Lebens - zu erkennen zu schützen, daraus zu schöpfen und für das Leben einzusetzen;

... sich der Fesseln der Kontrolle und vorgetäuschten Sicherheiten zu entledigen;

... sich als Mann nicht so wichtig zu nehmen;

... sich als Mann von Schuld, Scham und Zwängen zu befreien;

... sich der eigenen Sterblichkeit bewusst zu werden;

... Friedensarbeit.

Kurzum: Männerarbeit ist die Akzeptanz des Unausweichlichen.

Was erwartet Sie in diesem Buch, und worauf sollten Sie vorbereitet sein?

Sie werden relativ schnell die Feststellung machen, dass in unseren Ausführungen oft ein Hauch von Sarkasmus und Ironie, aber auch von Humor und Verspieltheit mitschwingt. Manches mag sogar radikal auf sie wirken. Immer wieder stellen wir unsere Erfahrungen aus der Männerarbeit in Bezug zu unserem momentanen gesellschaftlichen, politischen, wirtschaftlichen und sozialen Befinden und vergleichen unsere Befunde mit den Verhältnissen in Stammeskulturen bzw. bei Naturvölkern. Dann schneiden wir an unseren elterlichen und religiösen Wurzeln herum, kehren ihnen den Rücken zu und beklagen gleichzeitig den spirituellen Notstand in unseren Gemeinschaften und in den Familien.

Manches oder vielleicht sogar vieles wird sich für Sie widersprüchlich anhören und vollkommen überzogen darstellen, oder Sie beginnen gar an unseren gesunden Menschenverstand zu zweifeln. Wie auch immer: Vieles von dem, was Sie spüren und wahrnehmen, wird zutreffen.

Wir nehmen die Männer beim Wort – auch was die Ehrlichkeit ihrer Witze angeht – manchmal sitzen wir über sie zu Gericht, und zuweilen scheint es, als ließen wir kein gutes Haar an ihnen.

Aber wir wollen uns damit nicht für unser Leben und Verhalten entschuldigen und aus der Verantwortung verabschieden. Ganz im Gegenteil, wir wissen, dass auch wir Söhne, Männer und Väter dieser Gesellschaft sind. Auch wir haben diese Politik, diese Macht und diese Wirtschaftsweise bejaht und mitgetragen, uns in diesem Gefüge eingenistet.

Doch wir sind unzufrieden mit dem, was Männer so alles verursachen und in den Dienst einer scheinbar guten Sache stellen, wenn die Langeweile ihre Nächte unendlich macht und die Arbeit des Tages ihre Köpfe zu sehr erhitzt. Wir wollen nicht mehr länger nur zusehen, wenn Männer zu Witzfiguren, zu Marionetten, zu Softies und Machos, zu Halbwüchsigen und zu funktionierenden Modemännen degradiert werden – wenn ihnen die Würde und Wildheit abdressiert wird und ihre Potenz und ihr Geist einer inzestuösen Abhängigkeit zum Opfer fällt.

Ob das für Sie zutreffen mag oder nicht: Wenn bei der Lektüre des Buches Gefühle wie Wut, Ärger, Angst, Trauer oder andere starke Emotionen wie Glück, Freude, Zufriedenheit, Anerkennung, Bestätigung usw. in Ihnen aufsteigen, dann können Sie sicher sein, dass wir mitten in Ihr Männerbewusstsein vorgedrungen sind.

Außerdem erwarten Sie in vielen Bereichen eine (Männer-) Sprache und Wortdeutungen, die Sie bis dato noch nicht gehört oder im jeweiligen Zusammenhang anders interpretiert (bekommen) haben. Sie werden sehr häufig auf Worte stoßen, die Sie momentan verunsichern könnten: Initiation, Prozess, Projektion, Seele, Schamanismus, Mentor usw.

Überraschen werden Sie womöglich auch die in unserer Kultur oft negativ dargestellten, oft tabuisierten, dogmatisierten und moralisierten Themen bzw. unsere Ausführungen dazu.

Im Folgenden verwenden wir wechselweise die Personalpronomen *ich* und *wir*. *Ich* – das ist je nach Zusammenhang entweder Greg oder Peter, *wir* – das sind in der Regel Greg und Peter oder eine größere Gemeinschaft (wir Männer, unsere Gesellschaft, unsere Generation usw.).

Wir siezen unsere Leser, wenn wir eine diskrete Distanz zu ihnen wahren möchten, und wir duzen sie, wenn wir eine tiefere Verbundenheit ansprechen oder sie zu einer Übung einladen.

Außerdem reden wir die meiste Zeit von unserer Männerarbeit. Wir glauben natürlich nicht, dass es außer unserer Arbeit keine andere Männerarbeit mehr gibt. Oder dass nur unsere Arbeit zählt und gut ist. Ganz im Gegenteil, wir durften von anderen Männern eine ganze Menge über eine neue, moderne, unserer Zeit angepasste Männerinitiationsarbeit erfahren und an uns ausprobieren. Zu diesen Männermentoren zählen neben anderen Richard Rohr und Malidoma Some, die wir sehr schätzen.

Dennoch, es waren vor allem jene Männer, die zu unseren Seminaren kamen und am Prozess des Mannwerdens teilhatten, die unserer Arbeit ihre Bedeutung gaben: »Unsere Männerarbeit« ist die authentische Dokumentation von einigen hundert Männern und ihrer Lebensgeschichte.

Wir glauben, im Verlauf unserer gemeinsamen Arbeit geeignete Zeichen und Symbole gefunden zu haben, die es Männern möglich machen, unsere Spuren aufzunehmen und einige Fährten neu zu entdecken, Fährten, die so uralt sind wie die Geschichte der Männer selbst. Einige dieser Fährten sind den Männern bereits bekannt, weil sie ihnen tagein, tagaus, gewollt oder ungewollt begegnen und folgen. Andere wiederum, denen Männer allzu gern folgen würden, erfordern die Kunst des Spurenlesens.

Wie auch immer, wir versuchen in allen unseren Themen und Ausführungen zu den Quellen des Mannseins zurückzukehren.

Auch wenn wir mit jedem Thema eine neue Kerbe in den Lebensbaum schnitzen …

- Männer haben Wunden, die geheilt werden müssen.
- Männer müssen lernen, ihre weibliche Seite zu umarmen, um ihre Männlichkeit leben zu können.
- Männer leiden, und sie tragen viel unbewusste Wut, Enttäuschung und Trauer in sich.
- Männer haben Angst vor dem Unsicheren, Unerklärlichen, vor der Ehrlichkeit des Gegenwärtigen, vor der Ekstase, vor der Erfüllung des Lebens und noch mehr vor der Erlösung durch den Tod. Das kostet sie viel Kraft, und deshalb sterben sie in der Regel viel früher als Frauen. Doch die Frauen und Kinder brauchen gesunde und reife Männer.
- Männer müssen die Tendenz zur Kontrolle und Macht aufgeben.

… der Baum und die Wurzeln bleiben dieselben.

Männer haben Rechte

das Recht auf Frieden

das Recht auf Mannsein

das Recht auf Heilung

das Recht auf Reifung

das Recht auf Gesundheit

das Recht auf ein langes Leben

das Recht auf Gefühle und Emotionen

das Recht auf eine emotionale Gegenwart von Vater und Mutter

das Recht auf Heimat

das Recht auf Obdach

das Recht auf Berührung

das Recht auf humane Erziehung

das Recht auf Entwicklung

das Recht auf glückliche Beziehungen

das Recht auf respektvolle Sexualität

das Recht auf ein gesundes Familienleben

das Recht auf ihren Beruf

das Recht auf ihre Kinder

das Recht auf zwanglose Spiritualität

das Recht auf Glück und Liebe

das Recht, weniger zu sein als andere

das Recht auf Freundschaften

das Recht auf Freiheit

das Recht auf eine verantwortungsvolle Vaterschaft

Sie können diese Rechte nach Ihren eigenen Prioritäten ordnen. Wahrscheinlich fallen Ihnen noch zahlreiche andere Rechte ein, aber das wichtigste Recht ist

das Recht, ein mitfühlendes und dem Leben dienendes Wesen zu sein.

Übergänge: die sieben Lebensbrücken

Die sieben Brücken des Lebens sind:
1. *Geburt*
2. *Kindheit*
3. *Jugendzeit*
4. *Junges Erwachsenenleben*
5. *Reifes Erwachsenenleben*
6. *Alter*
7. *Sterben und Tod*

Alle Menschen, ob männlich oder weiblich, müssen sich diesen Lebensbrücken, diesen Übergängen stellen. Es sind Brücken, die von einem (Fest-)Land ins nächste führen. Dabei ist uns der Boden, von dem wir ausgehen und die Brücke betreten, bereits bekannt, vertraut und zur gewohnten heimatlichen Erde geworden. Die gegenüberliegende Seite hingegen ist uns noch fern und fremd. Ob wir wollen oder nicht, das Leben wird uns auf die eine oder andere Weise zu diesen Brücken hinleiten, und, wie auch immer es für uns aussehen und auf uns wirken mag, darüber führen.

Dieser Übergang von einer Lebensphase in die nächste stellt für die meisten Männer ein besonderes Wagnis dar, oft auch ein lebensbedrohliches.

Ein Zeichen dafür, dass wir uns auf den einen oder anderen Lebensübergang zubewegen, sind die Widerstände, die sich in bunter Vielfalt bemerkbar machen. Widerstände (Trotz, Wut, Ärger), Abwehr (über andere und anderes klagen), Ängste (Verlust- und Existenzängste) und andere Emotionen (zum

Beispiel Eifersucht oder Neid) sind die Baumaterialien, aus denen die scheinbar unüberwindlichen Hindernisse gefertigt werden. In diesen Entscheidungszeiten (Krisen bzw. die Notwendigkeit, sich für das eine oder andere entscheiden zu müssen) kommen die von Natur aus gegebenen Mechanismen noch hinzu.

Damit Lebensübergänge vollzogen und die Lebensbrücken begangen (das heißt: erlebt und erfahren) werden können, müssen wir uns mehr als üblich und vor allem bewusst auf unsere Evolution und auf den älteren Teil des Gehirns einlassen, der uns zu unseren Instinkten, Trieben und Grundbedürfnissen führt. Die Betonung liegt hierbei auf dem Wort »bewusst«. Unbewusst werden wir ohnehin von unseren Instinkten, Trieben und Bedürfnissen beeinflusst und gesteuert. Bewusst heißt jedoch: Wir lassen uns gewollt, absichtlich und auf eine angemessene Art und Weise auf Emotionen und womöglich auf neue Gefühlsregungen ein und begeben uns damit in eine »Schattenwelt«, die nicht ungefährlich ist. Dabei werden wir mit Moral, Ethik, Tabus, Geboten und Verboten, Normen, Regeln und Werten, mit Gesetzmäßigkeiten und mit der Tradition konfrontiert. Es ist kein leichtes Unterfangen, solch einen Weg zu riskieren, der über eine – womöglich Schwindel und Furcht erregende – Brücke führt, hin zu fruchtbarem Neuland.

Riesige, abgrundtiefe, Rauch und Feuer speiende Schlunde scheinen den Weg zu verstellen, der ins neue (gelobte) Land, auf die andere Seite führt.

Alle sieben Lebensabschnitte tragen vergleichbare Merkmale in sich, die auf die bevorstehende Wandlung oder Transformation hinweisen:

- eine Art Schock – die Feststellung, dass etwas anders geworden ist, dass man nicht mehr der ist, der zu sein man glaubt;
- Rückzug und Isolation (Ablehnung, Abwehr, ein nicht Wahrhabenwollen);
- Emotionen (Reaktionen wie Angst, Trauer, Wut);

- Regression und Verhandeln;
- Depression und Erstarren;
- Antrieb, Entscheidung und Einwilligung;
- Erlösung, Befreiung und Ekstase (außer sich sein);
- das Sein in ein neues Haben überführen.

Eines ist bei allem Wagnis jedoch sicher: Diese Überquerungen und Brückenschläge haben allesamt eine Belohnung für den Mann parat. Noch eindrucksvoller gesagt: eine Segnung und Gnade.

Diese Lebensübergänge ermöglichen dem Mann, Widerstandskraft aufzubauen, zu reifen, sich zu entwickeln und sich Gott näher zu bringen.

Vom Hier zum Dort zu gelangen ist gar nicht so einfach, wie es sich vielleicht anhören mag. Dieses Fortgehen vom Gewohnten, Bewährten und Sicheren ist nur dann möglich und lässt einen gesunden Entwicklungsschritt zu, wenn wir das Gegenwärtige, das Alltägliche, das Hier und Jetzt annehmen und erfahren können. Denn Loslassen und Veränderung erfordert zunächst ein Annehmen und Akzeptieren dessen, was gerade ist, und danach einen Abschied. Wie auch sonst sollten wir von etwas loslassen und über etwas entscheiden können, wenn wir es nicht schon vorher zumindest einmal angenommen und in uns getragen haben?

In anderen Worten: Wir können nur jemanden aus unserer Umarmung entlassen, wenn wir ihn im Arm haben. Diese Krisen und Veränderungen verlangen nach einer Zeit der Trauer und einer Zeit der Versöhnung. Das ist mit ein Grund, warum sich Männer so schwer tun, in Beziehung zueinander zu treten und Machtansprüche fürs Erste hintanzustellen.

Die wenigsten Männer haben in ihrem Leben ihre Trennungen und Verabschiedungen in einem Zustand von Bewusstheit und Reife vollziehen und erfahren können. Noch schlimmer steht es mit der Versöhnung. Abschiede und Trennungen gehen oft einher mit starken emotionalen Empfindungen. Jene Phantasien und Emotionen, von denen wir annehmen, sie seien seit Jahren fest verschlossen oder gar in einem Verlies verschollen, melden sich bei einem Verlust vehement zurück. Es entsteht oft ein Druck, dem nichts mehr standhalten kann, ein Druck, der Eisengitter zu biegen vermag. Unkontrolliert und strukturlos kommen dabei auch noch die unterschiedlichsten Verletzungen und unterdrückten Bedürfnisse – oft auf eine perverse Art – zum Vorschein, die mit der gegenwärtigen Situation und den betreffenden Menschen nichts mehr zu tun haben.

Ein angemessenes Verhalten wird dann unmöglich. Wir können dies immer wieder sehen: in Kriegen, Wirtschaftsflauten, Katastrophenzeiten, wenn die Frau den Mann verlässt, wenn ein Mann seine Arbeit verliert usw. Lassen Sie uns deshalb genauer hinsehen und beschreiben, wie die meisten Männer diese sieben Lebensbrücken erleben.

1. Die Brücke der Geburt

Wir gehen davon aus, dass die meisten europäischen Männer immer noch durch den Geburtskanal ihrer Mütter ans Licht der Welt gelangen. Natürlich sind wir auch der festen Überzeugung, dass es den Mann als Samenspender braucht und er diese Aufgabe in der Regel übernimmt und auch übernehmen will.

Doch die Prognosen sprechen eine andere Sprache und drohen in dieser Frage mit einer Kehrtwende, die uns Ärzte, Wissenschaftler und andere Apologeten des Fortschritts verheißen. Unsere Erde wird dadurch nicht menschlicher, und unsere Seele nimmt dabei Schaden – das ist unsere feste Überzeugung, die wir als Buddhist und katholischer Christ auch zu leben versuchen. Denn wir glauben an eine Seele, wir glauben an das Karma – an die Auswirkungen unseres Handelns, aber auch unsere Gedanken und Worte, und wir glauben an eine Wiedergeburt. Deshalb der dringende Appell: Unsere Seele braucht einen Fürsprecher!

Das ist unserem Ermessen nach sehr wesentlich und von großer Bedeutung für das weitere Verständnis unserer Ausführungen. Denn wenn wir an eine Seele glauben, dann kommen wir nicht umhin, uns zumindest einige Gedanken darüber zu machen, was mit unserer Seele vor unserer Geburt war, wie wir unserer Seele in unserem Alltagsbewusstsein begegnen, und was mit unserer Seele nach unserem Tode geschieht.

Falls jemand behauptet, die Seele sei unsichtbar, ist er in unseren Augen im buchstäblichen Sinne *verrückt* und fernab seiner Sinne. Denn die Seele offenbart sich jedem Menschen über allem Sichtbaren, über alle Lebensformen, über die Natur der Dinge – durch Bäume und Blumen, durch Flüsse, Berge und Seen, durch die Vielfalt der Tierwelt usw. – und zu guter Letzt durch die Säuglinge, die Kinder dieser Erde.

In Deutschland und Österreich kommen zur Zeit durchschnittlich eineinhalb Kinder pro Familie zur Welt – bei sinkender Tendenz.

Was heißt das im Hinblick auf unsere Seelen für uns zivilisierte und hochtechnisierte Mitteleuropäer? Ganz einfach: Wir haben unsere Seele aus unseren Sinnen verloren. Wir glauben nicht nur nicht an eine Seele, sondern wir lassen sogar die letzten sichtbaren Symbole unserer kollektiven Unsterblichkeit/Ewigkeit (Seele) verfolgen, vertreiben, ermorden – und verhungern, verlassen und vereinsamt, weil wir nicht mehr genügend Nahrung für unsere Seele haben.

Der Säugling und das Kleinkind repräsentieren in ihrer Unschuld und in ihrem grundlegendem Gutsein unsere gemeinsame Seele. Welch grausiges Unterfangen ist hier im Gange?

Jedes Neugeborene bedeutet: Eine neue Welt ist geboren. Jedes Neugeborene bietet die Chance, sich als göttliches Wesen weiterzuentwickeln, verheißt Liebe und Glück!

Eine Übung für alle, die nicht an eine Seele glauben

Wir glauben zu wissen, dass unser Buch vor allem von Frauen gelesen wird (aber hoffentlich auch von vielen, vielen Männern). Deshalb die Bitte an Sie, liebe Leserin: Haben Sie oder jemand in Ihrem Verwandten- und Bekanntenkreis gerade ein Baby, dann legen Sie dieses Baby hin und wieder in die Arme Ihres Partners oder eines Mannes, von dem Sie annehmen, es würde ihm gut tun, wieder einmal Kontakt mit den feinsten Sinnen des Lebens aufzunehmen.

Junge Väter machen das mittlerweile. Aber auch diese jungen Väter werden älter und vergessen, wie es einmal war, ein Sinnbild von Reinheit, Klarheit und Unschuld an (und in) ihrem Herzen zu tragen.

Die Männer tun euren Babys nichts! Ganz im Gegenteil, wir glauben, dass der Kontakt zu einem Mann das soziale Erleben eines Kindes bereichert. Sie werden sehen, dass in dem Moment, in dem das Baby auf dem mehr oder weniger behaarten Männerarm liegt, die Männer viel weicher und entspannter wirken. Als trügen sie etwas Zerbrechliches, etwas Kostbares in ihrer Verantwortung.

Wir danken euch Frauen für euer Vertrauen.

2. Die Brücke der Kindheit

Die ersten sieben Jahre im Leben eines Menschen sind die prägendsten und zugleich auch diejenigen, die uns im Erwachsenenleben in mehr oder weniger große Tragödien verwickeln. Bis zum dritten Lebensjahr sind wir aufs Engste mit der Mutter verbunden. Wir sind eins mit der Gefühlswelt der Mutter. Für den Mann hat diese Verbindung zur Mutter weit reichende Folgen. Der Großteil seines Gefühls- und Beziehungslebens hängt im Wesentlichen davon ab, ob ER in dieser Zeit übersättigt, übermuttert, überversorgt wurde oder unter »Hauthunger« und Brustentzug leiden musste. Hier hat die spätere Fixierung der Männer auf den weiblichen Busen ihren Ursprung.

Das, was nach den ersten sieben Jahren an Verletzungen und schockierenden Erlebnissen hinzukommt, tritt später in Form von Konflikten und Beziehungsschwierigkeiten zu Tage. Diese Konflikte und Beziehungsschwierigkeiten, ob mit unseren Kindern, Eltern, Lehrern, mit Autoritäten oder mit unseren Partnern, können zumeist auf einer persönlichen Ebene bereinigt und geklärt werden. Natürlich gehört dazu auch ein Maß an Reife, an (professioneller) Unterstützung von außen sowie die Bereitschaft und Geduld zum Lernen und Üben.

Dieses Buch bietet zahlreiche Möglichkeiten und zeigt vielerlei Angebote auf, wie Sie mit Konflikten umgehen und Krisen in Chancen verwandeln können, die Sie im Leben weiterbringen. Leider breitet sich in unserer Gesellschaft eine ärztlich legitimierte Unsitte aus, die wir auf keinen Fall dulden und unterstützen möchten. Bereits vom Kleinkindalter an, vor allem aber im Kindergarten- und Grundschulalter, werden auffällige Kinder (die so genannten lauten, unruhigen und unkonzentrierten) bereits mit Medikamenten in ihrer Entwicklung gestört und oft irreparabel beeinträchtigt. Natürlich gibt es Ausnahmen. Doch dem bei weitem überwiegenden Teil dieser Kinder kann über persönliche Ansprache und Zuwendung geholfen werden. Das muss nicht nur über verbale Kommunikation geschehen, sondern sollte alle unsere Sinne einbeziehen, um den kleinen Menschen in seiner ganzen Persönlichkeit zu erreichen.

Als Embryo, Fötus, Säugling und Kleinkind sind wir einer Zweiergottheit unterstellt, die Vater und Mutter bzw. Eltern heißt.

Wir gehen davon aus, dass die Kinder sich ihre Eltern selbst ausgesucht haben, ebenso wie die Eltern sich ihre Kinder – und deshalb diese Beziehung vertrauensvoll und von gegenseitiger Zuneigung geprägt ist. Doch immer wieder wird Kindern durch ihre Eltern Leid zugefügt.

Wie groß die Wut, der Wunsch nach Rache und Vergeltung auf Seiten der Kinder deshalb auch sein mag: Die Beziehung zwischen Kindern und ihren Eltern ist und bleibt die lebendigste und grundlegendste Daseinsberechtigung für menschliches Leben. Und deshalb, das ist unsere feste Überzeugung, tragen alle erwachsenen Menschen die Verantwortung, dass unsere Kinder ein grundsätzlich glückliches, gesundes und zufriedenes Leben führen können.

Auf keinen Fall möchten wir in Selbstzufriedenheit und Selbstgerechtigkeit verfallen. Es ist ganz einfach notwendig, die Kindheitswunden und ihre Folgen anzusprechen.

Ob Junge oder Mädchen – wir glauben, dass es in Mitteleuropa keine geschlechtsspezifischen Unterschiede hinsichtlich der Schwere der Verletzungen gibt. Der Anlass oder die Auswirkungen einer Verletzung hingegen können sich sehr wohl voneinander unterscheiden.

Unsere Söhne ...

... dürfen träumen, sie werden verhätschelt und verwöhnt, und sie werden klein gehalten – obwohl Väter wie Mütter »richtige Mannsbilder« aus ihnen machen bzw. in ihnen sehen wollen.

Das geht so weit, dass unsere Söhne einerseits von ihren Müttern vollkommen überfordert und überwältigt werden, andererseits werden sie durch den Bann, den ihnen die alles vereinnahmende und möglich machende und allein tragende Mutterfigur auferlegt hat, vom Rest der Gesellschaft getrennt. Heute glaubt niemand mehr, dass ein Kind mehr als nur einen Vater (Mann) oder eine Mutter (Frau) braucht. Paradoxerweise erwächst aus dieser sehr einfältigen und einpersonalen Verwöhnung eine unglaubliche und beinahe nicht mehr wieder gut zu machende Verwahrlosung des Kindes. Unsere Söhne werden kaum mehr wirklich gefordert. Sie nehmen gern und geben ungern. Sie sind und bleiben oft bis ins hohe Alter narzisstisch und egozentrisch. Man hat sie um ihr soziales Leben betrogen. Kein Dienen, kein Bemühen, keinem fordernden Druck standhalten.

Obwohl es gesund ist, zu träumen und seine Phantasien auszuleben – wenn dies nichts mehr mit der allgegenwärtigen Wirklichkeit zu tun hat und im Hier und Jetzt geerdet ist, dann glauben unsere Söhne, sie könnten fliegen wie Ikarus. Wie Sie vielleicht wissen, ist Ikarus abgestürzt, weil er der Sonne zu nahe kam. Auch unsere Söhne, unsere Jugendlichen und jungen Männer scheinen ständig abzustürzen – vor unseren Augen. Sie scheinen den Boden als notwendigen Widerstand unter ihren Füßen nicht mehr zu spüren. Einige sterben, töten sich und andere noch mit, andere wiederum wirken leblos, obwohl ihr Herz noch schlägt.

Unsere männlichen Kinder – wir meinen deinen Sohn, meinen Sohn, alle unsere Söhne – versuchen die Realität zu hintergehen, sie einfach auszulassen, um aus ihren Träumen zukünftige Ziele und Visionen zu basteln. Damit »bringen sie sich nicht nur selbst ums Leben«, sondern auch ihre Vorfahren – also uns. Die Erde wird dabei zum Spielplatz ihrer uninitiierten Körper, ihrer seelenlosen Gedanken: Hier wird gebaggert und gesprengt, und was nicht hineinpasst als Unkraut bezeichnet und ausgerissen.

Wir müssen unseren männlichen Nachfolgern, unseren zukünftigen Samenträgern, unseren Söhnen und jungen Männern helfen, dass sie sich tief in den Boden der Realität hineinwagen, ihm trauen und Wurzeln in ihm schlagen. Wir müssen ihnen deutlich machen, dass sie sich nicht zu schämen brauchen, wenn sie von der Erde berührt und geängstigt werden. Väter und Mütter müssen alles daran setzen, dass ihre Söhne beziehungsfähige, kommunikative, mitfühlende, verantwortungsvolle und somit soziale Wesen werden können.

Unsere Töchter ...

... dürfen immer noch nicht träumen, und wenn, dann höchstens den Traum aller Mütter: »Einmal wirst du den Prinzen treffen – vielleicht musst du ihn noch wach küssen – und ihn heiraten. Er wird für dich sorgen, und du wirst für ihn die alleinige, schönste und begehrteste Geliebte sein – für alle Zeiten. Du musst dich lediglich opfern und dich dem Manne fügen und ihn Täter werden lassen. Nicht zuletzt musst du dich deiner Mutter unterwerfen.«

Töchter dürfen nicht mehr werden, auf keinen Fall erotischer, sexuell anziehender und lustvoller, als ihre Mütter es sind.

Neben starken Müttern – und das sind beinahe alle Mütter – bleiben Frauen Mädchen: Unter der Fuchtel der Mutter sollst Du dem Leben Genüge tun. Welch ein Fluch!

Erstaunlicherweise gelingt aber dennoch sehr vielen Töchtern der Sprung auf die Erfolgs- und Karriereleiter. Es werden immer mehr, und sie sind besser als ihre Mütter es jemals waren – das meinen wir genauso, wie wir es hier sagen!

Warum gelingt unseren Töchtern das – trotz all der schwierigen Umstände? Dafür gibt es sicherlich mehrere Gründe:

- Töchter werden weniger verwöhnt und haben viel mehr Pflichten als Söhne. Das wird ihnen tagtäglich vor Augen geführt.
- Mädchen dürfen – im Gegensatz zu Jungen – ihre Gefühle offen zeigen und sich dazu bekennen.
- Mädchen gehen mit sich und ihresgleichen – auch mit ihrem Körper (naturgemäß) – anders um als Jungen (wobei den Jungen bereits im Kindesalter mehr Körperlichkeit zugestanden wird als den Mädchen).
- Mädchen sind mehr in ihrem Körper und mit ihren Gefühlen vertraut, daraus ergibt sich ein intensiveres soziales Lernen und eine erhöhte Motivation für Kommunikation. Und das wiederum ermöglicht den Mädchen, leichter Beziehungen einzugehen und sie inniger zu leben.

Es gibt sicherlich noch weitere Gründe für die tollen Leistungen unserer Töchter. Ein Grund ist allerdings von überragender Bedeutung: Töchter geraten sehr oft in den Fahrtwind ihrer Väter. Das ist meistens gut und nur manchmal schlecht.

Um anerkannt zu werden, vielleicht auch um aufzufallen, streben und steuern sie auf beruflichen Erfolg zu. Damit der Vater sie als Doktor der Rechtswissenschaften, als Diplom-Kauffrau, Ärztin oder Pfarrerin bewundert. Manchmal übernehmen sie sogar die Firma ihres Vaters. In solchen Fällen erledigt die Mutter dann oft die Buchhaltung, und der Vater managt seine Tochter, wobei er neben ihr brillieren und weiterhin nach außen repräsentieren kann. Es bleibt die Firma des Vaters. Genügt einem Mann bereits der Titel eines Magisters, den er womöglich – nach zig Semestern – nachgeschmissen bekommt, muss eine Frau zumindest promovieren oder mit einem Doppelstudium aufwarten, damit sie halbwegs auf die Stufe ihrer männlichen Kollegen gehievt und als anerkannte und gleichberechtigte Autorität bestätigt wird.

Ausgestattet mit dem Vorwärtsdrang ihres Vaters und dem Pflichtbewusstsein ihrer Mutter, vergisst sie auf keinen Fall, die Erwartungen zu erfüllen, die von ihren Eltern, ihrem Partner, von ihren Kindern und von ihrem sozialen Umfeld ausgesprochen und unausgesprochen an sie herangetragen werden: »Du musst eine gute Mutter sein, eine immer für alles bereite Ehefrau, und du hast immer alles im Griff zu haben.« Halleluja!

Viele Frauen neigen förmlich dazu, sadomasochistisch und leidenschaftlich ein Leben voller Pflichten und Entbehrungen zu führen. Sie lassen sich nichts mehr zukommen, sie haben kaum mehr wirklich lustvolle und heitere Erwartungen an ihr Leben, vor allem was die Befriedigung ihrer eigenen Bedürfnisse betrifft. Das Dogma heißt: Pflicht, Pflichten, Verpflichten. Kaum jemand würde dahinterkommen, dass diese Töchter, Mütter und Frauen beginnen, ihren eigenen Kinder das Erkennen und Befriedigen eigener Wünsche zu versagen – denn das Leben besteht nur aus Pflicht.

Wir raten, Mädchen mehr träumen zu lassen und sie zu ermutigen, ihre Phantasien mitzuteilen. Vor allem aber sie in dem Gefühl zu bestärken, dass es in Ordnung ist, wenn sie danach streben, ihre Phantasien auszuleben. Mädchen neigen ohnehin viel mehr dazu als Jungen, ihre Träume und Pflichten zu erden und in ihr alltägliches Tun einzubinden – allein schon deshalb, weil ihnen ihr Körper ein natürliches Pflichtbewusstsein vorgibt (Menstruation, Schwangerschaft und Gebären, Verhütung). Also, liebe Eltern: Gebt euren Töchtern die Zeit zum Träumen, würdigt ihre Phantasien und ehrt ihre reifende Weiblichkeit. Auch Töchter müssen erwachsen werden dürfen. Zum Schluss haben wir aber auch noch eine wichtige Botschaft für alle Männer:

Frauen dürfen auch schreien und wütend, hysterisch, launisch, obszön sein – dürfen wie Furien sein.

Frauen tragen viel Gewalt und Enttäuschung in sich; wir Männer sollten ihnen einen gesunden und reifen Rahmen bieten, in dem sie lernen können, mit dieser Energie umzugehen. Denn wenn Frauen nicht mehr reden und damit Beziehungen pflegen können, werden sie krank – und wir mit ihnen!

3. Die Brücke der Jugendzeit (Pubertät und Adoleszenz)

Die Jugendzeit ist die schönste und gleichzeitig schwierigste Zeit im Leben eines Mannes. Zumindest könnte die Zeit unserer Jugend so (gewesen) sein: schön, abenteuerlich, aufregend, haarsträubend, unsicher, leidenschaftlich, erotisch, lustvoll, ekstatisch und voller Energie, Kraft und Tatendrang. »Kein Kampf ist ehrlicher und blutiger zugleich als der Kampf der Jugend«, heißt es.

Wir wollen hier ausschließlich über Jungen und Männer schreiben, obwohl wir wissen, dass natürlich auch viele Mädchen eine unglaublich emotionale und verletzende Zeit in ihrer Pubertät und Adoleszenz erleben – und zugleich eine heilende Zeit mit großen Gefühlsschwankungen, gleichgeschlechtlicher Erotisierung und oft nicht ungefährlichen Schwärmereien. Ein Hauch von Sterben und Tod, ein Übermaß an Leben, das ist es, was die jungen Frauen in dieser Zeit erwartet.

Es stimmt: »Wenn die Eltern schwierig werden, dann sind die Kinder in der Pubertät.«

Es stimmt aber auch: »Wenn die Pubertät an Eltern und Kindern spurlos vorübergeht, dann ist etwas schief gelaufen.«

Tatsächlich entscheidet sich in dieser Zeit, natürlich bestimmt durch den jeweiligen – entweder überwiegend gesunden oder traumatisierten – Kindheitsverlauf wie die zukünftigen Erwachsenen und unsere Gesellschaft sein werden. Keine andere Zeit ist so von Veränderungen und Gefühlsausbrüchen geprägt wie die Zeit des Übergangs vom Kind zum jungen Erwachsenen.

Alles wird auf den Kopf gestellt, nichts passt mehr, selbst das eigene Spiegelbild ist widerlich. Die psychische und emotionale Nabelschnur, die noch zwischen Erwachsenen und Jugendlichen besteht, wird »über die scharfe Klinge der Entscheidungen« geführt. Die alte Welt der Eltern und die noch im Entstehen begriffene neue Welt des Jugendlichen geraten in Streit. Konflikte, Ungehorsam und Provokationen gehören beinahe zur Tagesordnung. Die Jugendlichen sparen dabei niemanden aus – alle kommen sie dran: Vater, Mutter, Geschwister, Lehrer, Kirche, Gesetz, Moral ... Eine wilde, gefährliche und äußerst sensible Phase im Leben aller, die mit dem Pubertierenden ernsthaft und ehrlich zu tun haben wollen, ist im Gange. Es ist unglaublich aber wahr: Das alles muss, hoffentlich nicht allzu heftig und auf Schadensbegrenzung bedacht, so verlaufen dürfen und überstanden werden.

Die Betroffenen befinden sich in einer Art »heilendem Krieg«. In dieser Zeit wird beim Jugendlichen ein schmaler Spalt sichtbar, und ein kleiner Zugang zu seiner Seele wird möglich. Dieser Augenblick, in dem sich die Seele des Jungen zeigt, ist nur von kurzer Dauer.

Die Stammesvölker wissen ganz intuitiv von diesem spirituellen Zugang zum tiefsten Inneren eines jungen Menschen. In diesem Lebensabschnitt und zu diesem Anlass werden spezielle Rituale (Initiationen) und Zeremonien abgehalten, um ja nicht zu versäumen, den jungen Mann in die Blüte und Reife seines Lebens einzuführen. Nicht zuletzt deshalb, weil sie wissen, dass ein Volk gesunde, reife und verantwortungsvolle Männer für ihre Zukunft braucht. Und nur dadurch und wirklich nur dadurch entsteht wieder Weisheit in einer Gesellschaft.

Wenn dieser »heilige Spalt« nicht von den Erwachsenen erkannt und bestätigt wird, schließt sich diese Öffnung wieder, und der Junge wird einen wesentlichen Teil seiner persönlichen Reife nicht erlangen und für seine Entwicklung nutzen können. Vielleicht kommt diese Chance nie mehr …

Interessant erscheint uns in diesem Zusammenhang zu sein, dass es von weit reichender und gravierender Bedeutung für die Reifung des Jungen ist, ob der eigene Vater (oder die eigene Mutter) auf den »Seelenspalt« aufmerksam macht oder ob distanzierte Männer (ein guter Freund oder Bruder des Vaters, der Pate, Trainer, Lehrer usw.) dem Jungen diese Seelenöffnung bestätigen.

Erkennbar wird diese Öffnung oft durch ein besonderes Talent, eine Fähigkeit oder ein Interesse, das der Junge plötzlich, aus heiterem Himmel, von heute auf morgen offenbart. Die Bestätigung dieses für den Jungen und für seine Umwelt neuen Talents, dieser neuen Fähigkeit, dieses neuen Interesses kommt einer Segnung gleich. Und hoffentlich ist es ein Mann, der diese »Segnung« vornimmt und sich der Bedeutung dieses Momentes bewusst ist.

Wir sprechen in diesem Buch sehr viel von »Initiation«. Eigentlich handelt das ganze Buch von nichts anderem.

Wir wollen an dieser Stelle noch nicht sehr ausführlich in dieses Thema einsteigen, doch erscheint es uns wichtig, diesen Begriff vor allem im Hinblick auf das Thema Jugend, Pubertät und Adoleszenz zu beleuchten. Und damit sind wir bei einem sehr aktuellen Themenkomplex angelangt:

- Wie können wir der jugendlichen Gewalt Herr werden?
- Was können wir tun, damit unsere Jugendlichen zu gesunden, reifen und verantwortungsvollen Männern heranwachsen?
- Welche großen Visionen und Ziele können wir unseren Jugendlichen mit auf den Weg geben?

Unsere Antwort auf diese Fragen:

Der wichtigste Rat, den wir in diesem Buch geben

Allen Männern, die in irgendeiner Form mit Jugendlichen bzw. jungen Männern zu tun haben, ob in der Familie, in der Schule, im Beruf, im Sport oder in der Freizeit, empfehlen wir: Schließen Sie sich mit anderen Männern für einen längeren Zeitraum (mindestens ein Jahr) zu einer Männergruppe zusammen, und lernen Sie dort, wie man ein aufmerksamer und verantwortungsvoller Mentor werden kann. In der Männergruppe können Männer eine tiefe und vertraute Verbundenheit zu anderen Männern aufbauen. Das genau ist das Fundament, auf dem ernsthafte und authentische Jugendarbeit und Mentorenarbeit gelingen kann.

Ob Sie Fußball-, Eishockey- oder Schiclubtrainer sind, Firm- oder Taufpate, Alpenvereinsjugendwart oder Bergführer, Lehrlingsausbildner oder Firmenchef, Priester oder Ministrantenbetreuer, Sozialarbeiter oder Erlebnispädagoge, väterlicher Freund, Onkel oder Bruder: Sie alle besitzen die Fähigkeit und haben die soziale Pflicht, die jungen Männer auf dem schwierigen Weg zum Erwachsensein zu begleiten.

Der einzelne Vater mag zwar im Aussterben begriffen sein, aber wenn alle Männer gemeinsam die männliche Verantwortung für alle Kinder dieser Welt übernehmen würden, dann wäre ein weit größerer Vater an seine Stelle getreten.

Wir sehen keinen anderen Ausweg aus den Schwierigkeiten, die Jugendliche mit sich selbst und anderen haben. Es kann ja nicht sein, dass die Jugendlichen mehr und mehr verwahrlosen und vereinsamen, von den Erwachsenen übersehen und übergangen werden und mit Gesetz und öffentlicher Moral in Konflikt geraten.

4. Die Brücke des jungen Erwachsenenlebens

Zunächst stellt sich die Frage, wann das junge Erwachsenenleben eigentlich anfängt. Die Naturvölker haben eine einfache Antwort auf diese Frage: Nach der Zeit der Initiation (rituelle Aufnahme in den Kreis der Erwachsenen) wird der Junge von den Älteren in den Stand des jungen Erwachsenen aufgenommen – das geschieht meist im Alter zwischen vierzehn und achtzehn Jahren. Unglaublich, oder?

Nach unserem Verständnis ist dieser frühe Übergang unvorstellbar und (kulturell, wirtschaftlich und politisch) inakzeptabel. Zumindest in Mitteleuropa gehen die meisten Jugendlichen in diesem Alter noch zur Schule oder sie beginnen gerade eine Berufsausbildung.

Gut, dann könnten wir ja davon ausgehen, dass unsere Jugendlichen zumindest nach der Schulentlassung oder nach der Lehre zu den jungen Erwachsenen zu zählen sind. Sie müssen sich in dieser Zeit ja einigen gesellschaftlichen und privaten Initiationen stellen: Schulabschluss, Lehrabschluss, Abiturprüfung (das hieß früher einmal »Reifeprüfung«), Tanzschule und erster Walzer, der erste Geschlechtsverkehr, Führerschein, Wehrdienst, Zivildienst usw. Die Frage ist aber: Entwickeln sich aus diesen Ritualen die Anforderungen und Reife eines jungen Erwachsenen ?

Nein und nochmals nein!

Wir lassen unsere Kinder und Jugendlichen nicht wirklich erwachsen werden. Wir halten sie so lange wie möglich in Abhängigkeit – von den Eltern, von den Lehrern, Professoren, Lehrherren, Sporttrainern, von staatlichen Zumutungen und staatlichen Zuwendungen. Man könnte behaupten, hierbei handelt es sich um einen klassischen Generationenkonflikt.

Geld zu verdienen ist ja noch lange kein Beweis dafür, dass man im Stande ist, sich den Anforderungen seines Lebens zu stellen und sich als erwachsen zu bezeichnen.

So werden unsere jungen Männer älter und älter, uneigenständiger, verwöhnter und immer abhängiger von Ersatz- und Scheineltern.

Und wenn das Maß überschritten ist, wird das Unausweichliche – Mensch sein, mit Geburt und Tod umgehen, Vater sein, Partnerschaft leben, heiraten, Beziehungen und Gemeinschaft pflegen, eben das Hier und Jetzt aushalten – nicht akzeptiert und zu umgehen versucht.

Irgendwann dann sind unsere »jungen« Männer vierzig Jahre oder älter, verheiratet und Vater von einem oder zwei Jungen. Ihrer Frau reicht es womöglich schon lange, dass sie neben ihren beiden Sprösslingen noch einen dritten, mit dem sie sogar verheiratet ist, am Schürzenzipfel hängen hat.

In Ihren Augen mag dieses Bild anstößig und überzogen sein, dennoch glauben wir, dass die meisten der heutigen Männer nicht über ihre Pubertätsphase hinausgekommen sind.
Vielleicht werden Sie sich jetzt fragen, von welchen Voraussetzungen, Kriterien und eventuellen Richtlinien wir ausgehen, um einen jungen Mann als einen jungen und reifen Erwachsenen bezeichnen zu können?
Das ist wirklich eine gute Frage!

Es wäre großartig, könnten wir antworten: »Gleich nach der bewussten Initiation, die in unserer Gesellschaft gesunde und starke Wurzeln besitzt (was leider nicht der Fall ist), bereits im Alter zwischen vierzehn und achtzehn Jahren.«
Aber so ist es nicht. Wir haben deshalb eigene Kriterien entwickelt. Lesen Sie selbst:

Wie wird aus einem Jugendlichen ein reifer junger Erwachsener?

Ein junger Mann muss die Chance erhalten, Vater (das Männliche) und Mutter (das Weibliche) zu würdigen. Erst in dieser Würdigung kann ein respektvoller Abschied von den Eltern erfolgen. Für jeden Mann gilt es, die Zeit der Kindheit und Pubertät unbedingt abzuschließen.

Jungen und junge Männer müssen von Erwachsenen erzogen werden und brauchen ein positives Feedback von der Gesellschaft.

Ihre Entwicklung hin zu mehr Reife und Verantwortung hängt ganz wesentlich davon ab, ob und wie sie von ihrer Umgebung in »gesunde Schranken« verwiesen wurden, ob sie Grenzen, Akzeptanz und Toleranz erfahren und gelernt haben, damit umzugehen. Eine unbegrenzte Freiheit gibt es nicht - nur in den Köpfen der Männer, die ihre Orientierung und Wurzeln verloren haben. Jeder junge Mann braucht einen »initiatorischen Schock« (einen Willensbruch), eine Möglichkeit, um sein »Überfliegerleben« auf den Boden der Realität zu stellen.

Ein junger Mann muss sich um die Erfüllung und Sättigung seiner Grundbedürfnisse (Nahrung, Kleidung, Wohnen, Beziehungen zu anderen Menschen) selbst kümmern können.

Falls er dafür noch andere Menschen (Eltern, Förderer) braucht, dann muss er für einen angemessenen Ausgleich sorgen (z.B. Mithilfe im Haushalt, wenn er noch zu Hause lebt, und Zahlung von Wirtschaftsgeld) - abgesehen von diesen Dingen muss er auf eigenen Beinen stehen.

Er hat einen sozialen Beitrag für andere bzw. für eine größere Gemeinschaft zu leisten - denn auch ein junger Mann ist ein soziales Wesen.

Er ist ausreichend sexuell aufgeklärt und gestaltet sein

Sexualleben verantwortungsvoll und für sich und seine Partnerin (oder seinen Partner) erfüllend.

Er bereitet sich frühzeitig, ausführlich und gewissenhaft auf eine zukünftige, länger anhaltende Partnerschaft vor.

Ebenso verantwortungsbewusst bereitet er sich auf seine Vaterschaft vor. Er wird das Menschenmögliche tun, um ein gesunder, reifer und verfügbarer Vater zu werden – nicht nur für die eigenen, sondern auch für andere Kinder.

Er weiß über seinen »Schatten« Bescheid, integriert ihn in sein Leben und versucht daraus positive Lebenskraft zu schöpfen.

Er kennt seine Gefühle und vermag sie auszudrücken – dem Anlass und Zeitpunkt angemessen und in keiner Weise verletzend.

Er ist gewillt, eine oder mehrere aufrichtige Männerfreundschaften aufzubauen und sie – unter Umständen in einer Männergruppe – fortlaufend zu vertiefen und zu pflegen.

Er ist bereit, sich, sein Tun und sein Umfeld ständig zu hinterfragen und auszuloten, ob aus seinem Leben kein unnötiges Leid für sich und für andere entsteht, ob durch sein Verhalten andere unnötig verletzt werden und sein Lebensweg noch ein Herz hat.

Er befragt sich regelmäßig nach dem Sinn seines Lebens und sucht nach Antworten.

Er kennt seine eigene Vision, und wenn er verheiratet ist, achtet er darauf, dass er eine gemeinsame Vision mit seiner Partnerin teilt.

Er versucht sein Leben in barfüßiger Einfachheit zu leben.

Er ist sich bewusst, dass das ganze Leben als gute Vorbereitung auf den Tod betrachtet und gelebt werden muss.

Er stellt sein Wissen, seine Erfahrungen und seine Weisheit jüngeren Menschen und seinem Volk zur Verfügung.

Er weiß um die Geheimnisse der Natur, der Magie der Energien und das Geheimnis von Leben und Sterben.

Er ist geerdet, glaubt an Gott und pflegt eine alltägliche spirituelle Praxis.

Er ist ein Mann, vor dem sich Kinder, Frauen und die Natur (Tiere und Blumen) nicht zu fürchten brauchen – im Gegenteil, er achtet und schützt all das mit seiner ganzen Persönlichkeit.

Er ist ein Mann voller Mitgefühl, Reue, Demut und bereit, den Lebensschmerz anzunehmen und das Leid anderer mitzutragen.

Er ist ein Mann, der weiß, dass es mehr gibt als nur ein Ja oder Nein, Schwarz oder Weiß, Gut oder Böse, Himmel oder Erde.

Zu guter Letzt: Er weiß, dass er unbedeutend und ersetzbar ist, dass die wesentlichen Entscheidungen nicht in seiner Hand liegen und das Leben hier auf Erden einerseits tragisch und schmerzlich, andererseits jedoch auch erfüllend ist und letztlich auch für ihn Erlösung bringt.

Nun, da wir all das zu Papier gebracht haben, denken wir darüber nach, ob wir etwas ausgelassen oder vergessen haben. Falls Ihnen noch etwas einfällt, dann schreiben Sie es uns bitte. Angesichts der Fülle guter Eigenschaften, die ein erwachsener Mann nach unserer Auffassung haben sollte, könnte leicht der Gedanke aufkommen, das alles sei vollkommen überzogen und übertrieben, sei ohnehin unerreichbar. Welch hohe und unerreichbare Ansprüche werden hier gestellt! Solche Männer wird es nie geben! Das klingt so unerfüllbar wie die zehn Gebote des Alten Testamentes – und hier sind es sogar vierundzwanzig.

Recht haben Sie!
Unerreichbar ist das alles!

Kaum zu denken, was passieren müsste, damit das Wirklichkeit werden kann!

Wir lassen es lieber bleiben, bevor wir uns noch blamieren! Okay – wahrscheinlich haben Sie Recht.

Aber: Macht Sie das nicht unendlich traurig oder nachdenklich, wenn Sie hören, dass bei den Naturvölkern bzw. bei alten Stammeskulturen all das bereits den 14- bis 18-jährigen jungen Männern aufgetragen und abverlangt wurde – und die das alles noch mit unschluldigem Stolz und Ehrfurcht zu tragen wussten?

Diese jungen Menschen taten es für die größere Gemeinschaft, für das Kollektiv des Stammes. Glauben Sie wirklich, dass wir dies auch unserem jungen Nachwuchs vermitteln? Nein, natürlich nicht! Der soll sich durchkämpfen und in einer Weise auf seinen eigenen Vorteil achten, dass wir uns nicht zu schämen brauchen. Das vermitteln wir ihnen: Angst und einen narzisstischen Egotrip. Obwohl unsere jungen Menschen, unsere Nachkommen sehnsüchtig darauf warten, dass wir ihnen endlich die Wahrheit über das Leben, über die Kultur und Weisheit der vorangegangenen Generationen erzählen.

Kurzum: Wir spielen ein falsches Spiel mit unserem Nachwuchs. Dabei wäre er bereit, etwas für die anderen zu tun und Verantwortung für die Gemeinschaft zu übernehmen.

Wir wollen es damit fürs Erste belassen. Sie werden noch häufiger in diesem Buch auf ähnliche Darstellungen und Aufforderungen stoßen, die, wie wir glauben, sehr wesentlich dazu beitragen können, ein tieferes Verständnis dafür zu entwickeln, wie schwierig es heute geworden ist, ein reifes Männerleben zu führen.

5. Die Brücke des reifen Erwachsenenlebens

Nach den letzten Ausführungen müsste hier an dieser Stelle eigentlich Schluss sein. Denn kaum ein junger Mann schafft den Weg über die eben beschriebene Brücke.
Natürlich ist das nicht so.

Aber die genannten 24 Punkte gelten trotzdem und werden immer wichtiger, je älter wir werden.

Spätestens jetzt, nach dem jungen Erwachsenenleben, können die Früchte eines reifen Erwachsenenlebens geerntet werden. Nun hat man genügend Zeit, Wissen und auch Weisheit erlangt, um die vier Jahreszeiten bewusst zu leben und zu erfahren. Der natürliche Zyklus ist in Fleisch und Blut übergegangen. Ein Kreislauf hat das Bewusstsein erfasst, und es wird zur rechten Zeit gesät, ausreichend bestellt, geerntet und in Stille und im Verborgenen die neue Saat erwartet.
Was will der Mensch noch mehr?

Im Verlauf unserer langjährigen Männerarbeit haben wir festgestellt, dass die heutigen Männer immer mehr wollen, weil sie glauben, noch nicht genügend bekommen zu haben. Verglichen mit den Armen in der Dritten Welt ist jeder Mitteleuropäer ein reicher König, der mehr hat, als er selbst verbrauchen kann.
Was ist los mit uns?
Wir haben Hunger! Doch worauf?

Den Männern in den so genannten reiferen Jahrgängen, wie sie auch in unsere Männergruppen kommen – sie sind zwischen vierzig und sechzig Jahre alt –, weht gegenwärtig nicht nur ein sanfter und lauer Wind ins Gesicht, sondern meist eine stürmische, aufschäumende eisige Brise, der sie kaum etwas entgegensetzen können.

In dieser Übergangsphase verlangt das Leben noch einmal nach einer Initiation, es will das verzögerte Erwachsenwerden endlich zum Abschluss bringen. Das Leben fährt mit mächtigen und imposanten Geschützen auf, um das zu fordern, was wir dem Leben noch schulden: Reife und dienende Hingabe.

Viele Männer kommen dabei unter die Räder. Sie werden krank, sie werden von ihrer Frau und Freundin verlassen, ihre Firma geht in Konkurs, und ihre Potenz lässt zu wünschen übrig. Sie wirken wirr und blass, und ihre Gesichter erstarren in einem nichts sagenden Ausdruck. Ihr Lebensfeuer erlischt nach und nach.

Diesen Übergang erleben die Männer ganz unterschiedlich. Die meisten bekommen diese Lebensphase nur sehr diffus und nebensächlich mit. Sie bewegen sich auf allzu breiten und prunkvollen Brücken, die auf gigantischen betonierten Pfeilern errichtet wurden, sodass sie es kaum registrieren, wenn unter ihnen Menschen erdrückt werden und in den Fluten der Herrschaft ertrinken. Andere Männer wiederum tasten sich über einen wackeligen, womöglich noch morschen Steg, oder sie begeben sich auf eine Schwindel erregende Fahrt mit einer atemberaubenden Seilbahn.

Nur sehr wenige Männer versuchen dem Weg von Christophorus zu folgen.

Christophorus und die Sehnsucht nach Erfüllung

Christophorus war ein großer, starker, mutiger, wild behaarter Mann, mit einem trockenen Humor. Oft musste er über sich selbst lachen. Auch die Menschen liebten seinen Witz und Humor, der immer etwas an Weisheit und Lebenswahrheit in sich barg.

Er wusste schon sehr früh in seinem Leben und spürte ganz instinktiv, dass das Mannwerden und Mannsein für ihn etwas Besonderes parat hatte. Auch sein Körperbau zeigte ihm schon von Jugend an sehr deutlich, dass er dazu bestimmt war, etwas Wesentliches hier auf Erden zu tragen. Natürlich musste auch er über die Lebensbrücken von Geburt, Kindheit, Jugendzeit, junges und reifes Erwachsenenleben gehen. Dabei hatte er viele Schwierigkeiten zu überwinden. Es war gar nicht einfach. Trotzdem trugen ihn eine unglaubliche Sicherheit und ein Vertrauen, dass er beinahe damit prahlte: »Ich habe meinen eigenen Stern am Himmel gefunden, und ich weiß, dass es dort jemanden gibt, der nur Gutes für mich will.«

Vielleicht hatte er einen guten Draht zu seinem Schutzengel ...

Seine Pubertät war nicht einfach. Er war ein typischer Jugendlicher, der alles nur Erdenkliche ausprobierte – Alkohol, Drogen und so weiter. Sein lümmelhaftes Verhalten brachte die Erwachsenen zur Weißglut, und alles, was von ihnen an Regeln und Geboten aufgestellt wurde, versuchte er zu umgehen oder zu boykottieren. Er war ein Raufbold und Unhold, wie er im Buche steht. Dennoch: Der Junge hatte von seinen Eltern etwas grundlegend Gutes und Anständiges mitbekommen und in sein Herz gepflanzt.

Irgendwann, so zwischen 16 und 18 Jahren, verließ er seine gewohnte und vertraute Heimat und begab sich auf eine Reise voller Abenteuer und Gefahren. Eines war ihm dabei von Anfang an klar: Er wollte dem Größten in der Welt dienen. Das wird wohl nicht schwierig sein, dachte er, denn es kann ja nur der König sein, der diese einzigartige Größe besitzt – und der König ist gut und reich.

So kam er zum König. Er erzählte ihm kurz seine Geschichte und verriet ihm seine Absicht, dem Größten dienen zu wollen. Der König sagte ihm, dass er bei ihm an der richtigen Adresse sei und es ihn freue, so einen starken, großen Mann als Diener an seiner Seite zu wissen.

Aber es dauerte nicht lange, da kam Christophorus dahinter, dass sein König die Hosen voll hatte aus Angst vor dem Teufel. Er war sehr erstaunt und gleichzeitig auch enttäuscht, verließ seinen Herrn und machte sich auf die Suche nach dem Teufel. Er wusste jetzt, dass der Teufel der Größte sein musste. Auf jeden Fall viel größer als der König. Sonst hätte der König wohl kaum so viel Angst vor dem Teufel.

Die Jahre vergingen. Dann, irgendwann und irgendwo, traf Christophorus den Teufel. Eigentlich, so dachte er, sieht er gar nicht wie ein Teufel aus. Trotzdem, es war der Teufel.

Er bekam die Geschichte von Christophorus zu hören und wusste damit, dass Chriostophorus bereits einem Irrtum aufgesessen war, als er den König für den Größten hielt. Der Teufel amüsierte sich darüber und lachte herzhaft.

Christophorus fragte ihn, ob er in seine Dienste treten könnte, denn er wollte ja dem Größten dienen. Der Teufel nahm das Angebot dankbar an und trug die Nase noch höher. Er war voller Ideen, wie er diesen starken Mann für seine Dienste nutzen konnte. Diesen Riesen an seiner Seite zu wissen, war selbst für den Teufel ein Erfolgserlebnis.

So diente Christophorus, der in das junge Erwachsenenleben gekommen war, nun in guten Glauben dem Größten zwischen Himmel und Erden.

Eine entsetzliche Vorstellung, nicht wahr?

Aber es dauerte nicht lange, da kam Christophorus dahinter, dass der Teufel ebenfalls die Hosen gestrichen voll hatte, und stellte den Teufel zur Rede. Dieser erzählte ihm, zur Verwunderung von Christophorus, dass er sich vor den Kindern, die auf Erden geboren werden, fürchte.

Jetzt konnte auch Christophorus sich nicht mehr zurückhalten und musste aus vollem Halse lachen. Er konnte es sich nicht verkneifen, den Teufel mit seiner Angst aufzuziehen.

Der, den er für den Größten gehalten hatte, hatte Angst vor den Erdenkindern. Unglaublich! Christophorus konnte es kaum fassen, er war erstaunt und enttäuscht zugleich. Dennoch, er wusste um die große Macht des Teufels, und hinter seiner Angst musste sich etwas Wahres verbergen.

So machte er sich ein wenig ungläubig und verwirrt auf den Weg und ließ den Teufel mit seiner Angst zurück.

Nur: Was sollte er jetzt machen, wo und wie sollte er dem Größten dienen, wenn die Kinder dieser Erde die Größten sind? Es waren keine Kinder da, und er wusste auch nicht, wo er welche finden könnte.

So irrte er viele Jahre umher, um Klarheit über sein Vorhaben zu bekommen. Kinder konnte er dabei keine treffen. Der Teufel hatte womöglich ganze Arbeit geleistet, so dachte er sich manches Mal.

Eines Tages kam er zu einem dichten, uralten Wald. Die knorrigen, wild verwurzelten Bäume waren mit Moos bewachsen. Sie sahen aus, als trügen sie lange Bärte. In den kunstvollen Netzen der Spinnen funkelten Tautropfen wie gläserne Perlen. Nebel zog auf. Es war geheimnisvoll und dennoch von großem Reiz. Die Sonne brach durch die Baumwipfel, und ihre Strahlen wurden vom Nebel aufgefächert. Ein erhabenes Farbenspiel durchflutete den Wald. Eine beinahe feierliche Atmosphäre.

Wie er so tief versunken und glücklich inmitten des Waldes stand, bemerkte er neben einem Felsen, der wie eine Kapelle aussah, ein in erdfarbene Kleider gehülltes Wesen.

Er konnte es nicht sagen, ob es ein Mensch war, obwohl er einen schneeweißen, langen, dichten Bart unter seiner Kapuze hervorragen sah. Sein erdfarbenes Gewand bestand aus alten Stofffetzen. Seine nackten Zehen und Füße leuchteten förmlich unter seinem Umhang hervor, als würden sie von einem Scheinwerfer angestrahlt. Seine faltigen Hände sahen aus wie uralte Baumrinde. Auch sie waren von einem hellen Licht beschienen. Christophorus war so überrascht, dass er gar nicht sagen konnte, was er dort vor sich sah.

Dieses Wesen - oder war es doch ein Mensch oder einfach ein alter Mann? - wirkte neben Christophorus sehr klein und beinahe unscheinbar. Und trotzdem kam es Christophorus vor, als sei es viel größer und mächtiger als er selbst. Er glaubte, dass er einem alten Bettelmann begegnet war. Die Bettelmänner hatten zur damaligen Zeit unter den Menschen einen guten Ruf, weil sie von den Naturgesetzen und Mysterien, von Magie und Weisheit zu erzählen wussten.

Plötzlich begann dieser Kapuzenmann mit Christophorus zu reden. »Was willst du hier?«, fragte er ihn. »Was führt dich zu mir? Ich habe schon lange auf dich gewartet.«

Siehe da!

Christophorus' Worte sprudelten hervor, als ob er jetzt endlich die längst überfällige Erlaubnis bekommen hätte, mit dem Alten reden zu dürfen.

Der Alte nahm sich viel Zeit, sich Christophorus´ Geschichte anzuhören. Der erzählte ihm von seiner Begegnung mit dem König und mit dem Teufel, sprach von seinem jahrelangen Pilgern und der noch immer andauernden Suche nach dem Größten, dem er dienen wolle. Zu guter Letzt erzählte er ihm, wie verwirrt er gewesen war, als ihm der Teufel seine Furcht vor den Kindern gestanden hatte. In seinen Worten klang viel Trauer, Wut, Angst, Ungeduld und Verzweiflung mit.

Obwohl Christophorus das Gesicht des Alten im Schatten der Kapuze nicht sehen konnte, spürte er, dass von diesem weißbärtigen Alten viel Wärme und Vertrautheit ausging.

Der Alte sagte zu Christophorus: »Du hast sicher schon von diesem mächtigen Fluss gehört. In Scharen wollen die Menschen ihn überqueren, um zum anderen Ufer zu gelangen, doch der Fluss ist breit und tückisch. Viele werden von der Strömung einfach mitgerissen und für alle Ewigkeit verschlungen. Ich sage dir, Christophorus, wahrlich, wenn du dem Größten dienen möchtest, dann gehe dorthin zu diesem Fluss, und diene den Menschen. Du bist groß, stark, ausdauernd und warmherzig. Du bist dem gewachsen. Trage die Menschen über den Fluss, und diene ihnen damit, so gut du kannst. Achte aber in stets darauf, ob nicht auch ein Kind dabei ist, das dich um deine Dienste bittet. Du musst sehr aufmerksam und jederzeit bereit sein, denn das Kind kommt auf leisen Sohlen. Es ist spontan und kreativ. Es wird, bevor es sich dir ganz zeigt, in vielen kleinen oder größeren Situationen erscheinen. Spielerisch und mit den Elementen und den Himmelsrichtungen verbündet, wird das Kind sich dir ankündigen. Erschrecke es nicht. Wahrlich ich sage dir, egal welches Kind du dort auch treffen wirst, es ist das Größte, was es auf Himmel und Erden gibt. Dem kannst du dienen ohne Unterlass.«

Während Christophorus noch den Worten des Alten nachhing und hörte, wie die Wahrheit aus dem Klang seiner Stimme ein Lied formte, verschwand der barfüßige, weißbärtige Bettelmann im Nichts.

Christophorus glaubte kurzzeitig, einer Illusion aufgesessen zu sein, doch in ihm klang von nun an eine Lebensmelodie von besonderer Klarheit.

Nichts hätte mehr auf die Anwesenheit dieses Alten hingewiesen, hätte nicht ein dicker Stock jene Stelle markiert, an der er Christophorus empfangen hatte. Dieser Stock war so dick wie der Arm eines Mannes. Er wirkte beinahe wie ein Baum und war über und über mit Symbolen und alten Inschriften bedeckt.

Wie viele Nächte Christophorus noch in diesem Wald verbrachte und was er dort noch alles machte, wissen wir nicht, aber eines Morgens, bevor noch die Sonne hinter den Bergen hervorblickte, machte er sich auf den Weg zu dem Fluss.

Nun war die Zeit angebrochen, da Christophorus die Brücke des reifen Erwachsenenlebens betreten hatte. Es verging noch einige Zeit, bis er den Fluss erreicht hatte, und siehe da, es warteten schon viele Menschen auf seine Dienste.

Da er nicht allzu viel von Müßiggang hielt und anzupacken wusste, schnappte er sich einen Menschen nach dem anderen und trug sie alle sicher über den reißenden Fluss. Von früh am Morgen bis spät am Abend, unterbrochen nur von wenigen Pausen, half er den Menschen über den Fluss. Seine Tage waren lang, und er war die meiste Zeit mit seinem Tun und seinem Dienst zufrieden. Oft schlief er in seinem einfachen Bretterverschlag, der unmittelbar neben dem Fluss stand, noch während des Abendessens ein.

Man konnte ihn zu diesem Zeitpunkt als einen einfachen und zufriedenen Menschen bezeichnen, der durch einige Lebenserfahrungen und Krisen zu einem reifen erwachsenen Mann geworden war. Einige Menschen, vor allem die einfachen und ärmeren, dankten und lobten ihn für die harte Arbeit. Sie gaben ihm zum Dank für seine Arbeit zu essen und zu trinken, so viel, dass er immer satt wurde.

Allerdings waren auch andere darunter, die ihm viel Geld boten, um nicht nur sich selbst, sondern auch ihre Besitztümer hinübertragen zu lassen. Christophorus wusste aber, auch wenn er noch so bemüht war, es allen recht zu machen, dass er jedes Mal höchstens einen Menschen über diesen Fluss tragen konnte. Sonst würden seine starken Beine einknicken und seine breiten Füße, die sich ansonsten gekonnt am Grund des Flusses bewegten, den Halt verlieren - und er würde unter der Last der Reichtümer ertrinken. Je mehr er sich bemühte und plagte, die Begüterten über den Fluss zu bringen - obwohl es ihn jedes Mal sein Leben hätte kosten können - desto mehr Hohn und Anschuldigungen bekam er von diesen Menschen zu hören. Doch alles in allem spürte er, dass er ein ausgeglichenes und glückliches Leben führte. »Es kann nicht alles nur gut und angenehm sein«, so dachte er sich des Öfteren.

Hier könnten wir die Geschichte ausklingen lassen. Oder?

Aber wie so oft im Leben spüren wir, dass noch eine wesentliche Sache fehlt. So erging es auch Christophorus.

Er träumte viel. In seinen Träumen kehrte er oft zu dem Wald zurück, wo er dem weißbärtigen Alten begegnet war. Auch in seinen Träumen konnte er nie dessen Gesicht sehen, aber was er immer vernahm und spürte, war dieser durchdringende Klang in seiner Stimme, der seinen ganzen Körper vibrieren ließ. Die Worte dieses einfachen und warmherzigen Menschen ergriffen ihn auch im Traum.

»Wahrlich ich sage dir, egal welches Kind du dort auch treffen wirst, es ist das Größte, was es auf Himmel und Erden gibt. Dem kannst du dienen ohne Unterlass. «

Eines Nachts, als er müde von seinem Tagwerk in einen tiefen Schlaf gesunken war, hörte er ein Kind rufen: »Christophorus, Christophorus, ich bin hier, ich brauche dich!«

Christophorus brauchte einige Zeit, bis er von den Rufen wach wurde. Zunächst glaubte er, geträumt zu haben. Doch dann war die Neugierde so groß, dass er aus seinem Holzverschlag hervorkroch, um nachzusehen, ob wirklich ein Kind gerufen hatte. In der Dunkelheit der Nacht konnte er nichts sehen. Er kroch wieder zurück und schlief alsbald wieder ein.

Doch dann kam es wieder: »Christophorus, Christophorus, ich bin hier, ich brauche dich!«

Jetzt war Christophorus sofort wach. Aber er glaubte auch dieses Mal, dass er nur geträumt hatte. Doch er wollte sicher sein. Deshalb schob er das dicke Fell, das den Eingang verdeckte, zur Seite und hielt Ausschau nach dem Kind. Wieder entdeckte Christophorus nichts, nur der Wind, der von allen Richtungen kam, flüsterte ihm etwas Unverständliches ins Ohr. Er legte sich wieder schlafen.

Doch die Rufe kamen wieder: »Christophorus, Christophorus, ich bin hier, ich brauche dich!«

Dieses Mal schoss er förmlich aus seinem Strohlager auf, riss das Fell herunter und sprang mit einem Satz in die sternenklare Nacht hinaus.

Und siehe da: Ein kleines Kind stand neben ihm – es reichte ihm gerade bis zur Hüfte.

»Du hast mich erschreckt mit deiner ungestümen Art«, sprach das Kind. »Du bist so stürmisch und unglaublich groß und stark, trete ein wenig leiser auf. Du hast mich die meiste Zeit mit deiner Verkopftheit übersehen und mit deiner Selbstgerechtigkeit vertrieben. Ich wurde schon zu oft verscheucht von deinen und anderer Menschen Regeln und Normen. Sei deshalb sachte, und höre zu: Ich habe dir etwas zu sagen.«

Natürlich hatte sich auch Christophorus erschreckt, dreimal war er aus dem Schlaf gerissen worden, und nun stand dieses Kind vor ihm, allein, mitten in der Nacht und nur mit einem verschmutzten Leinenumhang bekleidet.

Wie wäre es Ihnen in dieser Situation ergangen?

Es war beileibe keine einfach Situation.

Das Kind beruhigte Christophorus und sprach zu ihm:
»Ich habe von dir schon viel gehört, von deinem Dienst an den Menschen und von deiner Suche nach dem Größten. Du hast viel Gutes getan und Geduld gezeigt. Kannst du mich ebenfalls über den Fluß setzen?«

Christophorus überlegte kurz, und dann sprach er: »Natürlich tue ich dir diesen Gefallen, du bist das erste Kind, das ich hinüberbringe, ich weiß nicht, wo die anderen Kinder stecken, aber ich habe von einem Flöte spielenden Rattenfänger gehört, dem alle Kinder gefolgt sind – wer weiß wohin! Warte, ich ziehe mir nur ein paar Kleider über und hole meinen Stock, der uns hinüberführen wird.«

In der Zwischenzeit dämmerte schon der Morgen herauf. Nun ging alles sehr schnell. Christophorus holte seinen großen Stock und seinen mächtigen Umhang aus seinem Verschlag hervor. Er hob das kleine Kind hoch, setzte es auf seine Schultern und schützte es noch mit einer Hand. Flott stapfte Christophorus in die Fluten des Flusses. Man merkte ihm an, dass er dieses Mal besonders vorsichtig, gar aufgeregt war. Das machte wohl das kleine unscheinbare Bündel auf der Schulter aus.

Am Anfang glaubte Christophorus vom Gewicht des Kindes kaum etwas zu spüren, doch je weiter und tiefer er in den Fluß vordrang, desto schwerer wurde es. Es wurde so schwer, so unsagbar schwer, dass er unter der gewaltigen und übermächtigen Last strauchelte und im Wasser zu versinken drohte. Untergetaucht und dem Ertrinken nahe, vernahm er noch im letzten Augenblick das vertraute Vibrieren in seinem Körper, und er hörte die Worte des alten Freundes, der ihm zurief: »Richte dich auf Christophorus, geh deinen Weg weiter, und du wirst dein Wunder erfahren.«

Wie gesagt, im allerletzten Augenblick nahm er all seine Energie und seine Geschicklichkeit zusammen, erhob sich aus den Fluten und erreichte mit letzter Kraft das ersehnte Ufer.

Sein erster Blick galt dem Kind, das er von seinen Schultern hob und auf seine Arme nahm.

»Hast du dich verletzt? War es schlimm? Wie geht es dir?« All dies hechelte der völlig erschöpfte Christophorus, nachdem er einige tiefe Atemzüge gemacht hatte.

Man sah ihm an, wie anstrengend der Weg durch das Wasser gewesen war. Das Kind hingegen sagte: »Es ist alles in Ordnung Christophorus, mir geht es gut, und ich fühlte mich mit dir ganz sicher.«

Das Kind begegnete Christophorus mit einer Ruhe und Selbstverständlichkeit, dass er wütend wurde und zum ihm sagte: »Das hätte mich beinahe das Leben gekostet, wegen dir wäre ich fast ertrunken.«

Das Kind erwiderte nur kurz: »Nein, Christophorus, das hätte ich nicht zugelassen.«

Christophorus fragte: »Wer bist du denn, dass du dir erlaubst, über Leben und Tod zu bestimmen?«

Das Kind sagte wieder ruhig und dieses Mal auch besonders leise, aber deutlich: »Mit mir hast du nicht nur das Kind in deinem Herzen getragen, sondern zugleich die Last der ganzen Menschheit und deren Schwierigkeiten und Nöte. Mir kannst du dienen ohne Unterlass.«

Christophorus war verdutzt, als er diese Botschaft vernahm. Doch irgendwie verstand er, dass ihm durch dieses Kind eine besondere Segnung zuteil wurde.

Hier möchten wir die Geschichte beenden. Sie könnte noch weiter gehen, aber sie hat fürs Erste ihren Zweck erfüllt.

Warum haben wir hier, wo es um die Brücke zum reifen Erwachsenenleben geht, gerade diese Geschichte erzählt? Weil Christophorus deutlich macht, wie das Leben eines Mannes verlaufen kann. Er hat die Reifeprüfung zum erwachsenen Mann bestanden und verstanden.

Männer haben einen Urtrieb in sich, der sie veranlasst, in die Welt zu ziehen, um dort nach ihren männlichen und weiblichen Wurzeln zu suchen, zu erobern, zu kämpfen, zu konkurrieren und etwas Großem zu dienen.

Es geht darum, eines der wesentlichen Hauptbedürfnisse von Männern zu befriedigen: Männer wollen – auch wenn es den meisten nicht bewusst ist – grandios und Helden sein. Sie riskieren sogar für das Kleine, Feine und Unschuldige ihr Leben, wenn es ihnen ermöglicht wird. Wenn nicht, dann werden sie zu »Wölfen im Schafspelz«. Christophorus hat nach vielen Jahren, nach vielen Prüfungen, Enttäuschungen und Erfahrungen, endlich die Gelegenheit bekommen, dem Feinsten, Zerbrechlichsten und Unschuldigsten zu dienen: das Kind in den Mittelpunkt seines Interesses und Lebens zu stellen.

Das Kind steht symbolisch für die Seele eines jeden Menschen, das, was jedem von uns innewohnt – das »innere Kind«. Ein Kind ist verletzlich, arglos, wehrlos, unsicher, und es nimmt in seiner Größe all das auf, was in seinem Umfeld sich ereignet, ob Positives oder Negatives. Ein Kind kann nicht anders.

Erst wenn Männer beginnen, ihre Tendenz zur Kontrolle und Sicherheit aufzugeben, sich trauen und mutig sind, dem verletzlichsten und unschuldigsten Teil in ihnen – dem »inneren Kind«, der Seele, ihrem grundlegenden Gutsein – Bedeutung und lebendigen Ausdruck zu geben, dann reifen sie zu glücklichen und wirklich starken erwachsenen Männern heran.

6. Die Brücke des Alters

Wo sind und bleiben unsere Alten? Wie sehen sie aus? Was beschäftigt sie? Und wer von ihnen ist auf das nahende Sterben vorbereitet?

Alte Menschen haben einen großen Teil ihres Lebens gelebt und spüren, dass sie unaufhaltsam ans andere Ende des Lebens getrieben werden. Als Kind sind sie vor vielen Jahren aus dem Unsichtbaren gekommen, und jetzt gehen sie bald wieder ins Unsichtbare zurück. Beides scheint einem vergleichbaren Muster zu folgen. Wo das Leben angefangen hat, war auch ein Ende, und wo das Leben jetzt endet, ist auch ein Anfang. An diesen großen Übergängen oder Brücken stehen wir Gott oder dem Göttlichen am nächsten. Deshalb sollten wir den Menschen, die sich auf der Brücke des Alters befinden und diesen Lebensübergang, wie auch immer, meistern, Respekt und Anerkennung entgegenbringen. Auch wenn das in vielen Fällen gar nicht so leicht fallen mag. Doch dazu später mehr.

Die Menschen werden immer älter, Frauen erreichen ein Durchschnittsalter von achtzig bis neunzig Jahren, bei den Männern sind es siebzig bis achtzig Jahre.

Heute sind alte Menschen aktiver, sportlicher und an die moderne Zeit angepasster als jemals zuvor. Vielen geht es wirtschaftlich gut, sie reisen gern, und sie leben in ihren bezahlten Eigentumswohnungen und Häusern.
Eigentlich alles bestens, oder?

Nein, denn wir alle wissen auch, dass es vielen alten Menschen nicht besonders gut geht. Und auch uns geht es mit den alten Menschen nicht immer gut. Wir glauben, dass die ältere Generation – sechzig Jahre und älter – häufiger und schneller vereinsamt als die Generationen vor ihnen. Zudem wird sie vom Rest der Gesellschaft auf die Seite geschoben bzw. zu einer Randgruppe degradiert.

Das hat aber nicht nur die jüngere Generation zu verantworten, sondern zumindest zur Hälfte auch die ältere Generation. Denn sie hat es versäumt, frühzeitig ein soziales Umfeld zu schaffen, das sie im Herbst des Lebens trägt. Sie hat viel zu spät erkannt, dass Altwerden auch heißt, das Streben nach materiellem Wohlstand zu reduzieren und das Soziale und Gebende zu fördern. Heute ist es dafür zu spät, meine Herren, viel zu spät!

Ja, im Alter ist etwas anderes gefragt – es gibt etwas viel Wichtigeres, das euch helfen könnte, auf eure Kosten zu kommen: Helft und stärkt die Jüngeren, damit sie zu gesunden und reifen Erwachsenen heranwachsen können, helft ihnen, ihre Kinder zu erziehen, erzählt ihnen von eurem Leben, von eurem Auf und Ab, von euren Erfahrungen, von dem, was eurer Ansicht nach wesentlich für das Leben ist. Doch lasst euch auf keinen Fall zu nichtsnutzigen und ewig lebenden Phantomgestalten heruntermachen. Denn ihr und die Kinder seid dem Leben am nächsten.

Wir sind der festen Überzeugung: Wer nicht in jungen Jahren bereits beginnt, sich mit der eigenen Lebensgeschichte – mit seiner Kindheit, mit seinem achtungsvollen Abschied von Vater und Mutter, mit seinem Lebenssinn und seiner Vision, mit seinem spirituellem Weg und mit seinem Tod – auseinander zu setzen, der wird es später bereuen.

Die Männerarbeit zeigt uns immer wieder, welche Sehnsüchte Männer in sich tragen und dass sie bereit wären, etwas für das Stillen dieser Sehnsüchte zu tun: Eine große Sehnsucht von Männer ist es, alt zu werden und bis ins hohe Alter eine wichtige Aufgabe für die menschliche Gemeinschaft zu übernehmen. Mit Würde alt zu werden, ist eine weitere Sehnsucht. Doch diese Sehnsucht zu stellen, liebe Männer, das heißt, hart, wirklich hart zu arbeiten. Nur dann könnt ihr bewusst über die Brücke des Alters gehen.

7. Die Brücke von Sterben und Tod

Der Kreis hat sich beinahe geschlossen. Wir sind fast wieder an unserem Ursprung angekommen.

Ein Kind ist ein Wesen
das gerade aus dem Großen Geheimnis
gekommen ist
Und ich
da ich ein alter Mann bin
bin gerade dabei
in das Große Geheimnis zurückzukehren

In Wirklichkeit
sind wir einander also
sehr nahe

An Wochenenden, an denen wir dieses Thema erarbeiten, herrscht unter den Männern ein ganz besonderer Humor. An jedem unserer Wochenenden kursieren Männerwitze und lustige Statements, aber wenn wir beim Thema Sterben und Tod angelangt sind, entsteht eine ganz eigenartige Entspannung und Gelassenheit in der Gruppe. Daraus erwächst dieser besondere Humor, den, wie wir glauben, auch Frauen bei Männern so gern mögen. Ein Humor, der Klasse und Stil hat. Ein Humor, der vom Leben erzählt, authentisch und ehrlich ist. Wir können diesen Humor oft bei Begräbnissen und Abschieden sehen.

Neben der Trauer, neben dem Schmerz und der Angst, kommt eine beinahe erlösende Einsicht hinzu. Wir wollen sie einfach Befreiung nennen. Und tatsächlich, wenn wir sterben und tot sind, dann ist unsere Seele befreit.
Der Tod und der Humor sind Brüder.

Wir sprechen in diesem Buch sehr viel über Initiation, Heilung, Reife, Bewusstheit und Gesundheit. Der Punkt, an dem dies alles zusammentrifft – das ist der Tod. Der Tod ist die vollendete Erfüllung des Lebens und die Erlösung zum Ewigen.

Das Leben, besser gesagt: der Prozess des Lebens verläuft nicht in einer Linie, sondern er ist ein Kreis, oder noch präziser gesagt: eine Kugel. Wenn wir sterben, das heißt, wenn sich Leben und Tod sehr nahe gekommen sind und ihre gegenseitige Anziehung so stark geworden ist, dass sie sich gegenseitig abstoßen, dann begeben wir uns in die Spirale der Transformation und der Wandlung. Wir gehen in die Mitte des Kreises oder der Kugel und werden Eins mit dem Einen. Wenn Sie uns fragen, woher wir das wissen, dann können wir Ihnen keine befriedigende und endgültige Antwort anbieten. Aber vielleicht gibt Ihnen Ihr eigenes Leben eine Antwort auf diese Frage.

Der Tod ist nicht neben dir, er ist nicht von gestern oder morgen, er ist heute und gegenwärtig an dem Ort, den du Leben nennst.

Kabarett: die sieben männlichen Charaktere

Im Folgenden beschreiben wir sieben typisch männliche Charaktere – und natürlich überzeichnen wir dabei. Aber so erfahren Sie wenigstens die Wahrheit, und vielleicht schmunzeln Sie auch verlegen, weil Sie sich ertappt fühlen.

Wenn das der Fall ist, dann machen Sie sich nicht allzu viel daraus, Sie sind nicht allein, und vor allem: Sie können wirklich etwas dagegen tun, welcher Kategorie Sie sich auch immer zurechnen. Denn die Welt braucht Sie – als reifen, erwachsenen Mann!

Tipps für die Heilung finden Sie unter den Stichwörtern des MännerWörterbuchs. Also: Nutzen Sie Ihre Chancen, sie stehen gar nicht so schlecht!

1. Der alltägliche junge Mann

Dieser zumeist schwarz-weiß denkende Mann ist bis zu 35 Jahre alt (vielleicht auch ein wenig älter), und man trifft ihn überall in unserer heutigen Gesellschaft an. Er ist zumeist Angestellter, lebt in einer Beziehung, hat Kinder oder auch nicht und folgt brav einer Tradition und dem momentanen Trend. Ein oft zorniger, jugendlich aussehender und modisch gekleideter Mann.

Zorn und Enttäuschung sind bei ihm häufig hinter einem aufgesetzten Lächeln oder Nettsein verborgen.

Er glaubt vieles zu wissen, vieles gelernt und studiert zu haben. Trotzdem kann er seinen Wert und seine Möglichkeiten nicht wirklich spüren und zulassen. Ein Mann, der es versteht, so sieht es jedenfalls aus, auf seine Rechnung zu kommen und richtig zu spekulieren – nicht nur an der Börse. Die Karriereleiter führt nach oben, und er hat sein Leben, mehr oder weniger, im Griff und unter Kontrolle. Immer häufiger findet man diesen bürgerlichen, zumeist aus der Mittel- und Oberschicht stammenden Mann in führenden Positionen, als Abteilungsleiter, Geschäftsführer, in politischen Parteien oder irgendwo sonst an den Hebeln der Macht. Dieser Mann vermag zu animieren, zu arrangieren, zu verführen und zu täuschen. Er ist ein genialer Vertreter und Akteur in der Werbe- und Medienwelt. Genial in seiner Rolle als Globalisierungs- und Konzernfusions-Befürworter.

Sein »Deckmantel« ist die Loyalität, die Familie, die Gemeinschaft, die scheinbare soziale Offenheit gegenüber einem Leben in Harmonie. Jung sehen sie aus, diese Männer. Sie benehmen sich wie Junggesellen, obwohl sie verheiratet sind oder in einer Partnerschaft leben. Durch eine scharfe Brille betrachtet, wirken sie oft auch unerfahren, arrogant und trotzig.

Aber: Was kaum jemand zu erkennen vermag, schon gar nicht auf den sprichwörtlichen ersten Blick, ist die Tatsache, dass sich diese Männer bereits auf eine sehr wesentliche Suche und »Heldenreise« begeben haben. Diese suchenden Männer auf ihrer Reise können gefährlich sein, und sie können viel Gewalt in sich tragen – ohne dass es ihnen bewusst ist. Der Grundtenor dieser Männer lautet: Ich bin ich!

2. Der unreife, leidende Mann

Dieser Mann will nicht begreifen, worunter er leidet. Er versucht an seinem Leiden und Leben, das bereits »im Orkus ist«, festzuhalten. Seine Männlichkeit ist verflogen, und sein Mannsein ist seicht, wie eine gerade noch mit Regenwasser gefüllte Pfütze. Im Grunde seines Herzens ist er frustriert. Man trifft diesen Mann in allen Altersstufen (verstärkt zwischen dem 35. und 55. Lebensjahr), in jedem Beruf und immer häufiger auch arbeitslos oder krank geschrieben in allen nur erdenklichen Rollen an.

Er spielt gern das Opfer: Damit er noch größer wird als die anderen. Ständig über andere klagend und über die Ungerechtigkeiten, die ihm widerfahren sind, jammernd, wartet er ab, was andere für ihn entscheiden. Nie, aber auch wirklich niemals, würde er seine eigenen Fehler eingestehen.

Wenn diese Männer auch noch mit einem Zwang zur Korrektheit geschlagen sind, dann Prost Mahlzeit. Sie meinen fast immer, das Recht auf ihrer Seite zu haben. Für ihr Gegenüber ist das frustrierend und demütigend. Man fühlt sich in Gegenwart dieser Männer schlecht und empfindet ihr Verhalten als unangebracht. Oft bleibt nichts anderes mehr übrig, als den Kopf einzuziehen und verlegen Reißaus zu nehmen. Was diese Männer, die ständig Recht haben wollen, übersehen bzw. sich partout nicht eingestehen können, ist die Tatsache, dass ihnen ein Gefühlswesen gegenübersteht und nicht eine Schablone ihres unsicheren Weltplans, der sie in Angst und Schrecken versetzt.

Der unreife Mann verfügt über ausgeprägte Verfolgungs- und Ächtungsphantasien, die seine tabuisierten Aggressionen im Alltag kompensieren müssen. Sein Mittel zur Abwehr von Veränderung und Eigenständigkeit ist die Manipulation. Er manipuliert, was das Zeug hält, und die anderen haben zu parieren.

Dieser Mann wird getrieben von Selbstmitleid und von der Absicht, nicht wirklich investieren oder gar jemandem dienen zu wollen. Er hat viel Unerledigtes in sich, vor allem Angst, Wut und Trauer. Er meidet Trennung wie die Pest. Man erkennt ihn an seinen Schwärmereien, Sentimentalitäten, an seiner Naivität und an seinen romantischen Allüren. Viele dieser Männer tragen ihre Jahresringe als Fettpolster um den Bauch, oder sie sind eingefleischte Krawattenträger. Ihre Meisterleistung besteht darin, die Menschen in ihrem Umfeld ständig auflaufen zu lassen und auf Trab zu halten, um nicht wirklich selbst anpacken und verändern zu müssen. Kurzum: Es sind um sich schlagende, Macht und Kontrolle ausübende Männer, und sie dienen oft als Symptom (Alkoholiker, Suizidgefährdeter, Gewalttäter) einer krank machenden Familie, Struktur oder Gesellschaft.

Eigentlich weiß dieser Mann nicht, wer er ist. Doch dafür »hält« er sich eine Frau, die ihm sagt, wie er sein soll, ihn bewundert und rund um die Uhr versorgt. Dieser Mann geht sogar so weit, der Frauen seine Seele zu übergeben, und wenn er dann von ihr verlassen wird, spürt er eine riesige Leere in sich. Er glaubt, dass die Frau seine Seele geraubt hat. Und er weiß oft keinen anderen Ausweg mehr, als seine Lebensgefährtin und seine Kinder zu ermorden und sich selbst zu richten (was in vielen Fällen misslingt) – ein Akt der Rache und zugleich Ausdruck fehlender Identität.

Dieser Mann hat ein Stehvermögen wie ein Kartenhaus – eine leichte Brise genügt, und alles stürzt zusammen. Er liegt flach, und so lebt er eben auch: ängstlich und aufbrausend zugleich. Einerseits fehlt ihm die Luft zum Leben, und andererseits geht ihm das Thema Tod und Sterben in Mark und Bein.

Die unreifen, leidenden Männer können als Alternative und Softies, als Freitzeitsportasse, Körperkultverfallene oder Vorzeigemänner auftreten, ohne jemals hinterfragt zu werden. Sie haben hin und wieder das Gefühl, dass ihnen Emotionen fehlen, dass sie nie genau sicher sind, wann sie traurig, wütend,

ängstlich oder glücklich sein sollen. Sie haben das Gefühl, dass sie vieles für andere tun und nichts zurückbekommen. Sie stehen am Rande und sind »Zeitbomben«, die anderen zeigen, wann die Geduld reißt und die Ladung hochgeht.
Der Grundtenor dieser Männer lautet: Erledige du das für mich!

3. Der beziehungsfähige Mann

Er hat ein Gegenstück: die Frau – sie ist für die Beziehung zuständig, und sie ist Beziehung. Der Mann will die Welt erobern, Ziele erreichen und in der Konkurrenz bestehen. Er denkt zumeist linear und dualistisch. Sie sieht das Leben als eine Kugel und polarisiert mit jedem und allem.
Die Frauen sind in Sachen Beziehung immer die Lehrer der Männer. Hört man Männer bisweilen von Kindern, Erziehung, Schule, von Partnerschaft und Ehe reden, glaubt man entweder einem wissenschaftlichen Vortrag zu lauschen oder in die tiefsten Geheimnisse zwischenmenschlicher Beziehungen eingeweiht zu werden – was eindeutig ein Fall von weiblicher Unterweisung ist.

Männer sind beziehungsfähig, daran ist nicht zu rütteln. Beweise gefällig?

Sie sind Träger des Samens und müssen, wie immer dies Frauen auch verstehen mögen, in Beziehung zu ihnen treten, um eine fruchtbare und erfüllte Sexualität und Erotik erleben zu können. (Sex und Masturbation sind ein anderes Thema.)

Alle Männer haben von Haus aus eine Beziehung: die zu ihrer Mutter. Es ist die unumstritten wichtigste, tiefste und bedeutendste Beziehung, die Männer kennen.

Wie schon gesagt: Wer ein Mann werden will, muss dafür hart arbeiten, und das heißt, er muss lernen, mit anderen Männern und mit Frauen in Beziehung zu treten. Um ein beziehungsstarker und mutiger Vater zu werden, genügt es nicht, nur einfach bei der Geburt dabei zu sein, um seiner Frau und dem Trend gerecht zu werden, sondern er braucht einen »Führerschein in Sachen Vaterschaft« – den es bis heute leider noch nicht gibt. Nebenbei bemerkt: Aus unseren Erfahrungen in der Männerarbeit können wir sagen, dass Männer dringend angemessenen Aufklärungsunterricht brauchen. Denn alle Männer, egal welchen Alters, sind völlig unzureichend aufgeklärt!

Und noch eine schlechte Nachricht: Eine ausreichende und sinnvolle Vorbereitung auf eine ernsthafte und über einen längeren Zeitraum gehende Partnerschaft oder Ehe – falls sie für alle Beteiligten, einschließlich der Kinder, erfüllend und glücklich sein soll – kann nur durch ein Beziehungs- und Kommunikationstraining gewährleistet werden.

Der beziehungsschwache, ständig Trost fordernde und nicht Anerkennung gebende Mann, der sich in einer Ehe oder mit einer Freundin als geistig oder körperlich Kastrierter erlebt, versucht womöglich mit dem einen oder anderen Medikament (Viagra, Antidepressivum) seines Beziehungsmangel-Wehwehchens Herr zu werden. Doch in den meisten Fällen haben Konflikte mit Beziehung zu tun, und diese sind durchweg nur auf der persönlichen, kommunikativen Ebene zu lösen.

Ohne eine über einen längeren Zeitraum durchgeführte Ehevorbereitung oder Verlobungszeit sind die Männer nicht in der Lage, eine ernsthafte und sichere Beziehung zu einer Frau aufzubauen. Das tragische Ende kennen wir ja.

Beziehungsschwache Männer sind unter anderem auch deshalb so energielos, weil sie die meiste Energie für ihre Manipulation (Verführung, Arrangement) aufbringen müssen und damit vergeuden. Das Problem dabei ist, dass sie dadurch an ihrem und am Leben anderer nur bedingt bewusst teilhaben können. Schade, dass dieses alte Relikt Manipulation aus der Kindheit nicht erhalten werden konnte. Bei der Mutter konnte man es noch einigermaßen gesund einsetzen, jetzt aber, als erwachsener Mann ...?

Unser Buch wird sie hoffentlich überzeugen, dass es sich lohnt, als Mann Beziehungsarbeit zu leisten.

Der Grundtenor des beziehungsfähigen Mannes lautet: Ich und du ergibt immer auch ein Wir.

4. Der emotionale, leidenschaftliche Mann

Dieser Mann hat bereits eine oder mehrere gescheiterte Beziehungen hinter sich, hat das eine oder andere Kind in die Welt gesetzt und viel zerbrochenes Porzellan hinterlassen. Wenn er aus seinen Fehlschlägen nichts gelernt hat, dann ist es der typische Kandidat für die Midlife-Crisis, und er entwickelt sich zum gefährlichen alten Narren. Unsere Welt ist voll solcher Männer, die es einfach nicht begreifen wollen. Junge Frauen ziehen ihn magisch an, und er bildet sich ein, dass er der einzig richtige Mann ist, der diesen Frauen noch etwas beibringen kann. Ganz davon abgesehen könnte er ihr Vater sein. Man findet ihn häufig im Alter zwischen 45 und 65 Jahren.

Er ist, wenn alles gut verlaufen ist, durch eine Identitätskrise gegangen, hat dabei alten Ballast abwerfen und Fehlschläge hinnehmen können. Der Unterschied zu dem alltäglichen suchenden Mann, der sich noch mitten in der idealistischen Phase und im notwendigen ichbezogenen Aufstieg befindet, besteht darin, dass der leidenschaftliche Mann seine narzisstischen und infantilen Lebenseinstellungen bereits aufgeben musste. Die suchenden und die leidenden Männer sind jedoch häufig noch in einem selbstgerechten Bann gefangen und in konfuse Machtkämpfe verwickelt. Eifersucht, Kontrolle, Abhängigkeit, Opfer/Täterrolle, die eine oder andere Krankheit, Rache und Vergeltung sind ihr Instrumentarium, um ihren Feinden eines auszuwischen und sie zu bekämpfen. Hinter diesen verschiedenen Fassaden der Macht tragen Männer einen Kampf aus, bei dem es tatsächlich um Leben und Tod geht. Der lebendige, bewegte und leidenschaftliche Mann kann sich ganz bewusst einer Konkurrenz – und Konfrontation – stellen und sich darauf einlassen, ohne dass dabei ein gefährlicher unterschwelliger Machtkampf entsteht. Sich stellen und dem gegenübertreten, was gerade da ist oder ansteht – schon allein damit definiert er seinen Erfolg und trägt seinen Sieg davon. Der emotional gesunde Mann wurde bereits mit seinen eigenen Grenzen, mit Paradoxien und Mysterien konfrontiert und musste eine Art kleinen Tod hinnehmen.

Der reife, emotional leidenschaftliche Mann – falls er aus seinen Fehlschlägen etwas gelernt hat – widmet sich mehr und mehr den Geisteswissenschaften, dem Geheimnis und Mysterium des Lebens. Er weiß über das Geheimnis der Zeit – »verschwende keine Zeit, Zeit ist Gott« – und über den »Liebestod« Bescheid. Man findet ihn als Musiker, Maler und Dichter, aber auch in anderen Berufen erkennt man ihn an seinem Gemüt, an seiner Einstellung, Kreativität und Leidenschaft. In alles was er tut, bringt er Vielfalt. Er ist nicht nur ein wunderbarer Liebhaber, sondern auch einer, der seine Gefühle angemessen und zum richtigen Zeitpunkt zu zeigen weiß.

Er liebt nicht nur die Sonnenseiten, sondern auch die dunklen Facetten des Lebens.

Der Grundtenor des emotionalen, leidenschaftlichen Mannes lautet: Das Wasser löscht das »Ich«, das Feuer nährt das »Es«, in der Erde ist das »Wir« verwurzelt, und die Atemluft ist, was alles verbindet.

5. Der initiierte wildfriedliche Mann

Die »Heldenreise« dieses Mannes hat sich in eine Pilgerreise, in eine Art Wallfahrt verwandelt, hat sich zu einem spirituellen Lebensweg entwickelt: Das Leben selbst ist zu einem unablässigen Gebet geworden.

Schade, wir kennen keinen einzigen vollkommen initiierten wildfriedlichen Mann, den wir Ihnen hier vorstellen könnten. Wir kennen einige Männer, die schon sehr weit fortgeschritten und in vielen Bereichen initiiert sind. Auch eine ganze Reihe von Männern, die gerade dabei sind, an ihrer Initiation zu arbeiten. Dennoch, es geht hier nicht um Vollkommenheit und Perfektionismus, sondern um die Möglichkeit, wie Männer sich einen spirituellen Pfad erschließen können: durch Initiation.

Zum Manne wirst du nicht geboren, zum Manne wirst du gemacht – besser kann man Männerarbeit nicht begründen. Der Mann wird nicht automatisch als reifer, erwachsener und verantwortungsvoller Mann geboren, sondern er braucht zuerst die Beziehung zur Mutter, zur Weiblichkeit oder zur Familie (Stamm), einen Grund, sich dem Schmerz und der Trennung zu stellen, Helfer, die ihn dabei begleiten und die Elemente und Kräfte des Universums.

Wir Männer kommen alle von den Frauen, genauer gesagt, von unseren Müttern. Als wir Säuglinge waren, waren sie für uns der Inbegriff von Gott. Unser ganzes Leben hing von ihnen ab. Wenn wir eine glückliche Kindheit hatten, bekamen wir alles von ihnen, Nahrung, Wärme, Geborgenheit und einen kräftigen Schubs, um aus ihrem Bett und Nest zu fliegen. Ohne die vollkommene Umarmung des weiblich Mütterlichen ist eine Entwicklung des Mannes nur schwer möglich.

Die Kindheit mag noch so schön und befriedigend für uns gewesen sein, dennoch haben uns unsere liebsten und wichtigsten Menschen, von denen unser Leben abhing und denen wir auf »Gedeih und Verderb« vertraut haben, Verletzungen zugefügt. Diese Verwundungen sind unvermeidlich, denn wir wurden als unschuldige Kinder geboren und kamen direkt von Gott. Wir waren durch und durch »grundlegendes Gutsein«. Auch wenn unsere Eltern noch so bewusste Eltern waren und alles für uns taten, blieben Wunden zurück. Natürlich gibt es große Unterschiede hinsichtlich unserer Kindheitsverletzungen. Manche sind dermaßen tief und schrecklich und haben solche Traumata hinterlassen, dass wir am besten die Finger davon lassen oder gar fachliche Hilfe in Anspruch nehmen.

Aber viele Wunden tragen bereits den Keim der Gesundung in sich. Und das eigenartige an einigen Kindheitswunden ist, dass sie zu einer unglaublich kräftigen Triebfeder für unser Leben werden können. Aus vielen negativen Wunden können heilende und positive Kräfte entstehen, die uns ein bewusstes und reifes Leben ermöglichen. Sie werden zu heilenden Wunden.

Die unbedingt notwendige Arbeit mit Kindheitsverletzungen ist eine Auseinandersetzung mit Schmerz und hat viel mit Abschied, Trennung und Versöhnung zu tun. Der initiierte und wildfriedliche Mann hat ausreichend an seinen Kindheitsverletzungen gearbeitet.

Für diese Arbeit braucht man Helfer. Wir sind der Meinung, dass vor allem eine Männergruppe – manchmal genügt auch ein reifer und verantwortungsvoller Mann (der einen gewissen Teil seiner Reife schon erlangt hat) – dazu prädestiniert ist, Männer durch diese Kindheitswunden zu führen, die Initiationsarbeit zu unterstützen und zu begleiten. Und wir sind der Meinung, dass diese Form der Initiation – das Abschiednehmen von Mutter und Vater – nur mit und im Beisein von Männern möglich ist. Nicht zuletzt unterstützen die Kräfte der Natur, die Elemente und die höheren Mächte (Gott) diesen Verwandlungsprozess vom unreifen zum reifen Mann.

Das Idealbild eines solchermaßen initiierten Mannes wäre für uns eine Mischung aus Sankt Nikolaus und Dalai Lama.
Der Grundtenor des initiierten wildfriedlichen Mannes lautet: Ich bin mit meinen Kräften im Reinen!

6. Der spirituelle Mann unter Männern

Alle Männer sind spirituell! Überrascht Sie das? Nur wissen die meisten Männer nichts von ihrem Glück und ihrer Spiritualität. Wüssten sie es, dann würden sie dahinterkommen, dass sie ein grundlegendes Gutsein in sich haben, dass sie ehrbare, begnadete Menschen sind, vor denen sich die Frauen und Kinder nicht zu fürchten brauchen. Stattdessen würden sie in ihnen einen würdigen Vertreter des »Allerhöchsten« – Gott, oder wie auch immer Sie es nennen wollen – sehen.

Männer halten von anderen Männern meist nicht viel, und deshalb passiert es uns leider allzu oft, dass wir uns im anderen, in dem, was wir von ihm halten, was wir ihm sagen, selbst degradieren. Männer schließen sich zwar, wenn es ihnen passt, zu Herden zusammen, auch weil es praktisch ist – das nennt sich dann: Kollegen, Freunde, Kumpels, Mannschaft, Stammtisch und bei Jugendlichen Clique oder Bande usw. –, aber trotzdem bleiben sie gern einsame Wölfe und verweilen unter der Meute, solange es ihnen nicht zu anstrengend wird oder womöglich noch jemandem einfällt, eine tiefere Verbundenheit mit dem Wolf aufzubauen.

Männer sagen: »Ich verstehe mich mit den Frauen viel besser als mit Männern.« Das mag zwar stimmen, liebe Männer, aber vergesst nicht eure Projektion. Euer Penis steht euch näher, und er ist euch immer wieder auch eine Art Balken im Auge. Es ist schon eigenartig, auch in unserer Männerarbeit kommen wir immer wieder von der Spiritualität zum Penis. Warum nur?

Jeder Mann soll die Gelegenheit bekommen, seinen spirituellen Weg zu entdecken und ihm folgen zu können. Wir gehen sogar so weit, zu sagen, dass sich bereits jeder Mann auf seinem spirituellen Weg befindet. Wie sollte es auch anders sein? Auch die Männer müssen einmal vor Gott treten, und da es hiervon keine Ausnahmen gibt und alle Wege zu Gott führen, sind die Wege der Männer Seelenwege.

Manche Männer tun sich schwer mit der Vorstellung, dass die Spiritualität einen tragfähigen Boden braucht bzw. dass das Fundament der Spiritualität das reale Alltägliche ist, das Hier und Jetzt, die Verbundenheit, das Mitgefühl, das Verzeihen, die Demut, die hingebungsvolle Aufgabe des Ich und das daraus resultierende Dienen. Daraus erwächst bewusste Spiritualität. Wer aber war es, der schon einmal versucht hat, uns dies alles zu gegeben? Wer hat uns dies am ehesten schon vorgelebt, liebe Männer? Die Frauen waren es. Ja, die Frauen!
Aus ihrer Moschee sind wir geboren. Sie waren es, die uns all das schon einmal beizubringen versuchten und es immer noch versuchen.

Ihre Spiritualität erfahren viele Männer erst dann, wenn sie in einen bewussteren Kreis von Männern aufgenommen wurden. Doch achten Sie bitte darauf, dass Sie dabei nicht einem falschen Lehrer, einer abhängig machenden Sekte oder einem Kreis von netten Männern auf den Leim gehen.
Suchen Sie sich eine authentische Männergruppe.

Der Grundtenor des spirituellen Mannes lautet: Es gibt noch etwas anderes außer mir und dem, was ich sehe.

7. Der weise alte Mann Mentor

Dieser Mann hat sich schon relativ weit aus seinem weltlichen Leben zurückgezogen. Trotzdem ist er weltoffen geblieben – vor allem für die Kinder und Jugendlichen, aber auch für Frauen, Männer und junge Menschen hat er stets ein offenes Ohr.

Wenn man ihn nach etwas fragt, gibt er vielleicht nicht sofort eine Antwort oder er will noch eine Nacht darüber schlafen, aber eine Antwort kommt bestimmt. Wenn man ihn nicht fragt, wird er einfach aufmerksam zusehen und dich das Deinige tun lassen, ohne dass er dir Ratschlage gibt. Er akzeptiert, wer du bist und was du tust. Er muss zwar nicht immer einverstanden sein, mit dem, was du machst und denkst, aber er lässt dich selbst ausprobieren und Erfahrungen sammeln. Brauchst du Hilfe, dann bekommst du sie von ihm.

Viele Männer hätten das Rüstzeug für einen weisen, alten Mentor. Viel zu wenige Männer und schon gar nicht unsere heutige Gesellschaft erkennen die Notwendigkeit und die reichhaltigen und schönen Aufgaben eines weisen Mannes. Dabei hätte unsere Gesellschaft diese Weisheit so dringend nötig. Denn ein Volk ohne Weisheit geht zugrunde.

Wir haben nicht die Weisheit, mit Atomenergie, Atomwaffen, Genmanipulation oder gar mit der Globalisierung umzugehen. Auf keinen Fall besitzen wir eine Weisheit in vier von fünf weltlichen Richtungen: Keine Weisheit in der Wirtschaft (insbesondere in der Waffen- und Pharmaindustrie), keine Weisheit in der Politik (Weisheit ist für die Mächtigen verdächtig, und daher wird sie von ihnen verfolgt), keine Weisheit in der Medizin (nicht die Technik wird uns retten, sondern unsere Seele), keine Weisheit in den Wissenschaften (Natur- und Gesellschaftswissenschaftler ohne Gefühle werden zu Killern). Lediglich den Religionen kann man eine gewisse gelebte und zelebrierte Weisheit zugestehen.

Weisheit wächst nicht notwendig mit zunehmendem Alter, aber zumeist sind es doch ältere Menschen, die durch ein langes Leben hindurch Erfahrungen sammeln durften, die durch einige Krisen gegangen sind und sie bewältigen konnten und die ein Bewusstsein über das nahende Ende, Tod und Sterben, haben, die der Weisheit am nächsten und oft ihr bester Bote sind. Daher können auch Säuglinge und Kinder Weisheit (in sich) haben, da sie am nächsten zur Geburt stehen oder einen frühen Tod sterben müssen (Kinder mit Aids oder mit anderen tödlichen Krankheiten, Kinder, die verhungern, erfrieren und in den Kriegen ermordet werden).

Man kann sich diesen weisen alten Mann Mentor als eine Art Großvater, als Christophorus oder als einen alten, Pfeife rauchenden Mann, vorstellen, der gemächlich unter einem wild verwurzelten Baum auf einer Holzbank sitzt. Er ist einfach, sanft und menschlich. Er hat Einsicht in das Hier und Jetzt und in das Jenseits.

Der Grundtenor des weisen alten Mannes Mentor lautet: Das »Ich« hat sich ins »Es« verwandelt, das »Haben« ins »Sein«.

Seelenwerkstatt Mann – sieben Schritte zur Initiation in einer Männergruppe

Greg und ich haben in den letzten zehn Jahren vor allem mit der Männerseminarserie »Seelenwerkstatt Mann – Der Weg der Männer« gearbeitet. Bei dieser Arbeit treffen sich 15 bis 25 Männer an sieben Wochenenden im Abstand von jeweils vier bis fünf Wochen.
Jedes Wochenende steht unter einem speziellen Thema. Das rituelle Zentrum des Wochenendes ist die Schwitzhütte, die jeden Samstagabend aufgesucht wird. Die Männergruppe bleibt während der Serie, die sich über ein halbes Jahr erstreckt, unverändert. Wir als Leiter behalten uns jedoch das Recht vor, Gäste zu den einzelnen Wochenenden einzuladen. Natürlich wird dies zu Beginn mit der Gruppe abgeklärt. Wir achten sehr darauf, um welche Gäste es sich handelt und zu welchem Thema sie eingeladen werden.

Dieses Kapitel kann jedem Mann helfen, ganz konkrete Schritte zu gehen, um entweder für sich allein das Mannwerden zu vertiefen oder um eine Männergruppe aus der Taufe zu heben und in dieser Gemeinschaft ein gesundes und reifes Erwachsenenleben einzuüben.

Greg und ich stellen Ihnen eine Auswahl von Übungen und Aktionen vor, die wir im Verlauf unserer Männerseminare immer wieder einsetzen. Wir haben damit bislang sehr gute Erfahrungen gemacht. Die Männer fühlten sich angesprochen und waren »bei der Sache« – allein das ist entscheidend.

Allerdings wollen wir hier an dieser Stelle eine dringende Warnung aussprechen. Auch wenn sich die eine oder andere Übung oder Aktion einfach anhören mag und ausführen lässt, möchten wir doch zu bedenken geben, dass sie im Zusammenhang mit zwei erfahrenen Leitern und in einer geschlossenen Männergruppe getestet beziehungsweise durchgeführt wurden. Einige Übungen und Aktionen erfordern eine gewisse körperliche und mentale Stärke und Ausdauer. Bei anderen bedarf es unbedingt eines Mentors oder eines erfahrenen Leiters. Das bedeutet jedoch nicht, dass man bei dieser Arbeit ein durchtrainierter, über alles erhabener Mann sein muss, oder dass es gar so genannte Experten braucht, um diese Arbeit, Übungen und Aktionen durchzuführen.

Doch wenn erfahrene Leiter anwesend sind beziehungsweise aufmerksame und respektvolle Männerfreunde sich zusammengefunden haben, können auch schwächere Männer, die seelischen und körperlichen Beistand brauchen, mitmachen. Wir haben in unseren Seminaren immer wieder Männer mit Herzproblemen, mit Asthma und anderen körperlichen Beeinträchtigungen (bis hin zu Querschnittlähmungen) oder psychischen Problemen.

Und doch: Wir sind keine Mediziner, keine Therapeuten und keine selbst ernannten Gurus, Heiler oder Schamanen. Das soll aber nicht heißen, dass die Heilung und Reifung, die die Männer bei unserer Arbeit erleben können, nicht auch durch schamanische, therapeutische oder medizinische Kräfte beeinflusst und ausgelöst werden.

Eine Empfehlung geben wir den Männern immer wieder: »Sucht euch zur Verstärkung eures Prozesses oder eures speziellen Problems, einen guten Therapeuten.« Männerarbeit in Kombination mit einer guten Therapie kann sehr, sehr eindrucksvolle Ergebnisse zeitigen. Die Betonung liegt dabei allerdings auf »guter Therapie«!

Männerarbeit hat dann Sinn, Wirkung und Tiefe, wenn sie in das alltägliche Leben einfließen und sich dort ausbreiten kann. Zum Beispiel ist die tägliche Übung des bewussten Atmens eine Möglichkeit, die wir jederzeit auch ohne Gruppe ausführen können. Eine andere Übung, die wir den Männern mit Nachdruck empfehlen – und »nicht nur ans Herz« legen –, ist die für die männliche Sexualität und Gesundheit so wichtige »Kegelübung«.

Auch diese Übung kann jederzeit und überall praktiziert werden. Was wir im Kern der Männerarbeit leben und erleben, ist menschliche Reife und menschliche Weisheit. Der beste Ort, um beides zu üben, ist das alltägliche Leben.

In unserer Männerarbeit gibt es einerseits festgelegte Übungen und Aktionen, die sich an den Wochenenden wiederholen und andererseits Übungen und Aktionen, die speziell zum jeweiligen Thema oder zu einer angemessenen Situation passen.

Wir werden ihnen im Folgenden die sieben Schritte der »Seelenwerkstatt Mann« samt den dazugehörigen Übungen und gruppendynamischen Aktionen vorstellen.

Außerdem werden wir bei jedem Schritt neben einer Kurzbeschreibung des Themas die entsprechenden Rituale und Symbole, das notwendige Werkzeug und Auszüge aus Briefen vorstellen, die die Männer von uns zum jeweiligen Wochenende bekommen.

Allerdings wollen wir aus Respekt und Anerkennung den Männern und ihrer Arbeit gegenüber einiges ungenannt und im Geheimen lassen. In der Männerarbeit haben wir es auch mit Ritualen und dem Mysterium der Mannwerdung und des Mannseins zu tun. Mysterien tragen Unsichtbares und magische Kräfte in sich, die teilweise nicht erklärbar sind und auch nicht erklärt werden müssen.

Bei den folgenden Ausführungen werden Sie auf zahlreiche Begriffe und Aussagen stoßen, mit denen Sie unter Umständen nur begrenzt etwas anfangen können. Deshalb bitten wir Sie, bei Bedarf im »MännerWörterbuch« nachzuschlagen, was Ihnen unbekannt ist oder was Sie nicht verstehen.

I. Wochenende (Herbst/Monat November)

Die Suche nach dem Gral im Schattenreich unserer Seele – was ist der Gral und was ist die Gralssuche?

Der Brief an die Männer

HO! Mann.

Dieses erste Wochenende steht unter dem Thema »Die Suche nach dem Gral im Schattenreich unserer Seele«. Anders gesagt: »Ich suche, damit ich gefunden werde.«
Noch Einfacher: »Wer bin ich?«
Wie du bereits aus dem Folder ersehen konntest, arbeiten wir – Greg und Peter – im Team. Wir tragen die Verantwortung und haben die Leitung.

Das Einführungswochenende möchte in möglichst kurzer Zeit eine Art Männernest schaffen. Das bedeutet, dass wir sofort damit beginnen, eine gewisse Verbundenheit und Vertrautheit unter den Männern aufzubauen. Ohne diese Verbundenheit und Vertrautheit sind lebenswichtige Veränderungen und Heilungsarbeit nicht möglich

Es braucht eine Art sicheren Schoß, in den man sich zurückziehen und Neues ausbrüten kann. Am ersten Wochenende werden alle notwendigen Schritte besprochen, damit sich die Gruppe und jeder Einzelne für den Rest der Serie auf den eigentlichen Prozess konzentrieren kann. Es werden Strukturen und bestimmte Regeln festgelegt, um dem Ganzen ein tragfähiges Gerüst zu geben.

Eine Männergruppe braucht feste Strukturen, sonst stirbt sie an »Nettigkeit« oder Langeweile oder sie geht an einem außer Kontrolle geratenen, selbst verschuldeten Flächenbrand zugrunde.

Sei darauf vorbereitet, dass wir des Öfteren schweigen werden, zum Beispiel bei Übungen und Ritualen und hin und wieder beim Mittagessen. Schweigen heißt aber nicht immer nur »nicht reden«. Manchmal ist es sogar notwendig, das Schweigen mit einigen Worten noch weiter zu begrenzen: »Schweigen ist ein Bei-sich-bleiben.«

Mitzubringen sind:
- Zwei Symbole: ein Symbol für dein Erwachsensein und ein zweites Symbol für dein Leben: Besorge dir ein Stück dickere Schnur oder Seil und betrachte es als Symbol für dein bisheriges Leben. In dieses Lebensseil machst du für jedes »denkwürdige Ereignis« in deinem Leben einen Knoten – egal ob du es für dich positiv oder negativ bewertest. Du beginnst mit einem Knoten, der dich an das denkwürdige Ereignis deiner Geburt erinnert. Lass dir bei dieser Übung Zeit. Denke sorgsam nach, und merke dir die Ereignisse bis zu unserem ersten Wochenende.
- Ein Foto oder Bild von einem in deinen Augen reifen (initiierten) Mann.
- Material/Werkzeug: großer Rucksack, Kerzen, Rauchwerk, Messer, Sägen, Hacken und Schnüre für den Aufbau der Schwitzhütte.

Empfehlung
Lies das Märchen vom »Feuervogel« aus dem Buch: »*Die Männer und das Wasser des Lebens*« von Michael Meade.

Bis bald. HO!

Die Rituale an diesem Wochenende

Schwitzhütte
Das Hauptritual an den Wochenenden sind die Schwitzhütten. Dieses Ritual findet jedes Wochenende am Samstagabend statt. Es erfordert einige Stunden Vorbereitung.
Am Einführungswochenende bauen die Männer eine Schwitzhütte, sammeln das Holz und holen vom nahe gelegenen Bach Steine. Es wird dafür mindestens der ganze Samstagnachmittag gebraucht. Paarweise gehen die Männer Weidenstöcke schneiden. Dabei schneidet jeder Mann einen dicken Stock, der als Zeichen seiner Anwesenheit und Verbundenheit in die Erde gesteckt wird. Diese Stöcke bilden das Grundgerüst der Schwitzhütte. Außerdem schneiden die Männer noch einige dünne Zweige, die in drei Kränzen in das Schwitzhüttengerüst eingebunden werden. Der unterste – der der Erde am nächsten ist – repräsentiert die »untere Welt«, der nächsthöhere die »mittlere Welt« und der höchste die »obere Welt«. Der Schwitzhüttenplatz ist ein Ort der Kraft und eines höheren Schutzes. Er wird vor und nach einer Schwitzhütte mit Rauch und/oder Wasser gereinigt. Alles Weitere zum Schwitzhüttenritual ist im MännerWörterbuch ausführlich beschrieben.

Trommel
Ein Ritual für »Begrüßung« und »Abschied«. Am Freitagabend nach dem Eintreffen der Männer im Seminarhaus wird ein Trommelritual abgehalten. Wobei der erste Teil am Beginn und der zweite Teil am Ende (mit gleicher Abfolge) des Seminarwochenendes durchgeführt wird.

Dabei stellen sich die Männer in einem Kreis auf. Sie drehen sich um und richten das Gesicht nach außen. Der Leiter nimmt die Trommel – in unserem Fall haben wir eine Schamanentrommel zur Verfügung – und schlägt sie in einem gleichmäßigen Takt. Die Männer heben im selben langsamen Rhythmus seitlich die Arme, bis sich die Handflächen über dem

Kopf treffen. Nach einer kurzen Pause schlägt der Leiter einen kräftigen und lauten Rhythmus. Dabei verneigen sich die Männer nach außen und nehmen symbolisch Abschied von der Außenwelt. Danach drehen sich die Männer in den Kreis. Jetzt wird derselbe Ablauf noch einmal wiederholt, jedoch mit dem Unterschied, dass die Männer sich in dem Bewusstsein verneigen, sich der Innenwelt zuzuwenden. Sie machen sich bereit für die »Innenschau«, für die Arbeit an diesem Wochenende.

Redestock
Der Redestock besteht zumeist aus einem Stück Holz, Ast, Wurzel oder aus zusammengebundenen dünnen Zweigen – wobei auch verschiedene andere Gegenstände zum Redestock werden können (Tennisball, Spielzeugfigur, Stein usw.). Er wird für die Redekreise – Gespräche in der großen Gruppe – verwendet. Wenn ein Mann etwas in der Gruppe zu sagen hat, dann nimmt er den Redestock und spricht. Die anderen wissen, dass dieser Mann jetzt die Zeit und den Raum bekommt, damit er sein Anliegen vortragen kann.

Um ein Stück Holz zum vertrauten Redestock für die Gruppe zu machen, braucht es nur ein einfaches Ritual. Eine Variante: Wir verwenden ein etwa 40 Zentimeter langes Holzstück, das von einem morschen Baum abgebrochen wurde. Dieses Holz geht im Kreis von Mann zu Mann, wobei jeder seinen Namen sagt (man kann auch etwas anderes sagen). Dabei wird vom jeweiligen Mann ein Lederband – oder ein anderes buntes Band – an den Stock gebunden. Und mit einem kräftigen »HO!« wird besiegelt, dass der Mann den Redestock anerkennt. Mit dem Anbinden des Bandes gibt man auch zu verstehen, dass man bereit ist, dem Redner Respekt und Aufmerksamkeit entgegenzubringen.

Wir verwenden den Redestock auch in der Schwitzhütte, beim Austragen von Konflikten und wenn die Leiter feststellen, dass ein Thema viel Gesprächsstoff liefert und die Gefahr besteht, dass durcheinander gesprochen wird.

In letzter Zeit wird der Redestock, der mit viel Männerenergie aufgeladen ist, in Absprache mit der Gruppe nach dem Wochenende an einen außen stehenden Menschen verschenkt, der momentan die Unterstützung der Männer braucht. Am darauf folgenden Wochenende wird wieder ein neuer Redestock hergestellt.

Die Übungen und Aktionen für dieses Wochenende

Aufwachübung
Um sieben Uhr früh werden die Männer mit der Klangschale geweckt. Die Männer treffen sich sofort nach dem Aufstehen im Raum und setzen sich im Kreis. Es folgen ein Stillsitzen und eine Gehmeditation von jeweils 10 bis 20 Minuten. Nach der Gehmeditation werden einige leichte Körper- und Atemübungen als Aufwachübungen gemacht. Dann gehen die Männer in Stille und Aufmerksamkeit hinaus in die Natur. Es folgen im Wald noch einige Körperübungen, und danach gehen die Männer barfuß zurück. Zarter frischer Tau bringt nicht nur unsere Lebensenergien auf Vordermann und beflügelt unsere Sinne, sondern er stärkt auch unser Empfinden und Verständnis für die Natur. Zeit draußen: ca. 30 Minuten.
Diese morgendlichen Aufwachübungen werden jedes Wochenende durchgeführt.

Altaraufbau
Jeder der Männer hat ein Foto oder Bild als Symbol seines Erwachsenseins mitgebracht. Am Freitag nach dem Abendessen und nach dem Trommelritual treffen sie sich im Raum. Sie sitzen im Kreis. Der Redestock ist bereits wie beschrieben hergestellt und anerkannt.

Dann geht der Redestock reihum, und jeder sagt, was ihm gerade zu seinem Symbol einfällt. Sobald jeder Einzelne mit seinen Ausführungen fertig ist, legt er das Symbol in den Kreis, wo bereits eine Kerze die Mitte kennzeichnet.

So entsteht eine Art Altar, der bis zum Ende des Wochenendes seine Bedeutung behält und noch mit mehr Symbolen – vor allem mit Dingen, die aus der Natur stammen – bereichert wird.
Zeit: bei 15 Teilnehmern ca. ½ bis 1 ½ Stunden

Lebenslinie
Die Männer haben eine dicke Schnur oder ein Stück Seil mitgebracht, in dem sie mittels Knoten, wesentliche Ereignisse ihres Lebens markiert haben. In einer Redestockrunde erzählt jeder Mann, welche Ereignisse er in seinem Lebensseil festgehalten hat. Wenn alle Männer fertig sind, zeichnet jeder auf einem Blatt Papier sein bisheriges Leben auf – seine Höhe- und Tiefpunkte. Dabei stellen manche Männer ihr Leben in Form einer geraden Linie dar, andere wiederum in einem Kreis oder einer Spirale und wieder andere als Stufen oder als eine Leiter.

Ein Mann beginnt schließlich, nimmt sein Blatt und heftet es an die Wand. Dann stellt er den anderen Männern sich und sein bisheriges Leben vor.

Diese Übung kann sehr lange dauern und emotional stark wirken. Wir empfehlen trotzdem – wenn irgend möglich –, die Übung ohne großen Pausen durchzuführen. Etwas frische Luft zwischendurch kann allerdings nicht schaden.
Zeit: bei 15 Teilnehmern ca. 2 bis 4 Stunden

Barfußgehen
Barfußgehen ist »die berührendste Begegnung mit dir selbst«. Atmen (inkl. Stimme, Wort, Kommunikation) und Barfußgehen (inkl. Nacktheit, Einfachheit, Natur empfinden und begreifen) sind wesentliche Übungen für Männer, ob sie sich nun auf einem spirituellen Pfad befinden oder nicht.

Barfußgehen kann Mann das ganze Jahr über. Es hängt lediglich von der Einstellung (Vorstellung) und der Übung (Willen) ab, von der Bodenbeschaffenheit und der Dauer der Übung. Du kannst jederzeit damit beginnen. Du brauchst dafür auch keinen Trainer. Ziehe einfach deine Schuhe und Socken aus und mache dich auf den Weg.

Entweder gehst du querfeldein, über weiche Wiesen- und Waldböden, oder du pilgerst auf Feld- und Wanderwegen, auf Wegen mit mehr oder weniger großen oder kleinen Steinen, auf asphaltierten Straßen oder einen Wasserweg (Bachlauf) entlang. Es gibt viele Hügel und Barfußwandergipfel in den Alpen, die von einigermaßen geübten Barfußläufern leicht erklommen werden können.

Was braucht du an Ausrüstung? Bei längeren Touren auf jeden Fall Socken und Schuhe (idealerweise Sandalen), ein kleines Handtuch oder eventuell einen Waschlappen, etwas zum Einreiben der Füße und für den äußersten Notfall ein Pflaster (Pinzette, Desinfektionsmittel).

Es gibt kaum ein einfacheres, wohltuenderes, Natur schonenderes und intensiveres Erlebnis mit dem eigenen Körper, als das ganze Jahr über barfuß zu laufen. Manchen genügt es, einige Minuten ohne Schuhe und Socken zu gehen, andere kommen erst dann so richtig auf ihre Kosten und ins Erleben, wenn sie über ein, zwei Stunden barfuß in der Landschaft wandern oder gar Tagesbarfußtouren unternehmen.

Gesundheit pur ist es, jeden Morgen vor dem Frühstück auf einer feuchten Wiese oder einem Rasen einige Runden (Kreise) zu gehen oder ganz langsam meditativ zu laufen. Das kann sowohl bei Schnee als auch bei Tau gemacht werden.

II. Wochenende (Herbst/Winter/Monat Dezember)

Der König und das vermisste Kind –
ein gesunder Mann kümmert sich um das »innere Kind«

Der Brief an die Männer

HO! Mann.

Greg und ich glauben, dass das Einführungswochenende für jeden Mann ganz gut verlaufen ist. Zumindest wir waren mit der Arbeit zufrieden.
Es geht weiter Männer!
Wir glauben, dass wir euch die Struktur – zum Beispiel unsere Redekreise, unsere Klangschale und bestimmte Regeln, zum Beispiel keinen Körperkontakt, der zu Verletzungen führt – vermittelt haben.

Wie du ja bereits weißt, arbeiten Greg und ich vor allem mit den archetypischen Kraftquellen im Mann. Dazu jetzt noch ein paar wichtige Details, die auch mit unserer Struktur etwas zu tun haben.

Wir wollen dir die »König-Geist-Übung«, die »Krieger-Geist-Übung«, die »Liebhaber-Geist-Übung« und die »Magier-Geist-Übung« näher bringen, mit der Bitte, diese an den folgenden Wochenenden möglichst zu praktizieren.

König-Geist-Übung
Alles was wir tun, tun wir freiwillig – niemand zwingt den König. Er ist der Herrscher in seinem Reich. »Wenn der König die Entscheidung getroffen hat«, trägt jeder Mann für sich die

Verantwortung, zum Beispiel zum Seminarleiter zu gehen und ihm zu sagen: »Ich mache die Übung nicht mit.« Ein gesunder König macht das, wofür er sich entschieden hat, hundertprozentig. Das heißt aber auch: Wenn die Männergruppe beispielsweise in einer gemeinsamen Übung oder an der Arbeit ist, haben die teilnehmenden Männer ebenfalls hundertprozentig gegenwärtig zu sein.

Ein reifer König achtet darauf, dass er es körperlich so bequem wie möglich hat. Sein Geist bleibt dabei hellwach, und er ist konzentriert auf das, was in seinem Reich geschieht.

Krieger-Geist-Übung

Der Krieger ist der triumphierende Held oder Sieger. An unseren Wochenenden gibt es nur kurze Pausen. Ein Krieger ist immer bereit, in die Schlacht – in seine Schattenwelt – zu ziehen. Er ist auch in jedem Moment bereit, im Kampf zu sterben – Unbewusstes bewusst zu machen.

Zu dieser Übung gehört auch Pünktlichkeit, wenn die Klangschale ertönt – die Männer treffen zusammen –, Achtung, Respekt und Aufmerksamkeit bei den Übungen und Ritualen und wenn der Redestock kreist. Der Gong der Klangschale ist beispielsweise das Zeichen, dass die Schlacht sofort beginnt.

Liebhaber-Geist-Übung

Der Liebhaber ist der alles überwindende Eros. In seinem Geist ist die leidenschaftliche und liebevolle Suche nach der Gelegenheit, dem Nächsten zu dienen – zum Wohle aller fühlenden Wesen. Für eine Männergruppe heißt das, alles zu tun, um eine reife und mitfühlende Verbundenheit – »Bonding« – unter den Männer zu schaffen. Die Frage dabei ist: Wie kann ich der Gruppe dienen? Der Liebhaber ist stets offen für das Leid der anderen. Das heißt, die Männerarbeit gibt jedem Mann die Möglichkeit, sich seines eigenen Leids bewusst zu werden, damit das Leid gewissermaßen freigegeben werden kann, damit Platz für das Leid der anderen ist.

Magier-Geist-Übung
Der Magier kennt die sichtbare und die unsichtbare Seite des Lebens. Er weiß, dass es noch wesentlich mehr gibt, als man über die Gedanken zu wissen und über die fünf Sinne zu erfahren glaubt. Mysterien und Energien gehören in sein vertrautes Reich. Der Magier ist der Weltheiler-Archetyp.

Was heißt das für uns Männer? Wir sind in unserer Männerarbeit sehr häufig in der Natur, zum Beispiel in der Schwitzhütte oder bei elementaren Ritualen. Die Natur ist ein großer Spiegel, in dem wir uns in den verschiedensten Facetten erkennen können. Wenn wir beginnen, die Naturgesetze zu missachten und die Natur zu zerstören, dann werden wir auch beginnen, unsere geistigen Gesetze zu missachten und uns selbst zu zerstören.

Wenn das Wasser von uns verschmutzt wird, dann ist unsere Seele verschmutzt. Wenn die Luft verunreinigt wird, ist die Verbindung zum Göttlichen gestört. Wenn die Energieressourcen der Erde nur für einen kleinen Teil der Menschheit ausgebeutet werden, dann wird die große Mutter Erde beginnen, sich mit Katastrophen zu wehren und für uns Menschen unfruchtbar zu werden. Deshalb werden wir in unserer Männerarbeit der Natur mit Würde und Respekt begegnen und stets darauf achten, was sie bereit ist uns mitzuteilen.

Mitzubringen sind:
- Symbole für dein »grundlegendes Gutsein« und ein Symbol für Lebenskraft
- Eine Antwort auf die Frage: Was liegt zwischen Mensch und Erde?
- ein Foto, das dich als Baby oder Kleinkind zeigt
- Material/Werkzeug: wetterfeste Kleidung, eine Fackel, eine Taschenlampe und alles, was du sonst noch für dich brauchst

Empfehlung
Unterstützend für deine Arbeit kann das Lesen folgender Bücher sein: *Männer auf der Suche* von Steve Biddulph, die Bücher von Malidoma Some, *Eisenhans* von Robert Bly, *Feuer im Bauch* von Sam Keen, *Die Männer und das Wasser des Lebens* von Michael Meade, *Der wilde Mann* von Richard Rohr, *Heilende Rituale* von Daan van Kampenhout und *Vision Quest* von Reinhold Schäfer.

Wir sehen uns am kommenden Wochenende. HO!

Die Rituale an diesem Wochenende

Schwitzhütte
Die Funktionen und Aufgaben: Bei dieser Schwitzhütte übernehmen wieder zwei Männer die Aufgaben der Feuerhüter, zwei Männer die Aufgaben der Reinigungsmänner, zwei Männer die Aufgaben der Türmänner, und ein Mann übernimmt die Aufgaben des Wassermanns. Die Gesamtleitung des Rituals haben Greg und ich. Dieses Mal wird neben der Feuerstelle ein Steinaltar aufgebaut. Bevor die Männer in die Schwitzhütte gehen, haben sie die Möglichkeit, die Vorbereitung auf das Schwitzhüttenritual in drei Schritten zu vertiefen.

1. Schritt:
Bevor sie in die Schwitzhütte gehen, zünden sie am Steinaltar – entweder für ihr eigenes »inneres Kind« oder für das eines anderen – ein Teelicht an.

2. Schritt:
Die Männer haben sich bereits ausführlich im Seminarraum mit dem Thema beschäftigt, sodass sie jetzt auf einem Stück Papier möglichst in einem Satz aufschreiben können, was sie daran hindert, eine lebendigere Beziehung zu ihrem »inneren

Kind« – Kreativität, Spontaneität, Ausgelassenheit, über Dinge staunen, Neugierde usw. – aufzubauen. Die Männer stehen um das Schwitzhüttenfeuer im Kreis, und nachdem jeder am Steinaltar gewesen ist, geht er zum Feuer und übergibt seinen Zettel den Flammen. Damit symbolisiert er, dass es in seiner Absicht liegt, seine Hindernisse und Erschwernisse einer höheren Macht anzuvertrauen. Das Feuer ist in der Lage, zu reinigen und zu wandeln.

Nach dem Durchschreiten der ersten beiden Schritte gehen die Männer im Kreis weiter und kommen zum

3. Schritt:
Zwei Reinigungsmänner beginnen mit der Reinigung. Jeder Mann stellt sich auf den Platz, den die Reinigungsmänner für ihr Ritual vorbereitet haben. Ein Reinigungsmann reinigt den Körper durch das Schlagen einer Schamanentrommel – und bringt ihn zum Schwingen –, der zweite reinigt die Aura und den Geist des Mannes mit Räuchergras. Zum Abschluss wird ihm als Zeichen der »inneren Kriegerschaft« ein Band um die Stirn gebunden. Die Reinigungsmänner begleiten jeden Mann einzeln zum Eingang der Schwitzhütte.

Trommel
Dieses Ritual erwähnen wir hier das letzte Mal, da es sich jedes Wochenende wiederholt. Es dient zur Begrüßung und zur Verabschiedung der Seminarteilnehmer.

Ein Ritual ist wie ein Gefäß. Ein klar gesetzter Anfang und ein prägnant gesetztes Ende sind die Voraussetzung für Heilung und Klärung und dienen zum Erfassen bestimmter Lebenssituationen und ihrer geistigen und seelischen Ereignisse. Aus dem klar umrissenen Thema des Rituals wird eine neue kraftvolle Lebensessenz gewonnen, und diese kann sich im Gefäß – in unserem Körper – sammeln. Dadurch bekommen Gegenstände, Orte, unser Umfeld, alltägliche Abläufe und Situationen tiefere Zusammenhänge und eine fühlbare Seele.

Redestock
Der Redestock ist dieses Mal ein Teil einer Wurzel. Im Ritual werden Lederbänder in den Redestock gebunden. Außerdem bekommt der Redestock durch eine Gruppenaktion zum Thema »inneres Kind« noch eine weitere Bedeutung (siehe Aktionen).

Die Übungen und Aktionen für dieses Wochenende

Die Suche nach dem »inneren Kind«
Dieses Ritual beginnt spät am Freitagabend. Die Männer wissen, um was es geht: Sie gehen gemeinsam hinaus in die Natur und besuchen jenen Ort, an dem sie dem »inneren Kind« begegnen können.

Es werden Fackeln mitgenommen. Außerdem nimmt jeder Mann ein Holzscheit und einige Zettel mit, die er im Seminarraum vorbereitet und auf denen er jeweils ein Stichwort oder einen kurzen Satz geschrieben hat: »Was hindert dich daran, mehr Kontakt mit deinem »inneren Kind« aufzunehmen?« Oder: »Was stört die Beziehung zu deinem ›inneren Kind‹?«

Bevor wir losgehen, wird als Zeichen des Einstiegs in das Ritual getrommelt.

Um 22.00 Uhr marschieren wir in aller Stille in die sternklare Nacht hinaus. Niemand spricht ein Wort. Es ist sehr kalt. Die Landschaft ist tief verschneit. Wir gehen am Anfang einen ausgetretenen Weg entlang, der uns geradewegs in einen Wald führt. Wir kommen an einem großen vereisten Wasserfall vorüber. Ein monumentaler Eisbart fällt vom Himmel herab. Darunter liegt ein Berg riesiger zu Eis erstarrter Tränen. In seiner Nähe bilden die Männer einen Kreis, und eine Fackel wird in die Mitte gestellt. Jeder Mann kann nun einen seiner vorbereiteten Zettel an der Fackel entzünden und verbrennen.

Manche Männer tun das schweigend, einige jedoch wollen den anderen vorlesen, wovon sie sich trennen.

Mit einem leisen HO! wird der Kreis wieder aufgelöst, und der Weg wird fortgesetzt.

Die Männer kommen jetzt in unwegsames Gelände. Es geht durch Büsche und wildes Strauchwerk und über einen sehr schmalen verschneiten Grat in eine stillgelegte Schottergrube. Wir müssen aufpassen, dass wir nicht abrutschten. Der Schotter ist steinhart und vereist.

Aber wir haben die Männer gewarnt und darauf vorbereitet: Das »innere Kind« hat sich versteckt und an einen sicheren Ort zurückgezogen. Es hält sich vor uns verborgen. Für die, die es suchen, kann der Weg auch gefährlich, voller Überraschungen und Geheimnisse sein. Viele Männer erleben den Weg zum »inneren Kind«, das für die meisten seit ihrer Kindheit verschollen ist, als eine Art Pilgerreise, in der sie selbst zum suchenden Wanderer werden.

Es geht weiter, und wir müssen einen sehr steilen Hang überqueren, um dann bis zur Grubensohle hinabsteigen zu können. Einige Männer rutschen ab, andere versuchen ihr Glück mit waghalsigen Sprüngen herauszufordern, und wieder andere lassen sich von anderen Männern helfen. Irgendwann sind wir dann alle unten. Man merkt den Männern eine gewisse Aufregung an. Sie sind außer Atem, aber keiner hat sich beim Abstieg verletzt. Wir bilden erneut einen Kreis, und jeder Mann kann einen zweiten Zettel an der Fackel verbrennen.

Der Weg geht weiter, wir stapfen nun durch relativ hohen Pulverschnee und kommen dabei an einer zerfallenen, verschneiten Schwitzhütte vorbei. Die Männer bleiben stehen. Sie sehen sich schweigend um. Die Landschaft zieht sie in Bann. Die kargen entlaubten Bäume und das aufgelassene Bergwerk sind von glitzernden Schneekristallen bedeckt. Alles funkelt wie ein Meer von Edelsteinen, und wir baden darin.

Dann geht es weiter an einem vereisten Bachbett entlang. Der Graben wird immer enger, die Hänge links und rechts von uns werden immer höher und immer steiler. Über das zugefrorene Bachbett, dem Wasserlauf behutsam folgend, nähern wir uns einer Felsenschlucht. Durch alte und umgestürzte Baumstämme, riesige Wurzeln und zerfurchte Felsen schlängelt sich der zugefrorene Bach tiefer und tiefer in den Berg hinein. Die Nacht ist so hell, dass wir nur eine Fackel brauchen, um den Weg zu finden. Unter uns gurgelt das Wasser. Es knirscht unter unseren Füßen, und hin und wieder gibt es einen ohrenbetäubenden Lärm, sodass die Männer stehen bleiben, innehalten und prüfen, ob jemand durchs Eis gebrochen ist. Man spürt die Spannung und Aufgeregtheit unter den Männern, aber sie schweigen.

Das Ende des Weges kommt für uns beinahe überraschend. Es gibt kein Weiterkommen mehr. Wir stehen unter einem gewaltigen Felsendom. Ein großer vereister Wasserfall versperrt uns den Weg endgültig. Wir müssen einsehen, dass es nicht mehr weitergeht. Um uns ragen die Felsen ins Universum hinein. Das Wasser unter unserem eisigen Weg ist lauter und ungeduldiger geworden. Es will uns etwas mitteilen. Wir haben nur wenig Platz, aber er reicht aus, um erneut einen kleinen Kreis bilden zu können. Die Männer legen ihre mitgebrachten Holzscheite in die Mitte. Es wird ein Feuer entfacht, und die Männer verbrennen ihre restlichen Zettel, nachdem die meisten erzählt haben, was sie darauf notiert hatten.

Wieder kehrt Ruhe unter den Männern ein. Trotzdem spürt jeder, dass wir nicht allein sind.

Dann durchbricht ein Mann die Stille, und er sagt, dass er sich vorstellen könnte, hier sein »inneres Kind« zu finden und mit ihm Kontakt aufzunehmen. Auch die anderen Männer beginnen jetzt zu reden. Sie geben ihr Schweigen auf. Beinahe andächtig erklären sie, dass sie ihrem »inneren Kind« und somit auch sich selbst oft keine Zeit und keinen Raum geben, wo sie sich treffen können.

Einer sagt, dass er sich in diesem Moment seinem »inneren Kind« ganz nahe fühlt. Ein anderer bemerkt beinahe überschwänglich, dass er mit dem Kind gern spielen möchte, herumtollen und über den Wasserfall klettern. Nur: Es ist dieser Weg, der uns in die Tiefe der Natur geführt hat, in die sternklare Winternacht hinein. Wir wurden von der Magie und Kraft des Rituals zum »inneren Kind« geführt.

Die Männer gehen langsam zurück. Wir nehmen nun einen einfachen Weg. Er führt uns sehr rasch nach Hause zurück. Es ist beinahe 1.00 Uhr geworden. Wir beenden die Aktion mit dem Trommelritual; damit ist der Ausstieg vollzogen.

Mit Kindern spielen
Wie oft sagen es uns die Frauen, wie oft hast du es schon gehört: »Männer sind wie Kinder«.

Na und, warum nicht? Von Kindern kann man sehr viel lernen. Vor allem das Spielen. Spielen ist Nahrung für die Seele. Wann immer du als Mann die Möglichkeit hast, mit Kindern zu spielen, dann tu es. Du wirst merken, dass es etwas in dir gibt, was man als »inneres Kind« bezeichnen könnte. Und dieses »innereKind« ist die spontane, kreative und spielerische Ader deines Wesens. Mit Kindern zu spielen zeigt dir auch und erinnert dich immer wieder daran, dass es noch etwas anderes gibt als Geldverdienen, Konsum und den so genannten Ernst des Lebens. Kinder sind Gott ähnlich. Man sagt, dass mit jedem neugeborenen Kind eine Gotteswelt auf Erden ankommt.

Bist du jetzt überzeugt, dass es gut, tut mit Kindern zu spielen. Du weißt nicht wie? Lasse dich einfach auf die Kinder ein, die wissen schon, wie‘s geht.

Die wahren wilden Abenteurer und naturverbundenen Erdbewohner sind unsere Kinder. Mit ihnen in der Natur, in den Ferien für einige Tage unterwegs zu sein, ist ein Abenteuer.

Ob am Lagerfeuer, auf einer Hütte, im Tipi oder im selbst gebauten Iglu, ob auf Wandertouren oder Radtouren, ob beim Baden im Gebirgssee oder beim Bauen eines Baumhauses:

gemeinsam mit Kindern erlebt, wird alles zum Abenteuer. Der archetypische Mensch mit all seinem Gefolge – Indianer (Krieger), Zauberer (Magier), Wiki (Liebhaber), verzauberter Prinz (König) – kommt im Kind am stärksten und unschuldigsten zum Ausdruck. Dem kann sich kaum ein Erwachsener entziehen, außer er übt Gewalt aus.

Was kann man mit Kindern und Jugendlichen alles unternehmen: zelten, biwakieren, die Natur erforschen, experimentieren, schwimmen, tauchen, Polsterschlachten ausfechten, rodeln, Ski fahren, in die Berge gehen, Lagerfeuer machen, am Bach spielen, Staudämme bauen, Pfeile und Bogen schnitzen, Maipfeifchen basteln, Baumhaus bauen, Rad reparieren, Masken formen, Rollenspiele spielen, Blödsinn machen, für andere Menschen etwas Gutes tun, Gesellschaftsspiele spielen, mit Freunden und Familie in Urlaub fahren, Feste feiern, in Schwitzhütten gehen, in einem Gebirgsbach oder Gebirgssee baden, positive Mutproben machen, ringen, boxen, mehrere Tage allein wegfahren, Mond-, Winter- und Nachwanderungen durchführen, im Tipi übernachten, kochen, Touren mit dem Rad unternehmen, Steine bemalen und so weiter und so weiter.

Die Suche nach dem »inneren Kind«
1. Teil: Mit welchen fünf Eigenschaften charakterisierst du die Besonderheiten eines Kindes?
2. Teil: Was waren deine bisherigen wesentlichen Ereignisse – Höhen und Tiefen – in deinem Leben?
3. Teil: Notiere zu deinen Höhen und Tiefen
a) wo bzw. wann du von deiner Umwelt im Sinne der fünf von dir notierten Eigenschaften behandelt worden bist;
b) wo du eine solche Behandlung schmerzlich vermisst hast;
c) wo du mit anderen so umgegangen bist.
4. Teil: Nimm deine momentane Lebenssituation zum Anlass und überlege dir, bei welchen dir nahe stehenden Personen – Ehefrau, Freund, Vater, Mutter, Kind, Arbeitskollege, Bekannter, Geschwister usw. – du diese fünf Eigenschaften förderst

beziehungsweise achtest.
5. Teil: Wie behandelst du gegenwärtig den fünf Eigenschaften entsprechend dein »inneres Kind«?

Zwei Gebete für dein »inneres Kind« und für Kinder überhaupt

Ich bin dankbar
für die vielen Tiere
für die bunten Wiesen
für die Bäume und Berge
für die Bäche und Seen
für unsere Erde
mit der wir uns drehen

Ich bin dankbar
für die Luft
die wir atmen
für die Winde
für Regen und Schnee
für Sonne Mond und Sterne
die wir am Himmel sehen

Ich bin dankbar
für die Menschen
die mit mir gehen
für die Menschen
die ich liebe
die mich verstehen
Ich bin dankbar

für alles das in meinem Leben
Meine Dankbarkeit ist mein Segen

Das Gebet des Knaben – Die Gelübde des Bodhisattva

Lieber Gott, ich bitte dich -
SHU JO MUHEN SEIGAN DO -:
Führe mich und schütze mich,
wie zahlreich auch die Wesen seien,
ich gelobe, sie alle zu retten.

Dass ich einst als rechter Mann -
BONNO MUJIN SEIGAN DAN -
schwächeren Menschen helfen kann.
Wie zahlreich auch die Leidenschaften seien,
ich gelobe, sie alle zu löschen.

Gib auch deinen Segen -
HOMON MURYO SEIGAN GAKU -
All den Lieben, groß und klein,
wie zahlreich auch die Worte des Dharmas seien,
ich gelobe, sie alle auf mich zu nehmen.

Lass uns lang beisammen sein -
BUTSU DO MUJO SEIGAN DJO -
Lass den goldnen Sonnenschein
wie vollkommen auch ein Erweckter sei,
über unseren Wegen.
Ich gelobe, ein solcher zu werden.

III. Wochenende (Winter/Monat Januar)

Der König ist tot, es lebe der König –
Achtungsvoller Abschied von Vater und Mutter

Der Brief an die Männer

HO! Mann.

Wir hoffen, dass du seit dem letzten Wochenende deinem »inneren Kind« gebührende Aufmerksamkeit hast zukommen lassen. Vor allem, wenn du dir die Zeit nimmst und in die Natur gehst oder mit deinen Kindern spielst, freut sich dein »inneres Kind«. Du weißt ja: Kreativität, Spontaneität, Spielen, Tanzen, Staunen und Neugierde sind der beste Zugang zu ihm. Deine Agilität, Freude und Energie nähren sich aus dieser Quelle.

Wir könnten dieses dritte Wochenende auch ohne weiteres unter den Untertitel »Reife Eltern für sein ›inneres Kind‹ sein« stellen.

Bist du zu diesem Schritt bereit? Du brauchst dein Ja! Denn ohne dieses Ja geht es nicht! Jeder Mann braucht einen »achtungsvollen Abschied von Vater und Mutter«, damit er auf eine gesunde Weise die äußere Welt erobern und Frauen und Kinder anerkennen kann.

Es gibt leider viel zu viele Männer, die keinen »achtungsvollen Abschied« nehmen konnten. Diese nicht stattgefundene Abnabelung in Kombination mit einem frühkindlichen Trauma oder einer späteren Kränkung erzeugt bei Männern gravierende Persönlichkeitsstörungen, die sich in Größenwahn, Machthunger, Orientierungs- und Maßlosigkeit, in Sentimentalität und einem Hang zum Trivialen zeigen. Der nicht abgenabelte Mann kann sich für andere nicht hergeben – höchstens, wenn es zu seinem eigenen Vorteil ist. Darunter leiden nicht nur die anderen, sondern auch der Mann selbst.

Du wirst an diesem Wochenende, gemeinsam mit den anderen Männern, den schützenden, warmen und umsorgenden Elternschoß verlassen. Bevor es jedoch zu einem reifen Abschied kommen kann, braucht jeder Mann einen achtungsvollen und würdigen Einblick in die elterliche und somit auch familiäre Vergangenheit – in die Kindheit –, um zu sehen, was sich an Brauchbarem und Unbrauchbarem bei ihm selbst eingenistet hat.

Wir alle haben einen Vater und eine Mutter. Ihre Vereinigung beziehungsweise die göttliche Liebe hat uns hervorgebracht, und eine Seele hat ihren Körper gefunden. Jetzt liegt es an dir – am erwachsenen Mann –, wie du deinem Vater und deiner Mutter gegenübertrittst.

Du kannst beziehungsweise: du musst deine Kindheit vom heutigen Standpunkt aus betrachten und sie mit deinen augenblicklichen Gefühlen beleben. Mit großer Wahrscheinlichkeit werden Erinnerungen und Emotionen in dir aufsteigen, die unangenehm sind, dich wütend, traurig und ängstlich machen.

Wie auch immer es für dich gewesen sein mag, das war dein Leben und somit das einzige Angebot, das dir im Hier und Jetzt zur Verfügung steht. – Du hast überlebt, Mann!

Überleben allein wird dir womöglich nicht ausreichen und auf Dauer sogar unbefriedigend sein, oder?

Also, wenn du mehr Lebendigkeit und Mannsein brauchst, dann ist es höchste Zeit, dich von deinen Eltern in Würde und Achtung zu verabschieden.

Das heißt aber nicht, dass du dich jetzt auf den Weg zu deinen Eltern machen und ihnen deine und ihre Vergangenheit aufschlüsseln oder gar vorwerfen sollst.

Nein, darum geht es nicht!

Für einen wesentlichen Abschied und eine lebensnotwendige Trennung brauchst du ein geschütztes Nest, aus dem du agieren und wohin du dich zurückziehen und etwas Neues ausbrüten kannst. Deshalb sagen wir häufig, dass wir versuchen, an jedem Wochenende eine Art Männernest zu bauen. Man kann keinem Menschen zumuten – obwohl es ständig geschieht – etwas Neues, Unsicheres, Fremdes usw. zu machen, wenn ihm in dieser Zeit nicht ein Schoß beziehungsweise ein Nest zur Verfügung gestellt wird.

Manche versuchen bei diesem Thema, die so genannten schlechten Eltern – die es ohne Zweifel gibt – zum Teufel zu jagen und auf Gedeih und Verderb zu vertreiben. Diese Menschen vergessen ganz, dass wir von unseren Eltern kommen und dass sie unsere Wurzeln sind. Wie sollten wir uns verändern können, wenn wir dabei unsere einzigen Wurzeln verrotten lassen. Und dabei glauben, dass sie dann vergessen sind und uns nicht mehr beeinflussen.

An diesem Wochenende kann es sein, dass du an deine Grenzen stößt. Vielleicht wird es in deinem Inneren »drunter- und drübergehen«, und schwierige Gefühle – Hass, Zorn, Trauer und Angst – werden sich womöglich mit starken Gefühlen – Scham, Schuld – vermischen.

Nur sehr langsam wird es dir gelingen, über die Mauer, die dich umgibt, zu sehen und dir neue Ausblicke zu verschaffen.

Männer, diese Arbeit ist die Pflichtübung und die Voraussetzung für ein reifes und verantwortungsvolles Mannsein. Sie ist schwierig und auf keinem Fall an nur einem Wochenende zu erledigen. Vielleicht dauert es Jahre, vielleicht ein Leben lang, aber dieser Lösungsprozess muss vollzogen werden, wenn du dich finden und zu dir kommen möchtest.

Schwierig ist es allemal, weil es dich um deine gewohnten und vertrauten Sicherheiten bringt. Einiges wird einfach nicht mehr so funktionieren, wie du es bis jetzt gewohnt warst. Unsicherheit und eine gute Portion Chaos werden gemeinsam mit dir in das neue eroberte Land einziehen. Verständlich, wenn du daran denkst, dich ab sofort selbst zu versorgen. Es gilt, dein Leben jetzt selbst in die Hand zu nehmen, deine Bedürfnisse zu ermitteln und sie zu befriedigen – ohne einen väterlichen oder mütterlichen Vormund. Obwohl sich »innere und äußere Helfer« bei dir einstellen und dich unterstützen werden, wie du bald bemerken wirst.

Am Anfang hast du den Eindruck, es nicht zu schaffen und auf der Strecke zu bleiben, zu verhungern und haltlos dahinzuvegetieren. Doch wir sagen dir: Du wirst in der Kargheit der Wüste Wasser finden und Wurzeln für das Feuer. Der Wind wird dir deine Vision einflüstern.

Mitzubringen sind:
- Ein Symbol deiner männlichen Eigenverantwortlichkeit und ein Symbol für bewusste Elternschaft
- Je ein Foto oder Bild von deinem Vater und von deiner Mutter oder von deinen Pflege- bzw. Ersatzeltern
- Material / Werkzeug: großer Rucksack, wetterfeste Kleidung, eine Fackel, eine Taschenlampe und alles, was du sonst noch für dich brauchst

Wir sehen uns am kommenden Wochenende. HO!

Die Rituale an diesem Wochenende

1. Ritual
Die Männer bringen zu diesem Wochenende etwas mit, das ihre noch kindliche Bindung zu den Eltern symbolisiert oder etwas, das symbolisch für die noch nicht erfolgte Abnabelung steht.

Wir gehen in der Abenddämmerung – ausgerüstet mit Pickeln und Schaufeln – zu einer aufgelassenen Mülldeponie. Das Ganze ähnelt einer Prozession.

Die Männer tragen ihre unbewältigte Kindheit und einen Teil ihrer Verwundungen zu Grabe. Gemeinsam heben sie mehrere kleine Gräber aus, in denen sie ihre symbolischen Gegenstände vergraben. Es werden Kerzen aufgestellt, und jeder Mann kann noch eine Art Grab- oder Abschiedsrede halten.

Wie ein Mann seine Kindheit bewältigte

Es gab einen Mann, der viele Jahre seiner Kindheit unter Bettnässen und den damit verbundenen Reaktionen seiner Eltern und seiner Umgebung leiden musste. Und auch als erwachsener Mann hatte er immer noch Angst, es könnte etwas in die Hose gehen. Dieser Mann setzte bei dem Ritual ein passendes Zeichen: Er pinkelte in ein Glas und stellte es neben seiner Grabstätte auf. Er gab damit zu verstehen, dass er jetzt bereit war, den größten Teil seiner Schmach seinen Eltern zurückzugeben.

2. Ritual

Die Männer fesseln sich ihre Füße, die als Symbol für das nach außen gehende Männliche stehen, so fest mit einer roten Schnur, dass sie gerade noch in der Lage sind, kleine Schritte zu machen. Auch die Hände werden gefesselt. Sie stehen symbolisch für eigenständige Verantwortung, die Einhaltung von Grenzen und die freie Entscheidung für Nähe oder Distanz – ob körperlich oder geistig.

Die Einschränkung der Bewegungsfreiheit und Entwicklung – das ist die längst vergangene Kindheit – und letztlich die Befreiung von dieser Last ist das Thema dieses 2. Rituals.

Dieses Ritual findet wieder in der Nacht statt. Die Männer gehen – natürlich sehr langsam und behindert durch die Fesseln – in einen nahe gelegenen Wald. Auf einer geeigneten Lichtung wird eine Feuerstelle errichtet. Neben dem Feuer ist ein dicker Baumstrunk, darin steckt ein schwertähnliches scharfes Messer.

Wir als Seminarleiter sagen den Männer, dass hier der Platz ist, wo sie die Fesseln ihrer Kindheit ablegen können.

Daraufhin geht ein Mann nach dem anderen zu dem großen Messer und durchtrennt zuerst seine Handfesseln. Dann zieht er das Messer aus dem Hackstock und schneidet auch seine Fußfesseln durch. Einige Männer stoßen dabei grelle, laute Schreie aus. Danach werden die Fesseln im Feuer verbrannt.

Jene Männer, die einen Kosenamen beziehungsweise Spitznamen trugen oder eine verniedlichte Form ihres Namens – den sie nun nicht mehr haben und hören wollen – sprechen ihren Erwachsenen- und Geburtsnamen laut in die Nacht; die anderen Männer wiederholen den Namen dreimal. Damit wird ein erwachsener Mann mit einem authentischen Namen geboren. Von nun an gilt es, diesen Namen in der Öffentlichkeit zu schützen und ihm seinen entsprechenden Wert zu geben.

Zwei weitere mögliche Rituale

Die Hexe verbrennen

Es gab einen Mann, der wollte einmal die Hexe, die er in mehreren Frauen zu sehen und zu erleben glaubte, verbrennen. Daraus wurde ein Ritual: Der Mann formte und fertigte aus Heu und Schnüren eine menschengroße frauenähnliche Gestalt, bekleidete sie und dekorierte sie wie eine Hexe. Daraufhin ging der Mann begleitet von den anderen Männern zur Feuerstelle, um dort die Figur zu verbrennen; stellvertretend für all die Hexen, die in ihm schlummerten.

Die Last spüren

Ein anderer Mann wollte noch stärker und bewusster die Last seiner Kindheit und das für ihn noch immer bedrohliche Verwobensein mit den Eltern spüren.

Wir erfanden gemeinsam ein Ritual für ihn. Dieser Mann wollte vor allem die Last spüren, die sein Kreuz zu brechen drohte. Er bekam also einen großen schweren Baumstamm auf den Rücken gebunden. Außerdem wurde der ganze Körper mit einem Seil eingeschnürt, sodass er nur noch kleine Schritte machen konnte.

Dann begann für ihn eine Art Kreuzweg. Mit Unterstützung der anderen Männer, die jeden kleinen Schritt dieses Mannes mit einem seufzenden, tiefen und lautstarken Ausatmen begleiteten, machte er sich auf den Weg zur Feuerstelle. Es waren gut 300 beschwerliche Meter zurückzulegen. Beinahe eine Stunde dauerte diese Tortur, die er sich selbst auferlegt hatte.

Am Feuer angekommen, begann er sich von den Fesseln und von der Last auf seinem Rücken zu befreien. Den Baumstamm, der symbolisch für seine Scham und Schuld stand - beides entsteht, wenn Söhne sich nicht von Vater und Mutter verabschieden können -, legte er mithilfe der anderen Männer auf die Feuerstelle. Es wurde ein gewaltiges Feuer.

Die Übungen und Aktionen für dieses Wochenende

In unserer Männerarbeit haben wir mehrere Übungen für einen achtungsvollen Abschied von Vater und Mutter.

1. Übung: Brief an die Eltern

Man schreibt all das, was man sagen möchte und was bislang noch nie gesagt wurde, auf ein Blatt Papier. Es liegt nicht in unserer Absicht, den Männern zu empfehlen, den Brief tatsächlich an ihren Vater oder an ihre Mutter zu senden – obwohl dies einige Männer tun. Für viele Männer reicht es bereits aus, wenn sie ihren Brief in einer ihnen vertrauten Männergruppe vorlesen. Das kann ohne weiteres mehrmals geschehen. Dabei passiert es häufiger, dass Männer zu weinen beginnen – und das ist gut so!

2. Übung

Man erstellt eine Liste mit allem, was man von der Mutter und vom Vater nicht ausreichend erhalten hat, zum Beispiel Körperkontakt, Zärtlichkeit, Augenkontakt, emotionale Zuwendung usw. Die Liste sollte möglichst ausführlich und umfassend sein.

Am Ende dieser Liste schreibt man folgenden Satz: »Es ist mir bewusst, dass meine Partnerin/mein Partner (Name ...) nicht meine Mutter ist.«

3. Übung

Man nimmt zwei Sessel oder Polster und legt ein Foto von seiner Mutter oder von seinem Vater darauf. Man sagt dann, was man immer schon zu seinem Vater oder zu seiner Mutter sagen wollte (separat für den Vater und die Mutter). Besonders empfehlenswert ist diese Übung, wenn sie mit Unterstützung einer Männergruppe praktiziert wird.

4. Übung: Halten

Die Übung ist einfach, sehr effektiv, aber für manche Männer schwierig. Sie geht folgendermaßen: Ein Mann setzt sich auf den Boden und lehnt sich an die Wand (es ist günstiger sich anzulehnen und möglichst aufrecht zu sitzen, um ein entspanntes Halten über einen längeren Zeitraum zu ermöglichen), ein zweiter Mann, der gehalten werden möchte, setzt sich zwischen die Beine des bereits sitzenden Mannes, seinen Kopf legt er an die Brust des anderen. Der Mann, der hält, lässt seine Hände auf der Brust des anderen ruhen. Es wird beim Halten nur das Nötigste gesprochen, wenn mehr gesprochen wird, dann vor allem vom Gehaltenen. Der Haltende soll aufmerksam bleiben und genau zuhören. Männer, die es brauchen, können auf diese Weise getröstet werden. Allerdings müssen die Männer bei unserer Arbeit danach fragen; automatisch wird nicht getröstet.

5. Übung: Negative Botschaften meiner Ursprungsfamilie erkennen

Wir fragen nach Aussagen wie: »Wenn du nur wärst, wie ...!« – »Wie kannst du nur so böse sein!« – »Du sollst dich gründlich schämen!« – »Aus dir wird nie was!« – »Wenn du nur besser wärst!« usw.

Schreibe die negativen Botschaften, die du als Kind gehört hast, auf. Kannst du dir etwas ins Gedächtnis rufen, das du wiederholt von deinem Vater oder deiner Mutter gehört hast?

Meine Mutter pflegte zu sagen: ______________________

____

Mein Vater pflegte zu sagen: ______________________

____

Diese Bemerkungen mögen dumm oder schlichtweg falsch erscheinen, wenn sie aus dem rationalen Blickwinkel deiner Erwachsenenperspektive betrachtet werden. Sie richteten aber Verwüstungen an, als du ein Kind warst.

Schreibe nun die negativen Botschaften, die du bereits in deine eigene Familie übernommen hast auf – wie oben!
Verwende die folgenden Fragen als eine Art Führer, um Bilder aus deiner Kindheit, die du aus dem Gedächtnis abrufst oder einem Album entnimmst, zu betrachten und damit deinem »inneren Kind« auf die Spur zu kommen:

- Welche Bilder stehen zur Verfügung? Wenn es nur wenige oder keine Bilder gibt, was bedeutet das für dich?
- Wie alt bist du auf diesen Bildern?
- Was tust du auf diesen Bildern, und welcher Ausdruck hat dein Gesicht jeweils?
- Was geschah zu der Zeit, als die Bilder aufgenommen wurden, in deiner Familie?
- Was würdest du dem Kind gern sagen, das du auf diesen Bildern siehst?

Zu anderen Zeiten in deinem Heilungsprozess magst du andere Bilder finden, die neue Aspekte deines »inneren Kindes« heraufbeschwören oder offenbaren. Dein »inneres Kind« ist nicht eindimensional, ebenso wenig wie du es bist!

IV. Wochenende (Winter/Monat Februar)

Der Liebhaber und seine Gefährtin Anima –
bist du ihr Sklave, oder ist sie deine Inspiration?

Der Brief an die Männer

HO! Mann.

Du hast eine Reise begonnen, heraus aus dem schützenden Schoß der Ursprungsfamilie. Vielleicht hast du dich seit Beginn deiner Männerarbeit schon mehrmals gefragt, wo deine Reise hingehen und wo sie enden wird. Wir können sagen, dass sie dich – sofern du bereit dazu bist – zu einem reiferen Erwachsenenleben führen wird.

Diese Reise ist ein Mysterium ins Mannsein. Eine Wallfahrt. Der Weg ist gepflastert mit Unsicherheit und Chaos, andererseits klar und übersichtlich. Im Lauf dieser Pilgerreise wirst du feststellen können, dass dieser Weg dich geradezu einlädt, ihn barfüßig und in aller Einfachheit zu gehen. Du brauchst nicht viel dazu. Lediglich die wenige Kleidung, die du am Leib trägst, ein paar Symbole und die Gruppe.

Anima ist die »innere Frau«, die weibliche Seite eines Mannes. Dieses Wochenende ist deshalb eines unserer wichtigsten. Männer, die ihre weibliche Seite nicht akzeptieren und leben können, können auch ihrer männlichen Rolle nicht gerecht werden. Daraus entsteht viel Konfusion – Rollenkonfusion –, und die Anziehungskraft gegenüber Frauen schwindet.

Mitzubringen sind:

- ein Symbol für deine weibliche Seite, ein Symbol der (sexuellen) Polarität und ein Symbol für Sucht, Verführung und Abhängigkeit
- ein Foto oder Bild deiner Idealfrau oder/und Traumfrau
- eine Antwort auf die Frage: »Soll ich dein Diener sein, oder bist du meine Inspiration?«
- Material/Werkzeug: Wir teilen unseren Seminarraum diesmal in einen Frauenraum und einen Männerraum – dafür brauchen wir: Dekorationsmaterial, Kleidungsstücke, weibliche und männliche Symbole, auch Teelichter, Duftlampen und Aromen, außerdem Kartons für Masken, Gesichtsfarben, Reißnägel, eine Schere und einen Spiegel

Noch eine Frage: Wie bringst du deine weibliche Seite zum Ausdruck?

Wir sehen uns am kommenden Wochenende. HO!

Die Rituale an diesem Wochenende

Die Natur bietet uns ein großartiges Bild unserer weiblichen Seite. Die sichtbare Welt ist für uns Männer so überwältigend und daher oft auch bedrohlich, dass wir – zumeist unbewusst – beginnen, uns vor ihr zu schützen, sie aber auch zu zerstören. Wenn wir die Naturgesetze missachten und dabei die Natur zerstören, dann missachten wir auch unsere geistigen Gesetze und zerstören uns selbst. Wenn das Wasser der Erde von uns Menschen verschmutzt wird, dann wird im gleichen Zuge auch unsere Seele verschmutzt. Wenn die Luft von unseren Abgasen vergiftet wird, dann wird auch die Verbindung zum Göttlichen – zum absoluten Bewusstsein (zum Männlichen) – vergiftet. Wenn die Energieressourcen der Erde ausgebeutet werden, dann wird sich die große Mutter Erde früher oder später an uns rächen und uns mit Katastrophen – radikale Klimaveränderungen, Überschwemmungen, Dürren, Stürme usw. – in die Schranken weisen. Sie wird sich für uns unfruchtbar machen.

Deshalb werden wir in unserer Männerarbeit der Natur mit Würde und Respekt begegnen und darauf achten, was sie in uns widerspiegelt: unsere weibliche Seite.

Zur Heilung unserer weiblichen Seite und zur Heilung des größten fließenden Gewässers in Tirol, das stellvertretend für die weiblichen Elemente steht, gehen wir – eine monumentale Schamanentrommel im Gepäck – mit den Männern an den Inn. Dort angekommen bilden wir auf einer Sandbank einen Kreis um unsere große Trommel. Die Männer halten mit der einen Hand die Trommel, mit der anderen beginnen sie die Trommel zu schlagen. Das Ritual für die eigene und für die Reinigung dieses Gewässers beginnt. Ein Mann löst sich aus dem Trommelkreis und geht an den äußersten Rand eines Steindammes. Er beugt sich tief hinunter zum Wasser, das mit starker Strömung an ihm vorbeifließt. Er lauscht in den Fluss und bittet um seine Heilung.

Nachdem der Mann wieder in den Trommelkreis zurückgekehrt ist, geht der nächste Mann. So geht es weiter, bis jeder Mann einmal am Fluss gewesen ist.

Die Männer hören mit dem Trommeln erst dann auf, wenn der letzte Mann wieder mit ihnen im Trommelkreis vereint ist. Die Männer schwitzen und geraten vom Trommeln in Trance.

Die Übungen an diesem Wochenende

1. Übung: Zuhorchen

Zuhorchen ist weit mehr als Horchen. Horchen ist eine aktive Form des Hörens, mit der die Umwelt und die Stimmung wahrgenommen werden. Zuhorchen hat etwas mit Aufmerksamkeit und Konzentration zu tun, aber auch mit Sozialkompetenz, Kommunikation und Beziehungsfähigkeit. Wer nicht zuhorchen kann, kann sich nicht binden, wer sich nicht binden kann, kann sich nicht trennen/verabschieden.

Zuhorchen heißt auch nicht, »seinen Senf zu etwas dazugeben«.

Wer wünscht es sich nicht, einmal jemandem gegenüberzusitzen, der einfach nur zuhorcht. Einer, der keine großen Rezepte zu verschreiben hat. Was auch immer wir zu erzählen haben, er nimmt sich die Zeit, horcht zu und bestätigt lediglich das, was er glaubt gehört zu haben.

Männer können sich vor allem in der Männerarbeit ausgiebig mit dem Zuhorchen befassen. Das Co-Counseln ist so eine Technik des Zuhorchens. Eine Paarübung kann folgendermaßen ablaufen: Ein Mann legt sich bequem auf eine Decke, und der andere sitzt möglichst nahe neben ihm, damit er alles gut verstehen kann, ohne ihn zu berühren. Der Mann, der sich's auf dem Boden bequem gemacht hat, beginnt einfach über etwas zu reden, was ihn beschäftigt bzw. was ihm gerade durch den Kopf geht. Der andere horcht nur zu und ist mit seinem Körper und Geist präsent. Nur wenn der Zeuge des Gesprächs etwas überhaupt nicht verstanden hat, fragt er nach. Oder wenn er das Gefühl hat, dass der Redner irgendwo stecken geblieben ist. Gesprächspausen sind möglich. Damit sich die Seele besser einstellen kann, ist eine Zeitvorgabe wichtig, zum Beispiel 10 oder 15 Minuten; danach wechseln die beiden.

2. Übung: In die Augen sehen

So, wie wir unglaublich viel Energie über die Ohren aufnehmen und unser Gehirn aufladen können, so können wir unglaublich viel Energie über die Augen abgeben, leider auch verlieren.

Augen sind ein Spiegel der Seele. Wer andern nicht in die Augen sehen kann, dem misstraut man, der erweckt Unsicherheit.

Diese Übung kannst du mit deiner Frau oder mit deinem Kind oder in der Männerarbeit machen. Setze oder stelle dich jemandem gegenüber. Zuerst lässt du die Augen geschlossen, konzentrierst dich auf dein Gegenüber und versuchst dich ihm zu öffnen. Nach ein paar Minuten öffnest du die Augen und siehst in die geöffneten Augen des anderen. Versuche dabei dein Gesicht zu entspannen und dein Herz zu öffnen. Nach ein paar Minuten schließt du die Augen wieder und lässt die Erfahrung nachwirken. Du wirst sehen und spüren, wie kraftvoll und intim »in die Augen sehen« sein kann.

Vor einem Spiegel kannst du dir auch selbst in die Augen sehen. Richte deinen Blick dabei für einige Minuten auf die Mitte deines Augapfels. Es kann sein, dass du nach einer Weile das Gefühl hast, als blicktest du jemand anderem in die Augen. Vielleicht deinem Selbst oder deiner Seele?

Frauen spüren es ganz genau, ob ein Blick Bewunderung, Anerkennung, Interesse, Liebe zeigt, oder ob sie über die Augen von Männern ausgezogen und missbraucht werden.

Merke: *Wenn Blicke sich treffen, kann die Berührung ein Leben lang dauern.*

Diese Übung hilft dir, mehr über dich selbst und den anderen zu erfahren. Es ist ein direkter Zugang zum Herzen des anderen.

V. Wochenende (Winter/Frühling/Monat März)

Der Krieger und sein Liebestod – über Sexualität, Leidenschaft und gesunde Grenzen

Der Brief an die Männer

HO! Mann.

Wir sind tief in die »Schattenwelt« und die Gralssuche vorgedrungen.
Du hattest und hast die Möglichkeit, mit deinem »inneren Kind« in Kontakt zu treten, einen »achtungsvollen Abschied« von Vater und Mutter zu nehmen sowie den Namen und das Gesicht deiner »inneren Frau« – deine weibliche Seite – näher kennen zu lernen.

An diesem Wochenende wirst du nun erfahren, warum es so wichtig ist, gerade als Mann eine reife und ernsthafte Aufklärung zu erhalten. Sexualität ist mehr denn je ein Thema, das mit vielen Tabus und Schamgefühlen belastet ist. Schade!

»Ich suche nach einem einzigen Mann, der es wagt, auch nur einmal auf die erotische Reinheit zu schauen«, sagte Greg einmal.

An diesem Wochenende wirst du mit deiner Kriegernatur konfrontiert werden: mit dem Wissen, was die Schärfe deiner Schwertklinge ausmacht und wie du sie nutzen und schützen kannst – vor dir und anderen.

Wir werden mit Grenzen arbeiten. Wie geht es dir damit? Bist du grenzenlos, oder sind deine Grenzen Mauern, die andere von dir fern halten und dich damit isolieren?

Was kocht gerade in dir, worüber brütest du?
Es ist gut für Männer, wenn sie Innenschau – »Kochen«, »Brüten« – betreiben können, wenn der Kampf und die Drachenjagd in ihrem Innern stattfinden.

Greg und ich sind weiterhin darauf bedacht, dass jedem Mann genügend Zeit und Raum für ein Ritual zur Verfügung stehen. Wir hoffen, dass viele Männer dieses Angebot annehmen. Das Ritual, das gerade bevorsteht oder das von den Männern gewünscht wird, ist für uns das wichtigste. Damit wollen wir arbeiten und nicht nur einfach unser vorbereitetes Programm abspulen.

Falls dir etwas auf den Nägeln brennt und du es den Männern mitteilen möchtest – um eine Lösung oder eine klarere Sicht zu erhalten –, dann scheue dich nicht, es anzusprechen.

Doch möchten wir auf eines hinweisen: Für einen Mann, der für seine gesunde Kriegernatur Kraft schöpfen möchte, ist es notwendig, Fragen nicht gleich auszusprechen, sondern zunächst für sich zu behalten.

Er kann eine Frage im Bauch belassen. Damit die Frage klar und prägnant formuliert werden kann, braucht es eine Zeit der inneren Aufbereitung. Es geht nicht darum, dass sich die Fragen irgendwo im Gedankenlabyrinth verlieren oder sich auf Dauer einnisten, sondern dass du sie aus der Tiefe deines Wesens hervortreten lassen kannst – deutlich und klar, auch für andere.

Hinter den Fragen der Männer verbergen sich oft sehr starke Emotionen. Für die Initiationsarbeit ist es von wesentlicher Bedeutung, mit diesen Gefühlen wie folgt zu arbeiten:

- weite sie aus (die Frage, das Gefühl, die Emotion),
- prüfe sie,
- lerne alles daraus, was du kannst,
- akzeptiere es,
- und nur dann: LASS ES LOS!

Genau das ist gemeint, wenn wir in der Männerarbeit vom »Kochen« oder »Brüten« sprechen.
Wir erleben bei unseren Redekreisen häufig, dass zu schnell und überhastet gestellte Fragen zum Energiekiller in der Gruppe werden, wenn die Männer die Spannung im Raum nicht mehr aushalten.
Das ist die eine Seite.

Die andere Seite ist, dass gut verdaute, gut aufbereitete Fragen, Beiträge und Einwürfe zu wahren Energiespendern werden können, die die Spannung im Raum in einem gesunden und heilenden Maß ansteigen lassen.

Merke: Etwas in uns neigt immer wieder dazu, grüne Äpfel zu verspeisen. Damit verderben wir uns den Magen. Das macht sauer. Wenn die Äpfel hingegen ausreichend gereift sind und zur rechten Zeit geerntet werden, können wir süße Früchte genießen.

Mit dem Prozess der Innenschau lernst du langsam, auf deine »innere Stimme« zu hören und ihr zu vertrauen. Achtsames Atmen aus dem Zentrum deines Bauches in Verbindung mit der aus der Tiefe aufsteigenden Stimme führt zu einer klaren und kraftvollen Männlichkeit und Kriegernatur.

Mitzubringen sind:
- Ein Symbol, das die Kraft und deine Einstellung zu deinem PENIS zeigt. Ein Symbol für Grenzen, Wut oder Konkurrenz
- Erotische, leidenschaftliche, verführerische und sexistische Bilder oder Fotografien
- Bücher, CDs oder Videos zum Thema Sexualität, Ekstase und Aufklärung
- Material: Gegenstände die das Ying/Yang repräsentieren; nimm mit, was du zum Thema Sexualität brauchst.

Empfohlene Übungenzum Thema Sexualität

Prostatatraining
Fahre unter der Dusche mit dem nassen eingeseiften Mittel- oder Zeigefinger vorsichtig in den Anus. Nach ein paar Zentimetern spürst du oberhalb eine etwa kastaniengroße Rundung, das ist die Prostata. Mit deiner Fingerkuppe beginnst du nun, die Prostata zu massieren, und gleichzeitig kannst du die Muskeln zwischen Hodensack und Anus an- und entspannen. Du wirst feststellen: Es kann auch ein tolles Gefühl ergeben – und was alles damit verbunden ist …

Kegelübung
Die Kegelübung erhält die Prostata gesund und frisch und trainiert das Zurückhalten des Samenergusses.

Wenn du den Stuhl oder den Urin zurückhalten musst, dann ziehst du beim Sitzen oder Stehen das Gesäß zusammen. Bei der Kegelübung brauchst du genau diese Muskeln.

Du spürst zwischen Hodensack und Anus, wie die Muskeln beginnen, sich zusammenzuziehen, gleichzeitig werden auch die Gesäßmuskeln und der Anusring kontrahiert. Wir wollen jetzt mit einer leichten Übung die verschiedenen kleinen und großen Muskelpartien in diesem Bereich trainieren. Damit kann nicht nur die Prostata (Vorsteherdrüse) ihre gesunde Funktion erhalten, sondern du kannst dir auch die Fähigkeit aneignen, die Samenflüssigkeit zu steuern beziehungsweise zurückzuhalten.

1. Teil:
Die Muskeln, die du brauchst, um den Urinstrahl zu unterbrechen, ziehst du 50- bis 100-mal zusammen und entspannst sie wieder. Du kannst das auch während des Pinkelns machen. Vielleicht schaffst du es fünf- bis siebenmal pro Urinieren. (Aber bitte, meine Herren, machen sie keinen Wettbewerb daraus!) Ein wenig Geduld musst du schon aufbringen. Es wird einige Tage dauern, bis du diese oft sehr vernachlässigten

Muskeln einigermaßen koordinieren kannst. Wenn du dann so weit bist, kannst du diese Übung überall unauffällig durchführen – beim Radfahren, Wandern, Autofahren, Lesen, während einer Konferenz usw.

2. Teil:
Du verbindest dieses Anspannen und Entspannen mit deiner Atmung. Du atmest ein, und gleichzeitig spannst du die Muskeln zwischen Hodensack und Anus an (dabei sollten die Gesäßmuskeln nicht willkürlich mitangespannt werden, sie sind in die Kontraktion lediglich ein wenig eingebunden). In der Atempause ziehst du noch fester zusammen, atmest aus und entspannst die Muskeln dabei langsam.

3. Teil:
Während du mit deiner Partnerin vereint bist, kannst du jederzeit die Kegelübung anwenden. Deine Partnerin wird die Beweglichkeit deines Penis wohltuend aufnehmen. Mit jeder Kontraktion wird sich der Penis vergrößern und versteifen, mit jedem Entspannen kannst du das Liebesspiel verlängern. Um den Samenerguss hinauszuzögern beziehungsweise ihn überhaupt zu verhindern, kannst du die Kegelübung folgendermaßen anwenden: Kurz bevor du kommst, ziehst du die Muskeln zwischen Anus und Hodensack fest zusammen und verweilst so lange du kannst in dieser Anspannung; die Gesäßmuskeln bleiben dabei möglichst im entspannten Zustand.

Wichtig: Während du die Anspannung hältst, atmest du weiter, und die Atmung ist dabei hörbar kräftig und tief. Das wiederholst du einige Male. Es ist an diesem Scheitelpunkt auch erlaubt, an etwas anderes zu denken; das nimmt der Sache die Spitze, und dann kann es weitergehen. Ob es dir gelingt, den Samen zurückzuhalten, hängt ganz wesentlich vom Zusammenspiel mit deiner Partnerin ab. Also redet miteinander.

Die Kegelübung kannst du täglich mehrmals wiederholen, bis sie automatisiert ist. Man kann die Kontraktionen pro Übungseinheit beliebig erhöhen. Aber Vorsicht: Am Anfang kann ohne weiteres ein Muskelkater entstehen. Die Männer sind auch immer wieder erstaunt, wie beweglich ihr Penis wird, und auf welche außergewöhnliche Art und Weise sie ihn steuern können.

Hodendusche

Eigentlich ist es kaum mehr notwendig, diese Übung zu beschreiben. Denn wenn du das Muskeltraining, wie zuvor beschrieben, und das Kaltwasserbaden durchführst, dann ist die Hodendusche fast automatisch vollzogen.

Die Hoden beziehungsweise die männlichen Spermien brauchen eine tiefere Temperatur als unser übriger Körper sie normalerweise hat, damit Qualität und Lebensdauer der Samen erhalten werden. Eine mehr oder weniger kalte Hodendusche oder ein Kalterwasserbad unterstützt diese Qualitätssicherung. Wie du ja weißt, zieht sich der Hodensack (auch der Penis) bei Kälte zusammen. Der Hodensack sieht dann wie zerfurchte Baumrinde aus; dies ist ein Zeichen, dass eine gute Durchblutung gegeben ist und der Samen kühl gehalten wird. Manchmal kann es sogar leicht schmerzen. Es ist sicherlich kein Zufall, dass durch die weltweite Klimaerwärmung die Samenproduktion und -qualität zurückgehen. Also Männer: Es lohnt sich, die Hoden ein bis zwei Grad unter die Körpertemperatur abzukühlen. Wer anfällig für Mastdarmkrampfadern (Hämorriden) ist, der kann beim Duschen mit einem sehr starken Brausestrahl seinen Anusbereich massieren (Wassertemperatur kann gewechselt werden von warm bis sehr kalt).

Grenzen ermitteln

- Wo sind meine Grenzen? Sind sie Wände, die zu wenig Liebe durchlassen? Oder sind sie dünnes Tuch, das zu viel hereinlässt?
- Was bedeutet es, »gesunde Grenzen« einzuhalten?
- Wie fühlt sich das an?
- Welche Beispiele gibt es für Situationen, in denen ich die Grenzen für alle gut sichtbar gezogen habe?

- Welche Beispiele gibt es für Situationen, in denen ich sie schlecht gezogen habe?
- Gibt es Personen, bei denen es mir leicht fällt, die Grenzen einzuhalten?
- Kann ich es besser mit Männern?
- Kann ich es besser mit Frauen?
- Mache ich mir oft Sorgen, was andere über mich denken? Wann genau tritt dies ein?
- Wann werde ich wütend? Wann werde ich traurig? Wann bin ich glücklich?
- Was habe ich von meiner Mutter bzw. meinem Vater über gesunde Grenzen gelernt?
- Was habe ich von meiner Mutter bzw. meinem Vater über ungesunde Grenzen gelernt?
- Was sind das für Menschen, die ihre Grenzen auflösen können?

1. Zwei Männer sitzen sich gegenüber. Einer der beiden legt um sich einen roten Faden aus, in der Weise, wie er sich vom gegenübersitzenden Mann abgrenzen will. Danach reden die beiden, wie es ihnen dabei ergangen ist.

2. Zwei Männer stehen sich mit großem Abstand gegenüber. Einer bleibt stehen, und der andere geht auf den Mann zu. Dieser sagt »STOP!«, wenn er glaubt, dass der auf ihn zukommende Mann an seine Grenze kommt.

Diese Übungen kannst du auch machen, indem du dir vorstellst, der Vater, die Mutter, die Partnerin, das Kind steht dir gegenüber oder kommt auf dich zu.

a) Dann setzt du deine Grenzen (mit dem roten Faden) unter dem Aspekt: Wie waren meine Grenzen, als ich noch ein Kind war?
b) Wo verlaufen momentan meine Grenzen meinen Eltern, meiner Partnerin, meinen Kindern gegenüber?

VI. Wochenende (Frühling/Monat April)

Der Magier Schamane –
über ein leidenschaftliches Leben und einen guten Tod

Der erste Brief an die Männer

HO! Mann.

Unser Thema am kommenden Wochenende ist viel dringlicher als die meisten von uns wahrhaben wollen.

Ist dir eigentlich aufgefallen, wie viele Todesnachrichten dir in den letzten Wochen zugeeilt sind? Womöglich die »traurige« Nachricht vom »plötzlichen Tod« dir nahe stehender Menschen. Botschaften, die dir sagten, dass ein dir bekannter Mensch an den Folgen eines Unfalls gestorben ist – oder an Krebs, Aids oder einer anderen tückischen Krankheit.

Todesanzeigen in den Zeitungen, Berichte in den Medien über Tote im Nahen Osten, in Afghanistan, bei Terroranschlägen, kriegerischen Auseinandersetzungen und Katastrophen irgendwo auf der Welt, Bilder von Gewalt und Zerstörung, die dir den Atem nehmen und deinen Körper zusammenschrecken lassen, ohne dass du es wirklich bemerkst – all das kündet auch von ewigen Kreislauf des Lebens und Sterbens.

Greg pflegte zu diesem Thema zu sagen: »Ich bin hierher gekommen, um ein paar gute Worte über den Tod zu sagen.« In diesem Satz stecken Hoffnung und Humor.

»Wir sind von Gott gekommen … haben in Gott gelebt … und daher schulden wir ihm unseren Tod.« Aus diesem Satz hören wir eine Notwendigkeit und eine Verpflichtung heraus. Aber auch eine große Ehre, die uns mit unserer Sterblichkeit zuteil wird.

Und genau darum geht es. Wir wollen uns an diesem Wochenende der Fülle des Leben stellen. Das heißt auch: Wir wollen unserem unausweichlichen Tod mit Gelassenheit und Humor gegenübertreten, ihm die nötige Ehre und Aufmerksamkeit erweisen, damit wir von der Sorge um ihn erlöst werden.

Was brauchen wir, um glücklich und gelassen abtreten zu können?

- ein Leben in barfüßiger Einfachheit: »der Humor im Wenigen«
- idealerweise eine spirituelle Gemeinschaft
- das bewusste Ein- und Ausatmen – Nehmen und Geben –, das das eine begrüßt und das andere verabschiedet
- die Fähigkeit, loslassen und sich von etwas trennen zu können
- etwas Übung in Meditation und Kontemplation (Gebet)
- Techniken, wie wir uns erleben und erfüllen, entleeren und erlösen können
- das Wissen, unerledigte Dinge, zum Beispiel Gespräche usw., erledigt zu haben
- eine klare und festgelegte Vorstellung unseres Übergangs vom Diesseits zum Jenseits: die Gestaltung des Begräbnisses usw.
- eine vorzeitige schriftliche Erklärung der Hinterlassenschaften
- Zeichen, dass wir auf dem leidenschaftlichen Weg zu diesem Übergang sind. Dazu gehören: Mitgefühl, Dienen, Reue, Ekstase und Liebestod – das alles erleben wir, wenn wir Macht und Kontrolle aufgeben
- *MÄNNERARBEIT, MÄNNERARBEIT, MÄNNERARBEIT …*

Ein Wochenende mag zwar viel zu kurz sein, um sich auch nur annähernd diesem großen Thema zu stellen, doch wenn wir davon ausgehen, dass es nicht unbedingt die Zeitspanne ausmacht, die Wunder bewirkt, sondern allein unsere tiefe Absicht, dann haben wir Grund genug, uns dem Thema sofort zu stellen.

Was ist als Vorbereitung auf das Wochenende zu tun?
Beiliegend findest du einen Vordruck für eine Todesanzeige. Klebe bitte ein möglichst aktuelles Bild von dir auf diese Anzeige, und überlege dir einen für dich passenden Text. Schreibe den Text in die Todesanzeige, und bringe sie zum Seminar mit.

Man kann sagen, dass dieses Thema bereits die Vorstufe beziehungsweise den ersten Teil der Mentorenarbeit – die am letzten Wochenende das Hauptthema sein wird – darstellt. Ein Mentor hat Erfahrungen mit einem »leidenschaftlichen Leben« und eine Vorstellung davon, was es heißt, einen »guten Tod« zu sterben. Wenn du einen Mentor hast, dann sei nicht allzu sehr überrascht, wenn er dir immer und immer wieder dieselben Fragen stellt:

WAS WÜRDEST DU NOCH GERNE ERLEDIGT HABEN, BEVOR DU STIRBST?

FÜR WAS AUCH IMMER DU DICH ENTSCHEIDEST – FÜHRT ES DICH ZU EINEM GUTEN TOD?

Jeder Mentor hat ein Spezialgebiet, das er besonders gut kennt und anderen zugänglich machen kann.

Und jeder Mann hat ein Talent, das er in der Mentorenarbeit einsetzen kann. Allerdings finden wir es vollkommen überzogen und auch gefährlich, wenn sich Männer – wenngleich sie bereits viele Jahre in der Männer- und Mentorenarbeit tätig sind – als Schamanen bezeichnen. Unsere Männerarbeit hat zwar sehr viel mit Schamanismus und schamanischem Heilen zu tun, aber wenn wir nicht in einen Stamm hineingeboren wurden und dort leben, können wir auch nicht Schamane sein, weil das Wesentliche fehlt: das Stammesbewusstsein und die Stammesverbundenheit.

An unseren Wochenenden sind wir ein Stamm auf Zeit. Daraus lässt sich in einem begrenzten Maß Stammesbewusstsein und

Verbundenheit entwickeln. Die energetischen Räume, die in der Männerarbeit geschaffen werden, sind die Grundvoraussetzung für schamanische Heilung. Heilung und Reifung geschieht immer in der Kommunikation des Gegenwärtigen (Alltag) und im Ritual des Kollektiven (Öffentlichkeit).

Die Grundregel für jeden Mentor lautet:
Ein Mentor bleibt auf dem Teppich, und er bringt möglichst alles auf den Teppich und kehrt nichts unter den Teppich, auf keinen Fall sich selbst.

Hier noch einige Gedanken, wie du dich auf das Wochenende vorbereiten kannst:
Trennen und Abschied nehmen haben mit einem »leidenschaftlichen Leben« und einem »guten Tod« zu tun. Wenn du dieses Mal also zum Seminar fährst und du dich von deiner Frau, deinen Kindern, Eltern und Freunden verabschiedest, dann mache diesen Abschied in dem Bewusstsein, dass du sie vielleicht nie mehr wieder sehen wirst! Es geht um *Endgültigkeit!*

Du brauchst mit den anderen darüber nicht zu sprechen. Es ist besser so. Es geht hier um deine Einstellung: In welchem Bewusstsein verabschiedest du dich?

Jetzt noch ein paar Fragen, die dich auf das Wochenende einstimmen und vorbereiten sollen:
- Wie viel von dem, was du immer schon gern gelebt hättest, hast du schon gelebt?
- Was soll von dir zurückbleiben, wenn du einmal gestorben bist?
- Was in deinem Leben möchtest du sterben lassen?

Und nun noch ein paar Fragen, die dir einmal ein Kind stellen könnte:
- Was passiert, wenn wir sterben?
- Wohin gehen wir eigentlich, wenn wir sterben?

- Warum sterben wir?
- Was bedeutet der Tod für mich selbst?

Wir hoffen, du bist auf diese Fragen vorbereitet.

Mitzubringen sind:
- Ein Symbol für die Unsterblichkeit, für das »ewige Leben«, ein Symbol für den größten Wert in deinem Leben, ein Symbol deiner Sterblichkeit
- Was du brauchst, um einen persönlichen Altar zu errichten
- Einige Sterbe- und Andenkenbilder von dir bekannten Menschen
- Bücher; zum Beispiel *Das tibetanische Buch vom Leben und vom Sterben* von Sogyal Rinpoche, *Ich war klinisch tot* von Stefan von Jankovich oder alle Bücher von Elisabeth Kübler-Ross.

Nimm ein kleines – entweder selbst gemachtes oder günstig gekauftes – Geschenk mit, dass mit Männerarbeit zu tun hat. Dieses Geschenk wird nach einem Zufallsprinzip an einen bestimmen Mann vergeben

HO!

Rituale an diesem Wochenende

Erdritual oder Reinigungsritual
Die Reinigung dient als Vorbereitung für die Schwitzhütte. Wir gehen mit den Männern in den Wald zu einer großen Lichtung; es dämmert bereits. Der Lichtschein einer Laterne leuchtet uns den Weg. Die Männer schweigen. Auf der Lichtung suchen sich die Männer paarweise einen Platz, an dem sie der Erde möglichst nahe kommen wollen. Einige Männer legen sich nackt in eine Decke und lassen sich von ihren Begleitern mit Laub,

Wurzeln und Ästen zudecken, sodass nur noch der Kopf zu sehen ist. Die Begleiter zünden jeweils am Fußende ein Teelicht an und setzen sich dann auf Höhe des Kopfes als »stiller Zeuge«. Der Leiter schlägt während der Erdreinigung die Trommel. Der zweite Leiter wacht am Weg. Nach einiger Zeit wechseln die Männer ihre Positionen. Nach der Reinigung geht es schweigend zur Schwitzhütte, wo bereits der Feuermann mit glühenden Steinen auf die Männer wartet.

Weitere Übungen für dieses Wochenende

1. Übung
Stelle dir vor, dass dir der Arzt eine verbleibende Lebensdauer von vier Wochen eingeräumt hat. Male dir aus, wie du diese Zeit verbringen würdest! Wen würdest du treffen? Was würdest du tun? Wohin würdest du gehen? Was würdest du beenden, von was würdest du dich trennen?

2. Übung
Schreibe einen kurzen Text darüber, warum du all diese Dinge, die du dir bei der 1. Übung überlegt hast, jetzt noch nicht ausführst.

3. Übung
Schreibe deinen eigenen Nachruf – als ob du heute sterben würdest. Beschreibe möglichst genau, was du bisher in deinem Leben erreicht hast, wen du hinterlässt und was dir sonst noch wichtig erscheint.

4. Übung
Schreibe dir einen »idealen« Nachruf für den Zeitpunkt, an dem du sterben wolltest, ginge es nach deinem Willen.

5. Übung
Wie sehr bemühst du dich, dass aus dem Nachruf der 3. Übung der Nachruf der 4. Übung wird? Schreibe deine Gedanken dazu auf.

6. Übung
Nimm dir vor, eine Woche lang so zu leben, als gäbe es kein Morgen.

7. Übung
Schreibe ein Testament, und bitte einen Freund oder eine Freundin, es nach deinem Tod zu vollstrecken. Was soll mit deinem Körper werden? Willst du Organe spenden? Wie soll dein Begräbnis aussehen?

8. Übung
Männer sprechen mit Männern über Tod und Sterben: Gedanken, Ängste und Erwartungen.

9. Übung
Verbringe, wenn möglich, Zeit mit einem sterbenden Menschen.

Der zweite Brief an die Männer

HO! Mann.

Wie könnten wir das kommende Wochenende besser einleiten als mit einem Brief von Konrad. *(Zur Erklärung: Konrad hat Krebs und nicht mehr lange zu leben.)* Ein paar Tage nach einem Wochenende bei uns schrieb Konrad diesen Brief:

Ich staune jetzt – wo ich am Ende meines Lebens angekommen bin – über den Frühling (meines Lebens und meines Daseins) und sehe die Blüten (obwohl ich den Abschied fühle) ganz klar. Ich gehe in die Natur (in Gott, in mir), und vieles nehme ich erst jetzt zum ersten Mal (als Wunder) wahr. Nun lebe ich jeden Tag bewusster (bin mehr ich selbst), als wäre es der letzte (… und ich

spüre die Einheit mit allem). Jetzt habe ich Zeit, meinem Hobby (meinem Herzen, meinem »inneren Kind«, meiner »inneren Frau«), dem Malen und Zeichnen, nachzugehen (zu folgen). Ich weiß (ich habe verstanden), dass es nicht mehr lange geht – zwei, drei Jahre (Monate, Tage, Stunden) noch?
(Auf das Hier und Jetzt kommt es an) … Eigentlich war es immer schon so, das ganze Leben hindurch, ein Jahr hätte das letzte sein können (Einverständnis).
Jetzt gewinne ich diesem knappen Dasein etwas Gutes (Weisheit) ab und beginne es zu schätzen (diesen Übergang hinzunehmen, aber auch zu ertragen).
Wenn ich doch nur weinen könnte über die vielen versäumten Stunden und wertvollen Augenblicke.
Wenn ich doch nur noch genügend Zeit hätte – sie zurückdrehen könnte –, dann würde ich das endlich leben können, was ich mir schon immer ersehnt hatte und tun wollte.
Wenn ich von dieser Welt gehe, dann möchte ich in Frieden und Gelassenheit gehen. Ich weiß, ich hatte ein gutes Leben.
Diese Männer hier sind mir vertraut, obwohl ich sie nicht kenne. Sie haben sich zusammengefunden, um mir zu begegnen. Ich fühle mich wohl unter ihnen. Das hätte ich mir nie träumen lassen, dass Männer so reif und ernsthaft sind und zuhören können. Hätte ich das schon früher begriffen, würden mich jetzt Männerfreunde begleiten – das wäre bestimmt auch leichter für meine Frau. Ich danke euch Männern für euren Segen. Eigentlich möchte ich im Schoß der Männer sterben.

Das Fortgehen von euch ist mir sehr schwer gefallen – auch deshalb, weil ich wusste, dass unsere Schwitzhütte sterben wird. Es war wie Tag und Nacht. Am nächsten Tag bin ich zum Schwitzhüttenplatz gegangen, und ich war erstaunt, wie gereinigt und stark dieser Ort auf mich wirkte. Ich danke euch dafür.

VII. Wochenende (Frühling/Monat Mai)

Mentor – Vater – barfüssiger Buddha:
Woher kommst du, wohin gehst du, wer bist du?

Der Brief an die Männer

HO! Mann.

Ja, kaum zu glauben, der Weg der Männer ist hier vorerst einmal zu Ende. Wieder einmal werden wir mit einem »kleinen Tod« konfrontiert. Die Männergruppe löst sich auf. Ein schmerzlicher Verlust. Über sieben Monate haben wir Verbundenheit geübt, untereinander aufgebaut und praktiziert.
Du hast die Gelegenheit bekommen, an deiner Entwicklung zu arbeiten und anderen bei ihrem Reifungsprozess zu helfen. Aus dieser Arbeit ist männliche Spiritualität erwachsen, Verbundenheit und eine Art Männerleben in »einem Stamm auf Zeit«.

Greg und ich sind traurig über diesen Verlust. Doch wir wissen, dass nach jedem Tod eine Geburt folgt. Wir haben versucht, dich so gut wie möglich zu begleiten, zu unterstützen, keine negativen Machtansprüche an dich zu stellen und möglichst neutral zu bleiben.

Was auch immer von den Männern kam, jedes Angebot wurde ernst genommen, aufgenommen und – wenn möglich – umgesetzt.
Wir waren bestrebt, zu tragen, was zu tragen war, und sein zu lassen, was nicht möglich war.

Wir empfanden tiefes Mitgefühl, Respekt und Liebe für jeden einzelnen Mann. Der gemeinsame Weg führte uns durch Schmerz und Leid, und einige erlebten in dieser Zeit auch eine Art »bewussten Tod«.

Der Humor der Männer brachte so manchen Trost, und wir konnten über uns und die anderen lachen. Trotz der oft schwierigen Zeit, die auch Trauer mit sich brachte, konnten wir eine tiefe Freude spüren.
Wir danken dir vom ganzen Herzen für deinen Einsatz, für dein Vertrauen und für deine Verbundenheit.
Kennst du noch die wichtigsten Stationen auf unserem gemeinsamen Weg? Spürst du noch die oftmals kleinen Schritte auf deinen Fußsohlen?
Schwitzhütten, Rituale, Symbole und *Übungen* halfen uns, die Themen umzusetzen und die einzelnen Stationen abzugehen:

- Die Schwelle überschreiten
- Mann sein und Mann werden
- Der »Wilde Mann«
- Das »grundlegende Gutsein«
- Das »innere Kind«
- »Achtungsvoller Abschied« von Vater und Mutter
- Anima, die »innere Frau«
- Sexualität und Spiritualität
- Ekstase und Tod

Was dir jetzt noch fehlt, was du aber für ein Leben brauchst, ist eine VISION. »Es ist unsere Vision die uns vor dem Tod rettet«, sagt Greg immer wieder.

Wir glauben, dass es eine Vision gibt, die beinahe für alle Männer bestimmend ist und ihr Leben prägt und steuert. Diese Vision ist tief mit dem Herzen der Männer verschmolzen. Es ist die Vision der Bekanntheit. Männer wollen bekannt sein. Sie brauchen das, um sich im Leben angenommen zu fühlen und sich in der Konfrontation damit zu erleben. Was den Männern allerdings helfen würde, wäre eine positiv ausgelegte Affirmation. Zum Beispiel: »Meine Bekanntheit dient den Menschen. Sie können sie für sich nutzen.«

An unserem letzten Wochenende werden wir uns mit dem »Sinn des Lebens«, mit dem »Lebensziel« und mit der »Lebensaufgabe«, kurz: mit der Vision beschäftigen.

Hier spürt man förmlich, dass es sich um einen Übergang handelt. Bis jetzt hast du dich beinahe ausschließlich mit dir selbst beschäftigt. Mit deinen Kindheitswunden, mit deinen Konflikten, mit deinen unerledigten Verabschiedungen und Versöhnungen, mit deinem Kummer und Gram und mit deinen unbewältigten Emotionen.

Jetzt allerdings geht es darum, den Übergang zu schaffen. Die ersten Pfeiler dieser Brücke wurden bereits an den vorangegangen Wochenenden gesetzt.

Doch an diesem Wochenende geht es darum, die Brücke so weit fertig zu stellen, dass du zumindest einmal darübergehen und sehen kannst, was dich am anderen Ende beziehungsweise am nächsten Anfang erwartet.

In diesem Zusammenhang sind die Mentorenarbeit und die Lebensvision von wesentlicher Bedeutung. Ein Mentor ist ein Mann, der bereit ist, mit anderen Männern bewusst Zeit, Raum und Lebensgeschichte zu teilen. Er steht den jungen Männern und Jugendlichen (aber auch Kindern) als erwachsener Zeuge ihrer Entwicklung auf dem Weg zu mehr Reife und Verantwortung zur Seite. Seine Erfahrungen stellt er in den Dienst der anderen. Der Mentor ist ein Mann mit Vision. Er hat erkannt, dass hinter allem eine tiefere Absicht verborgen ist. »Ein Mann ohne Vision ist ein Baum, dessen Wurzeln bald vertrocknet sind«, sagt Greg.

All unsere Arbeit wäre umsonst gewesen, würdest du jetzt nicht erkennen, dass deine Aufgabe darin besteht, anderen zu dienen und ihnen dein Mitgefühl entgegenzubringen. Nicht nur deine Kinder sind die deinen, sondern alle Kinder um dich herum. Du bist nicht nur als Vater, Pate, Abteilungsleiter oder Firmenchef für die finanziellen und wirtschaftlichen Belange zuständig, sondern du trägst auch die Verantwortung, dass die Menschen um dich herum ihr Seelenheil finden. Die Begegnung mit dir wird für sie zur Segnung.

Zur Einstimmung auf dieses Wochenende noch ein paar Fragen:
- Wie sieht deine Vision aus?
- Lebst du deine Vision, oder konntest du das leben, was du dir als Kind erträumt hast?
- Kannst du deine Vision der Gruppe am kommenden Wochenende vorstellen? Überlege dir und bereite dich darauf vor, wie du den Männern deine Vision darstellen möchtest. Das kann in sehr einfacher Form geschehen oder auch bis ins kleinste Detail gehen, beispielsweise mithilfe eines Rituals oder eines Theaterstücks oder mit Bildern und Geschichten.

Wir freuen uns auf dein Kommen! HO!

Mitzubringen sind:
- Ein Symbol für den Mentor oder die Mentorenarbeit, zum Beispiel ein Krafthemd, ein Hut, bestimmte Werkzeuge, ein Amulett usw., ein Symbol für deine Lebensvision (Aufgabe oder Sinn des Lebens).
- Material / Werkzeug: Bring alles mit, was du zur Darstellung deiner Vision brauchst; außerdem ein Messer, Schnüre und eine kleine Säge.

Wir werden uns möglichst viel im Freien aufhalten.

Übungen an diesem Wochenende

Meine Lebensaufgabe

1. Schreibe mindestens fünf Dinge auf, die dir besonders an dir gefallen. Wähle anschließend drei davon aus.
2. Schreibe auf, was du am liebsten tust. Wähle die drei Tätigkeiten aus, die dir besonders lieb und teuer sind, und bezeichne sie mit 2a, 2b und 2c.
3. Schreibe auf, wie du die Welt gerne hättest. Wähle drei Punkte aus, die dir besonders wichtig sind, und nenne sie 3a, 3b, 3c.
4. Wähle von Anweisung 1 dasjenige aus, das dir am meisten gefällt, und nenne es 1.
5. Vervollständige folgenden Satz:

»Es ist meine Lebensaufgabe,

meine ______________________________ (1)
auszudrücken und anzuwenden,

durch ______________________________ (2a)

und ______________________________ (2b)

und ______________________________ (2c),

um ______________________________ (3a)

und ______________________________ (3b)

und ____________________ (3c) hervorzubringen.«

Bedenke, dass du bei dieser Übung mit einigem Humor vorgehen solltest! Auch wenn dieser Satz, der dabei entsteht, etwas holperig klingt, so beinhaltet er doch etwas Wesentliches für dich!

Mentorenspiel

Das Mentorenspiel ist eine sehr gefragte Übung in der Männerarbeit. Allerdings empfehlen wir, dass die Männer schon einige Zeit zusammengearbeitet haben und einigermaßen miteinander vertraut sind.

Die Männer suchen sich für diese Übung einen Partner, den sie als Mentor akzeptieren können. *Wichtig: Diese Übung bietet keine Gelegenheit zur Diskussion.*

Vier Fragen, die ein Mann seinem auserwählten Mentor stellen kann:

Die erste mögliche Frage:
Was würdest du als Mentor bei mir verändern (etwas, das dir besonders an mir auffällt, oder etwas, das in mir ist)?

Die zweite mögliche Frage:
Du als mein Mentor nennst mir fünf Gewohnheiten, die du an mir schätzt, und zwei, die dir nicht gefallen. Welche Gewohnheiten sind das?

Die dritte mögliche Frage:
Gibt es etwas in mir, dass du siehst beziehungsweise wahrnimmst, und von dem du glaubst, dass ich es nicht sehe?

Die letzte mögliche Frage:
Wenn du als mein Mentor die Gelegenheit hättest, mir für mein Leben nur einen möglichen Ratschlag zu geben, der mein Leben grundlegend verändern würde: Was würdest du mir raten?

Sind wir auf dem Weg zu einer neuen Männerkultur?

Bei dieser Frage liegt uns ein entschiedenes Nein auf der Zunge, und tiefe Sorgenfalten zeichnen sich auf der Stirn ab. Dennoch glauben wir – allein schon aus Selbstschutz – an die Entstehung einer »neuen Männerkultur«, die ein friedvolles, intaktes, gemeinnütziges und kommunikatives Zusammenleben zwischen den Geschlechtern und Völkern ermöglicht.

Frauen, Kindern und dem »Fremden« wird von den Männern seit jeher Leid zugefügt. Warum das so ist, fragen Sie sich? Es gibt natürlich viele Gründe. Auch die Frauen tragen zu einem nicht unwesentlichen Teil dazu bei, dass die Männerwelt mit Gewalt und perverser Vernichtung agiert. Drei Gründe sind unserer Meinung nach von besonderer Bedeutung:

1. Grund

Es ist eine Tatsache, dass die Weltbevölkerung rasant zunimmt und dadurch für jeden Einzelnen weniger Lebensraum zur Verfügung steht. Dazu kommt unsere aggressive Wirtschaftsweise; sie ist eine Falle – allein schon deshalb, weil wir in unseren Ländern kaum mehr auf Menschen zurückgreifen können, die Weisheit, Spiritualität, Nächstenliebe und Mitgefühl als ihre erklärten Ziele definiert haben. Die wirtschaftliche Globalisierung dient leider nur einigen wenigen, die sich auf einer permanenten Selbstbefriedigungstour befinden. Wo jedoch in erster Linie Perfektionismus, Kontrolle und Planung den Menschen bestimmen und ausmachen, bleibt nicht mehr viel von den ursprünglichen – wesentlichen – Werten übrig. Im positiven Sinne könnte sich die Globalisierung – Mensch, Kultur,

Religion und Spiritualität – zu einem großen Netzwerk zusammenfügen.

2. Grund

Die wirtschaftlichen, politischen, gesellschaftlichen und sozialen Strukturen sind noch immer überwiegend männlich ausgelegt. Die ausschlaggebenden Faktoren bleiben Produktivität und Leistung, Gewinn und Besitz. Ganz unabhängig davon, ob Menschen arm oder reich, krank oder gesund sind, früher oder später sterben, siegen oder verlieren. Die männliche Struktur hat eine Dynamik, die alles bis zur Spitze treibt. Die Folge ist, dass diese Strukturen früher oder später zwangsläufig zusammenbrechen. Das kann durchaus Vorteile bringen, wird aber voraussichtlich zunächst einen gigantischen Schaden anrichten. Die Frage, die sich für uns stellt, lautet: Wie gehen die Männer damit um, wenn die gewohnte Sicherung unserer Existenz zu bröckeln beginnt?

3. Grund

Spirituelle Verzweiflung, religiöser Trotz, seelische Verarmung: Wir sind umgeben von Kitsch, Sentimentalität und Unreife. Das Verhalten, die Achtung und das soziale Empfinden anderen gegenüber sind nur noch minimal ausgeprägte Werte. Die Ethik der Menschen hat sich an eine Fast-Food-Kultur verraten. Ein Großteil der Menschen denkt nach wie vor nicht an Tod und Sterben. Das Leben ist für viele zu einem großen Spiel geworden, das ewig weitergehen soll.

Die Waffen-, Pharma- und Energielobby bestimmt weltweit das politische Leben. Hier haben vor allem die Männer das Sagen und die wesentlichen Positionen inne. Natürlich gilt jedoch auch hier die Erfahrung: »Ausnahmen bestätigen die Regel.«

Die Frauen, die man in den Chefetagen finden kann, bedienen sich sehr oft männlicher Verhaltensweisen. Wenn diese Frauen wüssten, dass viele Männer unreif und unfrei sind, würden sie ihnen kaum Glauben schenken und ihnen bestimmt nicht nacheifern.

Trotz der scheinbaren Überlegenheit der Männer haben die Frauen in wesentlichen Lebensbereichen häufig die Nase vorn, zum Beispiel was Sozialkompetenz und Integration, Kommunikations- und Beziehungsfähigkeit, Kindererziehung und Entwicklungsarbeit, Körperlichkeit und Gesundheit, Intuition, Lebensweisheit, Fleiß und Ausdauer betrifft – Frauen halten einfach mehr aus als Männer.

Wenn es um eine »neue Männerkultur« geht, dann geht es auch um eine »neue Arbeitskultur«. Männer und Arbeit sind noch immer untrennbar miteinander verbunden.

Deshalb hier acht Fragen, deren Beantwortung dir helfen kann, eine erfüllte Arbeit zu finden:

1. Nimmst du in außreichendem Maße an Gemeinschaftsaufgaben und -projekten teil?
2. Kommst du für deinen eigenen Unterhalt auf?
3. Können andere von deiner Arbeit, deinem Tun, Job, Beruf, Interesse profitieren?
4. Sorgst du für andere?
5. Schaffst du durch deine Arbeit faire Beschäftigungsmöglichkeiten für andere, die daraus einen Nutzen ziehen können?
6. Bildest du andere Menschen aus, bringst du ihnen etwas bei, und verbesserst du dadurch deren Zukunftschancen und Lebensqualität?
7. Dient deine Arbeit dazu, die Menschen, deren Existenz und das Leben auf der Erde zu schützen?
8. Finden deine angeborenen Fähigkeiten und Talente in deiner Arbeit Ausdruck, sodass du durch deine Tätigkeit eine einzigartige Wirkung auf die Welt ausübst?

Noch vier zusätzliche Fragen:

1. Wie viel Geld brauchst du für dich zum Leben?
2. Welche Versuche hast du bereits unternommen, eine Ar-

beit zu finden, die den oben aufgestellten Forderungen entspricht?
3. Was hast du noch nicht versucht?
4. Welche männlichen Freunde und Bekannte kennst du, die dich bei dieser Arbeitssuche unterstützen könnten beziehungsweise die mit ihrem Beruf sichtlich zufrieden sind und an deren Tätigkeit auch du Gefallen finden könntest?

Eine »neue Männerkultur« ist kein Wunschtraum, wenn sich Männer bereit erklären, sich mit den wesentlichen Lebensthemen auseinander zu setzen. Wir glauben und wir wissen aus unserer mehr als zehnjährigen Männerarbeit, dass diese Konfrontation mit dem Leben selbst in einer Männergruppe besonders gute Wirkung zeigt.

Themen wären beispielsweise männliches Körper- und Gesundheitsbewusstsein, männliche Emanzipation und Eigenständigkeit, männliche Sozialkompetenz und mentorische Verantwortung, männliche Spiritualität und Mystik, an die Gegenwart angepasste Rituale und Initiationsarbeit usw.

Doch eines der wichtigsten Themen, dem sich Männer stellen müssen, ist die Erziehung, Entwicklung und Reifung ihrer Söhne und Töchter.

Wenn es den Männern nicht gelingt, aus den Söhnen und Töchtern reife, gesunde und junge Menschen mit hoher sozialer Verantwortung zu machen, dann werden wir zusehen müssen, wie aus unseren Kindern konsum- und spaßorientierte Wesen werden, die nicht mehr in der Lage sind, Eigenverantwortung zu übernehmen. Diese Menschen wissen nicht mehr, wer sie sind und was ihre Aufgabe im Leben ist. Sie werden ein hohes Risikopotenzial bilden.

Die künftigen Männer, die aus einer solchen Entwicklung hervorgehen, sind Menschen, die sich nicht trennen können, da sie nie eine Beziehung eingegangen sind. Ängstliche Hasen, die ständig von Scham- und Schuldgefühlen geplagt werden. Und davon gibt es heute schon genug: »nicht abgenabelte Männer«. Wir brauchen eigene Initiationsstätten – Häuser, Hütten – in der Natur, wo wir unsere Söhne und Töchter und damit uns selbst auf ein reifes Erwachsenenleben vorbereiten können.

Die Jungen müssen die Chance bekommen, dass sie von verantwortlichen Erwachsenen in das Mannwerden/Mannsein beziehungsweise Frauwerden/Frausein eingewiesen werden. Es bedarf einiger Wochen, einiger Männer und der rauen Natur, um sich von der mütterlichen und elterlichen Fürsorge befreien zu können.

Das Fundament einer neuen, verantwortungsvollen und gesunden Männerkultur wird geschaffen durch

DIE INITIATION UNSERER KINDER!

Das MännerWörterbuch: Männerarbeit von A bis Z

In diesem Kapitel haben wir alles zusammengetragen, was wir in zehn Jahren Männerarbeit erkannt, erlebt und erfahren haben: Zufälliges, Geheimnisvolles, Alltägliches, Skurriles, Wunderbares, kurzum: alles, was ein Mann über sein Mannwerden und Mannsein wissen sollte und was Frauen, Kinder, Familien, Freunde, Kollegen und die Gesellschaft von Männern erwarten dürfen.

Falls die Männer bereit sind, sich einer bewussten Initiation zu stellen und der Vision ihrer Lebensaufgabe und dem Sinn ihres Lebens nachzuspüren, wird aus diesem bunt zusammengewürfelten Puzzle der Bauplan für eine neue, gesunde und gewaltfreie Männerkultur hervorgehen.

Unser MännerWörterbuch erhebt nicht den Anspruch, vollständig zu sein oder gar wissenschaftlich abgesicherte Erkenntnisse zu präsentieren. Bei manchen Themen haben wir nur wenig zu sagen, bei anderen wiederum mussten wir uns zwingen, nicht auszuufern. Auf vieles sind wir stolz, weil wir es am eigenen Leib erfahren und auf unserer Haut spüren konnten. Vieles erinnert uns an eigene Wunden, eigenen Schmerz, an unsere Krisen und unsere eigenen Unzulänglichkeiten. Manches Geheimnis glauben wir entdeckt zu haben, und manchem Mysterium glauben wir auf der Spur zu sein. Doch das Bedrückendste von allem mag wohl sein, dass unsere Kinder und die Kinder dieser Welt bereits jetzt auf uns und die Männer aus der Männerarbeit als Zeugen einer zerstörerischen Männerkultur verweisen können. Wir sind die Kronzeugen dieser Kultur. Wir wollen nicht länger wegsehen und nicht weghören und schon gar nicht tatenlos zusehen.

Abschied

In Bezug auf Männerarbeit ist hier der achtungsvolle Abschied von Vater und Mutter gemeint. Unserer Erfahrung nach haben die meisten Männer diesen Abschied noch nicht vollzogen. Wenn ein Mann diesen sehr wesentlichen Schritt in seinem Leben noch nicht getan hat, heißt das, dass er noch unbewusst in seiner Kindheit verankert ist. Er ist noch kein richtig erwachsener Mann.

Für viele Männer kann der achtungsvolle Abschied von den Eltern der schwierigste Schritt in der Männerarbeit sein. Beinahe für alle Männer ist der Abschied von der Mutter bedeutend schwieriger als der vom Vater. Die meisten Männer, die mit dem Abschied von ihrer Mutter Probleme haben, wurden entweder nicht lange genug gestillt, oder sie haben nicht genügend Zuneigung, Körper- und Augenkontakt sowie Aufmerksamkeit – in einer gesunden Art und Weise – von ihrer Mutter erhalten. Dieses Defizit können wir später als erwachsene Männer nicht mehr ausgleichen. Es gibt jedoch ein paar Schritte, um diese Lücke teilweise zu füllen:

Schritt 1
Die betreffenden Männer können eine Männergruppe aufsuchen, in der es möglich ist, Kindheitswunden zu heilen. Wir sollten uns selbst die Erlaubnis geben, dass wir Unterstützung von anderen Männern erhalten dürfen.

Schritt 2
Wir können auch Unterstützung vom Archetyp »Die große Mutter Natur« bekommen, wenn wir in die Natur gehen, uns erden, uns auf sie einlassen und ihr die Ehre erweisen, die ihr gebührt.

Schritt 3
Traumarbeit und Meditation

Schritt 4
Es kann für Männer nützlich sein, Idealbilder von Müttern zu sammeln.

Schritt 5
Letztlich aber müssen wir die Hoffnung aufgeben, dass wir die Liebe und Zuneigung, die wir einst als Kind gebraucht hätten, später noch von der Mutter erhalten.

Probleme in der Partnerschaft

Der unerledigte Abschied führt auch in der Beziehung zu einer Frau zu Schwierigkeiten, denn der Mann erwartet, dass die Partnerin die elterliche und mütterliche Liebe ersetzt. Wir haben in unserer Männerarbeit mehrere Übungen für einen achtungsvollen Abschied von Vater und Mutter entwickelt, du findest sie auf Seite 117 ff. (III. Wochenende).

Manchmal kommen Männer in die Männerarbeit, die eine glückliche Beziehung zu ihren Eltern hatten. Wenn dies tatsächlich der Fall war, dann können diese Männer zu ihren Eltern sagen: »Ich liebe euch.«

Das ist wichtig! Denn wenn du deinen Eltern nicht deine Liebe und ihre Größe zugestehst und sie als deine Eltern ehrst, wie sollst du jemals von ihnen Abschied nehmen und zu dir finden können, zu deiner Größe, zu deiner Liebe – wie könntest du dich jemals lieben und ehren und ehren und lieben lassen von deinen Kindern, von deiner Frau, die das alles brauchen, um zu sich zu kommen und um sich zu lieben. Wenn du deinen Vater und deine Mutter aufrichtig umarmen und ehren kannst, dann kannst du sie auch wirklich loslassen, erwachsen werden und auf deinen »inneren Vater« und auf deine »innere Mutter« hören.

Aggression

Einerseits ist sie der Antrieb des wahren Schaffens. Der Dichter braucht sie, der Maler und Musiker, der Tänzer und die Schöpfung. Andererseits ist sie Zerstörung, Ausbeutung, Vernichtung, Korruption und Gewalt. Vieles, was Männer unter Aggression verstehen, ist eine komplizierte Mischung aus Angst, Trauer und Wut. Wenn es einen Mann gibt, der große Probleme mit Aggression hat, dann braucht er die Unterstützung von anderen Männern, die ihm dabei helfen, die Gefühle – Angst, Trauer und Wut – auseinander zu halten.

Im Geist der Männer gibt es den Konkurrenztrieb. Wir Männer haben das Bedürfnis, unsere Kraft mit anderen zu messen. In unserer Gesellschaft gibt es nur wenige gesunde Möglichkeiten, unseren Konkurrenztrieb auszuleben. In der Männerarbeit sollte es neben der Klärung der drei schmerzhaften Emotionen auch die Möglichkeit geben, den Konkurrenztrieb bewusst einzusetzen.

Wenn in einer Männergruppe mit den drei Emotionen und mit Konkurrenz gearbeitet wird, steigt die Energie sehr schnell an. Sehr schnell bedeutet in diesem Zusammenhang, dass sie einen Siedepunkt erreicht, bei dem es für den Mann sehr schwierig wird, passiv dasitzend mit diesen Emotionen zu arbeiten.

Deshalb empfehlen wir maximal eine Stunde im Bereich des Siedepunktes der Emotionen zu arbeiten, danach unbedingt eine Körper- und Atemübung einzuplanen, den Raum zu lüften und eine Pause zu machen.

Ein versteckter Grund für Aggression bei Männern ist die Sehnsucht nach Körperkontakt mit anderen Männern. Allerdings ist in unserer Gesellschaft der Körperkontakt unter Männern ein großes Tabu. Darum sind viele Männer innerlich zerrissen und gespalten. Sie wollen Körperkontakt zu anderen Männern haben – nicht unbedingt sexuellen Kontakt –, aber in unserer Gesellschaft ist der einzig anerkannte Körperkontakt bei Männern paradoxerweise Aggression und Kampf. In unserer Männerarbeit haben wir dafür eine Übung entwickelt, die nur ein äußerst geringes Verletzungsrisiko in sich birgt: Zwei Männer stehen auf einer Decke, und jeder versucht mit der geöffneten Handfläche den anderen von der Decke zu stoßen – das Gesicht ist dabei tabu!

Achtung! Männergewalt!

Männergewalt ist ein schreckliches Problem in unserer Gesellschaft. Wenn ein Mann Frau und Kinder bereits einmal geschlagen und misshandelt bzw. Angst davor hat, es könnte einmal passieren, dann ist unsere dringende Empfehlung, dass dieser Mann sofort kompetente professionelle Hilfe aufsucht! Zum Beispiel einen *Lebensberater*, der im Bereich Männergewalt arbeitet, einen *Therapeuten* oder ein *Männerbüro*.

Angst

Es gibt eine natürliche Lebensangst. Wir brauchen diese Angst, um beispielsweise bei Gefahr rechtzeitig oder auf bestimmte Wahrnehmungen angemessen reagieren zu können. Angst kann sehr nützlich sein.

Sie ist aber auch das negative Gefühl schlechthin. Als Säugling erleben wir Angst als das erste negative Gefühl. Ein Beispiel: Wir sind als Baby hungrig und allein – und bekommen Angst. Wenn wir über längere Zeit nicht gefüttert werden, geht die Angst über in das zweite negative Gefühl, die Trauer. Wir weinen. Falls sich dann noch immer niemand um uns kümmert, entwickelt sich die Trauer weiter in Wut. Das heißt: Angst ist das Grundgefühl von Wut und Trauer.

Bei Erwachsenen ist die größte aller Ängste die Angst vor dem Sterben und vor dem Tod, obwohl für die meisten diese Angst relativ unbewusst und bis zuletzt unbegründet bleibt. Für die Männerarbeit bedeutet das: Wenn wir uns nicht trauen, uns bewusst auf den Tod vorzubereiten, dann dringt die Initiation nicht tief genug in uns ein.

In den meisten Erwachsenen sind die drei schmerzhaftesten Hauptgefühle – Angst, Trauer, Wut – zu einem Gewirr verwoben. Vorwiegend sind es Männer, die große Schwierigkeiten haben, sich darüber klar zu werden, welches Gefühl gerade in ihnen aufsteigt und aufgefangen werden will. Vor allem in der Männerarbeit ist es für den Mann möglich, Angst, Trauer oder Wut unterscheiden zu lernen, um ihnen Raum und Ausdruck zu geben. In Bezug auf ihre Gefühle leben die meisten Männer in einem Zustand von Taubheit – sie haben einfach nichts anderes gelernt, sie hatten keine Gelegenheit dazu.

Wenn sich im Laufe der Männerarbeit ein Mann so weit entwickelt hat, dass er in Gegenwart anderer Männer weinen kann, dann ist das ein großer Schritt in Richtung Befreiung (Befreiung der Gefühle). Bei manchen Männern kann das Monate, manchmal sogar Jahre dauern.

Das Zeitalter der Angst

Wir leben heute im Zeitalter der Angst. Sobald wir in unserer Männerarbeit mit unserer Angst ein wenig gearbeitet haben, kann es uns passieren, dass wir ganz deutlich sehen, wie angstvoll unsere Gesellschaft – teils bewusst, teils unbewusst – angelegt ist. Aber Vorsicht Männer: Das kann eine sehr unangenehme Erkenntnis sein!

Aus gutem Grund ist es die Hauptaufgabe jeder Männergruppe, zu versuchen, bewusst mit Angst zu arbeiten. Nur so kann der Angstpegel in der Gruppe möglichst niedrig gehalten werden. Ein hoher Grad an Angst in Männergruppen führt oft dazu, dass sie große Schwierigkeiten bekommen und sich spalten oder auflösen.

Selbstverständlich steigt der Anteil der Angst in einer Gruppe vehement, wenn Männer beginnen, ihr Angstpotenzial zu unterschätzen oder überhaupt zu missachten und zu verleugnen. Außerdem ist der Grad an Angst sehr hoch, wenn niemand in der Gruppe weiß, wie man mit Angst arbeiten kann. Eine Männergruppe, die nicht mit der Angst arbeitet, stirbt früher oder später.

Arbeit (Gruppenarbeit)

... heißt für uns zunächst Männerarbeit: Arbeit an Heilung, Reifung und Wachstum. Diesbezüglich sind unsere Erfahrungen und Empfehlungen:
• Arbeite mit einer Männergruppe.
• Arbeite mit einem Mentor.
• Arbeite mit Übungen und Ritualen.
• Arbeite durch tägliches Studium.
• Arbeite, wenn notwendig, auch mit professioneller Unterstützung (Lebensberatern, Psychotherapeuten), denn viele Männer brauchen fachmännische Hilfe.

Die tägliche Arbeit ist für einen Mann zwar sehr, sehr wichtig, aber viele Männer haben oft den falschen Beruf gewählt, der ihnen irgendwann nicht mehr zusagt, und wollen sich beruflich verändern. Idealerweise arbeitet man in einem Beruf, der eine Berufung ist. Jeder Mann muss seine eigene Berufung entdecken. Dazu bedarf es einer Vision – die mit Unterstützung anderer Männer gefunden werden kann. Es ist durchaus möglich, dass die Suche nach einer Vision mehrmals wiederholt werden muss, doch es »zahlt« sich im wahrsten Sinne des Wortes für den betroffenen Mann aus.

Wenn ein Mann bereits verheiratet ist, muss die Vision groß und stark genug sein, damit seine Partnerin und seine Kinder darin Platz finden können.

Achtung! Nicht jede Vision ist auch gesund! Die Geschichte der Welt ist voll von Männern mit großen Visionen, doch diese Visionen brachten sehr oft Blutvergießen, Leid und Zerstörung über eine große

Anzahl von Menschen. Eine verwurzelte und in sich gefestigte Männergruppe ist ein idealer Ort, wo die Männer ihre eigene Vision mitteilen und ausarbeiten können.

Wichtig sind auch Visionen, die mit dem Partner gemeinsam erarbeitet werden. Jeder der beiden sollte klar sagen können, was die gemeinsame Vision ist. In unserer Gesellschaft gehen die meisten Paare sehr unbewusst in ihre Partnerschaft – meist ohne gemeinsame Vision. Und die Scheidungszahlen zeigen: Das ist sehr riskant.

Archetypen

Archetypen sind die ewig lebende Bibliothek in uns allen.

Archetypen sind Kraftfelder, Kraftwirbel des kollektiven seelischen Unbewussten im Menschen, das die ererbte Grundlage der Persönlichkeitsstruktur bildet.

Im antiken Griechenland war das Reich der Archetypen sehr stark im Bewusstsein der Menschen verhaftet. Auch die Römer hatten noch (bevor das Christentum aufkam) einen gewissen Zugang zu den Archetypen. Es gibt einen berühmten Mythos aus dem alten Griechenland: Ein Schiff war auf dem Weg nach Rom. Von einer Insel kam eine Stimme und sagte, dass der große Gott Pan tot sei. Von diesem Moment an gaben die Orakel auf Fragen keine Antwort mehr.

Für uns heißt das:
Als Gesellschaft haben wir den Zugang zu den Archetypen verloren.
Als Gesellschaft haben wir die Fähigkeit verloren, die Seele in der Natur zu sehen.

Im Christentum hat nur mehr der Mensch eine Seele – kein Baum, keine Blume, kein Stein. Aus diesem Grund versuchen wir in der Männerarbeit mit Meditation, Trance und verschiedenen Gruppenarbeiten wieder einen Zugang zu den Archetypen und zur beseelten Natur zu finden. Die vier Hauptarchetypen in der Männerarbeit sind:

- König
- Krieger
- Liebhaber
- Magier (oder Schamane)

Eine geistige Landkarte

Die Naturvölker besaßen ein magisches und rituelles Verständnis von den Kraftquellen der Archetypen, *eine Imagination dieser Magneten.* Unsere Gesellschaft jedoch besitzt nur eine oberflächliche intellektuelle Erklärung von den Urbildern in unserem Seelenbewusstsein. Die Naturvölker wussten intuitiv, dass die Archetypen eine geistige Landkarte bilden. Diese Landkarte ist allerdings nur latent in uns vorhanden. Sie muss aktiviert werden, damit wir aus ihr für unser Leben etwas herauslesen können. Wenn dies geschieht, dann haben wir den roten Faden für das Zusammenleben mit allen atmenden Wesen gefunden! Das ist jedoch gar nicht so einfach. Wir aktivieren diese Landkarte durch

- bewusste Initiationsarbeit im Rahmen der Männerarbeit,
- Arbeit mit Träumen und Imagination,
- verschiedene Arten von Meditation,
- Geschichten (zuhören, selbst lesen und schreiben),
- Kunst und Dichtung,
- Singen und Tanz.

Solange die Archetypen noch nicht aktiviert sind, herrscht in unserem (Seelen-) Leben entsetzliches Chaos. Doch wenn wir sie zu neuem Leben erweckt haben, sind wir in der Lage, im Einklang mit den Naturgesetzen zu leben, im Zustand *grundlegenden Gutseins.*

Der Einstieg zu den vier männlichen Hauptarchetypen

Ein Mann wird nicht einfach als Mann geboren, er muss dafür harte Arbeit leisten. Männlichkeit ist nichts Naturgegebenes, zum Mann wird man gemacht. Das sind zwei Naturgesetze.

König, Krieger, Liebhaber und Magier (Schamane) – diese vier Archetypen machen den Charakter (die Wesenheit) eines Mannes aus. Jeder dieser vier Archetypen beherrscht das Hier und Jetzt des Mannes, sein Sein und Haben, sein Denken und Tun, seine Gefühle und seine Seele.

Wie Magnetfelder liegen die männlichen Archetypen tief verborgen in jedem Mann. Sind erst einmal die dafür notwendigen Lebensenergien aufgebaut und in Richtung eines Magnetfeldes (Archetyps) kanalisiert, ordnen sich diese Kraftwirbel wie Eisenspäne entlang der Magnetlinie. Diese Energieübertragung bleibt dem menschlichen Auge stets verborgen. Nur die wohl geordneten Eisenspäne künden von ihrem Einfluss. Leider mangelt es in unserer Gesellschaft und Kultur an Menschen, die den Mut und die Weisheit besitzen, derartige Rituale in Theorie und Praxis wieder ins Leben zu rufen.

Die Menschheitsgeschichte ist voll von Mythen, die diesen rituellen Entwicklungsprozess vom Jungen- zum Mannesbewusstsein beschreiben. In den traditionellen Stammeskulturen wurde dies durch die rituelle Einweihung (Initiation) der Jünglinge erreicht. Häufig mussten die Initianden furchtbare emotionale oder unglaublich qualvolle körperliche Prüfungen bestehen. Sie lernten, mit den Schmerzen der Welt umzugehen. Sie lernten, sich der männlichen Tradition und den Mythen der Gemeinschaft unterzuordnen. Die Weisheit der Männer – und des Stammes – ging auf sie über.

In der gegenwärtigen Krise der Männlichkeit brauchen wir nicht weniger maskuline Stärke – wir brauchen mehr Männer, die es verstehen, mit den Archetypen zu umzugehen: *Wir brauchen mehr gereifte Männlichkeit, mehr Mannesbewusstsein.*

Es handelt sich dabei nicht um ein Zurückfallen in ein patriarchalisches System, sondern um das Suchen, Finden und Leben der männlichen Archetypen. *Unsere heutige Krise der Männlichkeit hat sich mit globalen Überlebenskrisen vereint. Wir müssen dringend lernen, wieder maskuline Kraft und Potenz zu zelebrieren. Unsere gefährdete und unsichere Welt braucht reife erwachsene Frauen und Männer.*

Die weiblich-seelischen Archetypen

Die männlichen Archetypen haben mit der Persönlichkeit eines Mannes zu tun. In unserer Männerarbeit konnten wir jedoch noch weit tiefer verborgene Archetypen entdecken, die mit der Seele eines jeden Mannes verbunden sind.

Die weiblichen Archetypen sind in unserer Gesellschaft leider beinahe unbekannt und nur wenig erforscht. Persönlichkeitsarchetypen nehmen mehr Bezug auf die Außenwelt, die weiblich-seelischen Archetypen hingegen auf die Innenwelt. Bei den weiblich-seelischen Archetypen unterscheiden wir vier Haupttypen. Am ehesten verleihen die Namen der Urgottheiten Griechenlands diesen vier weiblichen Archetypen den treffenden Ausdruck, der ihnen zukommt:

Der fundamentale Archetyp

Der fundamentale Archetyp ist Gaia, die Erdmutter. Unsere leibliche Mutter ist die verkörperte Form der Gaia. Später im Leben eines Mannes – genauer gesagt, bereits in der Pubertät – bekommt der zweite weibliche Archetyp wesentliche Bedeutung:

Der Sexualarchetyp

Der Sexualarchetyp ist Aphrodite, die Göttin der Liebe. Normalerweise verkörpert unsere Partnerin diesen Archetyp. Für jeden Mann ist es dringend notwendig, dass er diese ersten beiden Archetypen klar trennen und unterscheiden kann. Viele Männer wurden in ihrer Kindheit nicht lange genug gestillt und haben zu wenig Körper- und Augenkontakt mit ihrer Mutter gehabt. Diese Männer versuchen unbewusst, diesen Mangel bei ihren Partnerinnen zu kompensieren. Zwar sind die meisten Partnerinnen für eine bestimme Zeit bereit, diese Ersatzrolle zu spielen, aber im Laufe der Zeit wird es für die meisten Frauen zu lästig, zu aufdringlich und zu anstrengend, ständig einen Mann am »Rockzipfel« zu haben. Speziell wenn Kinder in die Beziehung kommen, hat die Frau oft das Gefühl, dass sie mit ihrem Mann noch ein zusätzliches Kind zu versorgen hat.

Die bewusste Trennung von der Mutter und von der eigenen Kindheit ist eine Arbeit, die von den meisten Männern leider noch nicht erledigt wurde. Das ist für beide Seiten eine doppelte Tragödie. Einerseits belasten dadurch viele unnötige Probleme und viel Unglück das Familienleben und die Partnerschaft, andererseits wird dadurch eine tief greifendere Entwicklung des Mannes verhindert. Diese Männer bleiben in einer pubertären Phase stecken. Was das in letzter Konsequenz heißt, kann sich jeder von uns vorstellen. Gleichzeitig bedeutet es, dass der dritte oder vierte Archetyp für die meisten Menschen gänzlich unbekannt ist:

Der seelische Archetyp
In Griechenland hatten die Musen die Funktion des seelischen Archetyps inne. Sie sind die Quelle für Vision, Inspiration und Kultur in unserem Leben. Aber es gibt noch einen tieferen Archetyp:

Der Archetyp der »Heiligen Weisheit«
Der Archetyp der »Heiligen Weisheit« wurde in Griechenland Athene genannt. Sie verkörpert weibliche Weisheit. Später wurde sie in der christlichen Mystik als Sophia verehrt. Sie ist das Symbol der Erleuchtung. Ihre Weisheit half im Alltag, der sich in den griechischen Sagen häufig auf den Schlachtfeldern abspielte. Sie beriet und beschützte viele der griechischen Helden, machte ihnen Mut und bremste ihre Unbeherrschtheit.

Die männlichen Archetypen haben mit der Zufriedenheit in Bezug auf die Außenwelt zu tun, die weiblichen hingegen mit der Zufriedenheit in Bezug auf die spirituelle Innenwelt. Die weiblichen Archetypen sind die wichtigsten Seelenkräfte für eine sinnvolle und bewusste Vorbereitung auf den Tod.

Jeder Archetyp hat zwei Gesichter, ein gutartiges und ein bösartiges. Falls es uns nicht gelingt, eine bewusste Beziehung zu unseren Archetypen aufzubauen, dann ist die Gefahr sehr groß, dass nur die bösartigen Gesichter aus unserem Inneren aufsteigen – vor allem die Anima.

Der Grund: Sie sind lebende Wesen, und sie wollen von uns Anerkennung und Aufmerksamkeit bekommen. Wenn es uns nicht gelingt, mit diesen lebensnotwendigen Urenergien in eine bewusste Beziehung zu treten, dann werden die Archetypen ihrerseits beginnen, mit ihrer bösartigen Seite auf sich aufmerksam zu machen. Je länger wir warten, mit ihnen eine bewusste Beziehung aufzubauen, desto konfuser und chaotischer wird unser Leben werden.

Bewusste Wesenheit der Archetypen

Alle Archetypen haben eine bewusste Wesenheit. Jeder von ihnen ist auf sich selbst begrenzt. Es kann sein, dass der eine mit dem anderen Archetypen nicht kommunizieren kann. Wir menschlichen Wesen sind auf die Archetypwesen angewiesen, aber genauso brauchen sie uns.

Wenn ein Mann eine bewusste Beziehung zu den vier Archetypen aufgebaut hat, dann wird der Mann zu einer lebenden Brücke zwischen den einzelnen Archetypen. Durch das Mannesbewusstsein erlangen die vier Archetypen die Fähigkeit, miteinander zu kommunizieren. Sie können sich selbst entwickeln. Genauso wie Kinder erwachsen werden wollen, wollen sich auch die Archetypen entfalten. Aber wenn in einer Gesellschaft wie der unseren die meisten Menschen die Arbeit an einer bewussten Beziehung zu den Archetypen vermeiden, dann werden die Archetypen uns ihr bösartiges Gesicht zeigen. Im Privatleben heißt das, dass die Menschen niedergeschlagen, deprimiert und verwirrt sind.

In der Geschichte der Menschheit waren es die Naturvölker, die einen bewussten Umgang mit den Archetypen aufbauten und pflegten, indem sie sich durch verschiedenen Initiationsrituale in Trance und in verschiedene Arten von ekstatischen Zuständen versetzen konnten – und eben das ist es, was der heutigen Gesellschaft fehlt.

Aufklärung

Eines der ersten Tore, das sich für Kleinkinder und deren Eltern in Bezug auf sexuelle Aufklärung öffnet – um über Intimes zu reden –, ist die Traumwelt.

Auf keinen Fall darf Aufklärung so verlaufen, dass die Eltern zuerst über Jahre hinweg kein Wort über Sexualität verlieren und dann in der Pubertät alles nachholen wollen. Das heißt, dass die Eltern bereits sehr früh mit den Kindern darüber reden müssen. Das ist sicherlich leichter gesagt als getan.

In unserer Männerarbeit haben wir einen Weg entwickelt, der für viele Eltern hilfreich und unterstützend sein kann. Dieser von uns empfohlene Weg ist zwar einfach, erfordert aber einige Zeit: Jeden Morgen, entweder vor dem Frühstück oder während des Frühstücks, veranstalten die Eltern mit dem Kind ein Ritual. Dieses Ritual heißt »Vom Traum erzählen«. Die Eltern ermutigen und unterstützen die Kinder, jeden Morgen ihre Träume zu erzählen. Auch am Abend, bevor die Kinder schlafen gehen, können sie von den Ereignissen des Tages erzählen und »reinen Tisch« machen.

Unser Traumleben ist sehr intim. Wenn Kinder sich angewöhnen, ihre Träume im Beisein ihrer Eltern zu erzählen, dann fördert dies die Fähigkeit, dass sie mit den Eltern später auch über intime Angelegenheiten offen sprechen können, zum Beispiel über Sexualität.

Das Ganze ist allerdings zum Scheitern verurteilt, wenn es sich nicht in einem Ritual entwickelt. Regelmäßigkeit ist hier von großer Bedeutung. Einige grundsätzliche Regeln für Eltern:

- Eltern brauchen mit der Traumarbeit (Intimität, Aufklärung) nicht zu warten, sondern sie können so früh wie möglich damit beginnen.
- Wenn die Kinder ein bestimmtes Alter erreicht haben, ohne von den Eltern aufgeklärt (Traumarbeit) worden zu sein, dann kann Punkt eins. übersprungen werden.

- Eltern müssen ihre Kinder immer ernst nehmen, wenn sie ihre Träume erzählen – unabhängig davon, wie verrückt sich der Traum auch anhören mag. Auf keinen Fall darf man ihre Träume als »Quatsch« abtun.
- Eltern dürfen niemals mit anderen Menschen über das Traumleben ihrer Kinder reden – auch nicht mit Oma, Opa, Tanten usw.
- Eltern müssen offen und bereit sein, wenn Kinder Fragen zum Traumleben ihrer Eltern haben. Eltern können ihre eigenen Träume erzählen, aber nur wenn Kinder wirklich danach fragen. Dann jedoch sollten die Eltern ehrlich sein, aber sie müssen nicht alles erzählen, was sie in ihren Träumen erlebt haben: *Man muss nicht immer die ganze Wahrheit sagen, ein Teil der Wahrheit ist auch Wahrheit.*

Die Verantwortung der Eltern liegt darin, offen und ehrlich zu sein, aber auch weise, um das Kind nicht unnötig zu belasten.

Wenn das Kind einen Albtraum hat, dann sollten die Eltern auf keinen Fall ausweichen oder sich gar ängstigen und dem Kind womöglich mit ihrer Unsicherheit zusätzlich Furcht einjagen. Wahrscheinlich sind Albträume für uns Menschen wesentlicher und bedeutender als süße, verzaubernde Träume. Die Eltern sollten ihre und die Albträume ihrer Kinder nicht abwehren oder versuchen, sie zu verniedlichen, sondern sie sollten dem Kind Unterstützung und Ermutigung geben, damit es tiefer in den Albtraum einsteigen kann. Träumt ein Kind zum Beispiel, dass es im Traum einen Tiger getroffen hat, der es fressen wollte, und es konnte erst in letzter Sekunde flüchten, dann kann man dem Kind sagen, dass es beim nächsten Einschlafen wieder Kontakt mit dem Traum aufnehmen soll. Das Kind kann sagen: »Ich möchte den Tiger nochmals treffen. Ich werde ihn fragen, was er von mir will.«

Träume sind offene Botschaften, die Antworten, Lösungen und Orientierung in sich tragen. In diesen Traummitteilungen dienen Eltern den Kindern nicht als Traumdeuter, sondern als aufmerksame und liebevolle Zuhörer. Es ist nicht die Aufgabe der Eltern, zu sagen, was der Traum bedeutet – im Gegenteil: Es könnte dem Kind schaden.

Die Eltern sollten sich ein gutes Buch über das Traumleben besorgen und es den Kindern vorlesen beziehungsweise die Kindern selbst lesen lassen.

Wir haben hier lediglich die Traumarbeit von Eltern und Kindern skizziert. Viele Eltern haben selbst eine so verkorkste und peinliche oder überhaupt keine Sexualaufklärung von ihren Eltern (Lehrern) erhalten, dass sie Schwierigkeiten haben, mit ihren eigenen Kindern darüber zu reden.

Es ist eine traurige Tatsache, dass Eltern mit ihren Kindern über Sexualität kaum noch reden, sich austauschen und verständigen können. Dies bedeutet jedoch nicht, dass Kinder von ihren Eltern nichts über Sexualität erfahren. In Familien, in denen Sexualität ein Tabu ist, lernen Kinder: »Sexualität ist tabu.«

Diese Unfähigkeit der meisten Eltern, mit ihren Kindern über Sexualität zu reden, verursacht so vieles an sexueller Gewalt in unserer Gesellschaft. Solange unsere Gesellschaft keine gesunde sexuelle Aufklärung für unsere Kinder ermöglicht, werden sexuelle Gewalt und Sexualverbrechen weiterhin genügend Nährboden finden und sich weiter ausbreiten. Die Verhinderung von Sexualverbrechen findet bereits in der Kindheit statt. Wir warten mit der Aufklärung unserer Kinder viel zu lange!

Das Allerwichtigste der sexuellen Aufklärung jedoch ist der Körperkontakt. Wie bereit sind Eltern, zärtlichen Körperkontakt mit sich selbst und mit ihren Kindern zu pflegen? Eltern sollten ihr Kind beispielsweise vom Babyalter an massieren. Ein Kind muss das Gefühl bekommen: »Alles an meinem Körper ist in Ordnung, kein Körperteil ist sündhaft, auch nicht meine Genitalien – nichts wird ausgespart, alles ist von Gott gegebene Schönheit und Vollkommenheit.«

Babybegrüßung

Babybegrüßung ist für alle Eltern wichtig, egal ob sie einen bogenpinkelnden Buben oder ein pausbackiges Mädchen zur Welt gebracht haben.

Falls es nicht möglich ist, dass der Vater oder die Mutter die Babybegrüßung machen können, dann kann auch ein Mentor oder eine Mentorin diese wunderbare Aufgabe übernehmen.
Eine dem besonderen Anlass angemessene Zeremonie wäre:

Der Vater geht gemeinsam mit dem Baby (ob Mädchen oder Junge), vielleicht sogar begleitet von seinem Mentor (Pate, Freund, Bruder), zu seinem Männerstammtisch (Vaterstammtisch), und alle Männer begrüßen dann gemeinsam das neugeborene Erdenkind im Kreise der Männer.

Nicht nur das eine Kind, alle Kinder sind die direkten Botschafter Gottes

Wenn Gott der allmächtige Herrscher über Himmel und Erde ist, der das ganze Universum erschaffen hat, dann kann es einfach nicht sein, dass Gott nur diesen einen Sohn erschuf – Jesus. Es muss vielmehr so sein, dass alle Söhne und alle Töchter dieser Erde Gottes Kinder sind. Wenn ein Baby geboren wird, kommt es nur durch uns zur Welt, aber es kommt direkt von Gott.

Sind wir Erwachsene wirklich darauf eingestellt, diese Botschaft von Gott zu empfangen?

Ein Baby ist nicht gleich Gott. Obwohl wir das gern sagen würden. Doch wir können sicher sein, dass ein Baby ein direkter Botschafter Gottes ist – und doch ist es hilflos und auf uns angewiesen. Diese Hilflosigkeit hat eine große Bedeutung. Es ist ein Paradox: Einerseits hat Gott das ganze Universum erschaffen, und andererseits ist Gott hilflos dieser Welt ausliefert.

Seltsam ist doch die Ähnlichkeit mit Mutter Natur: Sie ist ebenfalls hilflos und uns ausgeliefert. Beispielsweise kann ein Mann mit seiner Kettensäge in den Wald gehen und den ganzen Wald roden – die Natur kann ihm nicht standhalten. Dies verdeutlicht nochmals die Notwendigkeit von Initiationsarbeit in dieser Welt.

Beziehung

In einem gewissen Sinn ist Beziehung alles; menschliches Leben ohne Beziehung ist wertlos. Man kann sagen: Jedes menschliche Problem ist ein Problem, das mit Beziehung zu tun hat. Für jeden von uns ist die prägendste Beziehung diejenige zu den eigenen Eltern. Diese allererste Beziehung kann folgenschwere Auswirkungen auf das weitere Leben eines Menschen haben, wenn sie krankhaft verläuft. Früher oder später bekommen wir mit den schmerzlichen Auswirkungen einer krankhaften Beziehung zu Vater und Mutter viel Arbeit. Doch nicht nur die Beziehung zu unseren Eltern ist von großer Bedeutung,.

Wir müssen auch noch andere wichtige Beziehungen in unserem Leben erhalten und pflegen. Zum Beispiel haben wir Männer eine wesentliche Beziehung zu unserem »inneren Jungen« und zu unserer »inneren Frau« – das ist den meisten Männern in unserer Gesellschaft jedoch nicht bewusst. Ganz im Gegenteil: Viele Männer glauben, dass es keinen »inneren Jungen« und keine »innere Frau« gibt. Und das ist der Grund, warum so viele Männer Schwierigkeiten mit ihren Partnerinnen haben. Ohne eine bewusste Beziehung zu diesen beiden »inneren Kräften« kann kein Mann eine tiefe und befriedigende Beziehung zu seiner Partnerin eingehen. Unsere Empfehlung an eine Männerinitiationsgruppe lautet deshalb:

Arbeitet mit dem »inneren Jungen«. Die Arbeit mit Kindheitswunden und die Arbeit mit dem »achtungsvollen Abschied von Vater und Mutter« ist unverzichtbar.

Arbeitet dann an der Beziehung zur »inneren Frau«. Für unsere Männerarbeit ist eine Fortführung der Arbeit in Richtung Initiation ohne diese beiden Beziehungsarbeiten undenkbar. Durch diese Beziehungsarbeit erlangt das Verhältnis zwischen Mann und Frau eine besondere Bedeutung und Wertschätzung.

Wenn Männer eine Beziehung eingehen, dann erfolgt meist ein Informationsaustausch; wenn Frauen hingegen eine Beziehung eingehen, dann geht es ihnen um Kommunikation und die Vertiefung der Beziehung.

Die vier Pole wirklicher Beziehung

Vor dem Hintergrund der natürlichen Unschuld nimmt das Gestalt an, was wir Wirklichkeit nennen – in einem umfassenden Sinne: alles was wirklich ist. Gewöhnlich umschließt das einiges mehr als das, was wir wahrhaben und glauben wollen. Es enthält insbesondere all das, was sich unserer mangelnden Aufmerksamkeit nicht widersetzt, was wir nicht wahrhaben wollen und was dennoch vorhanden ist.

Innerhalb der Wirklichkeit, vor dem Hintergrund des »grundlegenden Gutseins«, sind für jede wahrhaftig menschliche Beziehung vier Punkte von Bedeutung:

- Die heilende Übung bewusster Atmung.
- Die heilende Übung bewusster Partnerschaft.
- Die heilende Übung bewusster Elternschaft.
- Der Sinn des Lebens, die Vision und der Dienst an anderen.

Drogen

Kurz gesagt: Wir alle sind von Drogen abhängig. Verwundert Sie das? Was sind denn diese Drogen, die uns fesseln? Es sind Nikotin, Koffein, Alkohol, Zucker, Schokolade usw.

Wir wissen, dass Alkohol und Nikotin die schlimmsten Krankheiten verursachen, und so könnten wir den Eindruck gewinnen, die Menschheit steuere einem Massensuizid entgegen. Andererseits haben wir nichts dagegen, wenn geraucht und getrunken wird, vorausgesetzt dies geschieht bewusst. Denn die krank machende Abhängigkeit von Drogen entsteht unserer Meinung nach vorwiegend durch unbewussten Konsum. Es ist jedoch nicht so einfach, Alkohol und Nikotin bewusst zu konsumieren. Es reicht nicht aus, nur zu sagen: »Ich rauche und trinke ab sofort nur noch bewusst.« Sich einer Sache bewusst zu sein, ist keine Momentaufnahme – es ist ein Lebensweg. Unsere Männerarbeit zielt darauf ab, dass Männer die Möglichkeit bekommen, einen bewussten Lebensweg einzuschlagen. Wenn sich die Mehrheit unserer Gesellschaft auf solch einem bewussten Lebensweg befände, dann wäre das Drogen-Problem längst gelöst.

Eine Zigarette ist eine beschönigende Beschreibung für ein clever gemachtes Produkt, dass gerade die richtige Menge Nikotin liefert, um den Raucher in Abhängigkeit zu halten, bevor es ihn umbringt, heißt es in einer Schrift der Weltgesundheitsorganisation WHO.

Ehe

Wenn eine Frau einen Mann heiratet, dann glaubt sie, dass er sich verändern wird, aber er tut es nicht. Wenn ein Mann eine Frau heiratet, dann glaubt er, sie bleibt wie sie ist, aber sie tut es nicht.

Die traurige Wahrheit unserer Zeit ist, dass die überwiegende Mehrheit der Menschen, die miteinander leben, fast überhaupt nicht auf diesen Zustand vorbereitet sind. Wenn man weiß, dass für das Leben in einer Partnerschaft beinahe keine Vorbereitungen mehr getroffen werden, dann kann die hohe Scheidungsrate kaum noch überraschen. Idealerweise sollten jeder Mann und jede Frau vor der Ehe eine Art Vorbereitungsphase durchlaufen.

In unserer Männerarbeit befassen wir uns selbstverständlich auch mit Partnerschaftsproblemen. Jedoch ist Männerinitiation und bewusstes Mannwerden mehr als nur die Bewältigung von Partnerschaftsproblemen. Eine dauerhafte und ernsthafte Männerstammtischgruppe hingegen kann für verheiratete Männer durchaus eine wertvolle Unterstützung sein.

In diesem Kontext ist folgende Erfahrung von großer Bedeutung: *Ebenso wie Unwissenheit kein Schutz vor unangenehmen Konsequenzen ist, führen unvorbereitete Partnerschaften auf direktem Wege zu Beziehungstragödien.*

Daher lautet eine dringende Empfehlung: Bevor ihr eine dauerhafte und tiefe Beziehung (Ehe) mit einer Frau eingeht, gebt euch selbst die Chance und die Gelegenheit, folgende Schritte nachzuvollziehen:

Schritt 1
»Achtungsvoller Abschied von Vater und Mutter«. Wenn man eine verletzte Kindheit hatte, kann dieser Schritt zwei bis drei Jahre – manchmal sogar noch mehr – in Anspruch nehmen.

Schritt 2
Erkennen des »inneren Kindes (Jungen)«. Unerledigte und unaufgearbeitete Kindheitswunden müssen aufgearbeitet werden. Nochmals: Wenn du eine schmerzhafte Kindheit hattest, es dir an Körper-, Augen- und emotionalem Kontakt mangelte und du machst diesen Schritt nicht, dann wirst du keine dauerhafte und glückliche Beziehung führen können!

Schritt 3
Vollständige sexuelle Aufklärung. Bei den Naturvölkern war es üblich, dass die Initiation der jungen Männer mit sexueller Aufklärung zu tun hatte. In unserer Männerarbeit mussten wir leider feststellen, dass sehr viele Männer entweder keine oder nur eine mangelhafte sexuelle Aufklärung in ihrer Kindheit oder Jugend erhalten haben. Ein Mann muss wissen, was ihn sexuell erregt – körperlich und geistig. Ein Mann soll auch eine Ahnung davon haben, was eine Frau sexuell erregt – körper-

lich und geistig. Ein Mann sollte sich seiner sexuellen Orientierung bewusst sein – ob er heterosexuell, homosexuell oder bisexuell ist. All das ist gleichwertig; jedoch gibt es bestimmte »Grundregeln im sexuellen Leben«.

Zusammenfassung

Ehe ist die Gelegenheit für zwei Menschen, gemeinsam auf dem lebendigen Pfad von Heilung und Reifung wandeln zu können. Dieser Pfad ist manchmal steinig. Deshalb ist es notwendig, dass sich die Partner bei Bedarf Unterstützung holen:

- Die Partner geben sich gegenseitig Hilfestellung,
- die Eheleute holen sich Unterstützung von erfahrenen befreundeten Ehepaaren oder
- sie entschließen sich, eine professionelle Lebensberatung aufzusuchen.

Lebenslinien: Klaus

Blick zurück - Unruhe erfasst mich, und manchmal steigert sie sich zur Hektik, wenn ich die 60 Jahre meines Lebens zurückverfolge. Ich komme mir vor wie in einem Haus mit vielen Räumen. Ich öffne Türen, verweile da und dort, manche Türen schlage ich wütend, andere verzweifelt zu, einige schließe ich einfach wieder leise.

Nun sitze ich müde und aufgebracht in dem Raum, den ich zur Zeit bewohne. Ich versuche meinen Rücken zu straffen. »Das alles wolltest du?« Diese Frage mit »Ja!« zu besänftigen oder schlicht und einfach zu beantworten ist eine große Herausforderung. Ich will es versuchen.

Kaum geboren im Kriegsjahr 1943, überfällt mich - zwei Wochen alt - eine beinahe tödliche Krankheit. Meine Mutter ist diplomierte Krankenschwester und bringt mich mit all ihrem Wissen und Können und mit angespannter Wachsamkeit auf die Seite des Lebens.

Immer wieder gerate ich im Laufe der Jahre an den Rand des Todes, bleibe aber auf der Seite des Lebens. In diesen ersten Lebensmonaten verankerte sich in mir ein unerschütterliches Fundament. Selbst in den schwierigsten Situationen meines Lebens spürte ich das Vertrauen, das mich durch all die Jahre trug. In tiefer Dankbarkeit stehe ich vor diesem Geheimnis und staune.

Zwei ältere und vier jüngere Geschwister ermüden mich in meinem Kampf um den Platz in der Nähe meiner Mutter. Ich verliere mich. Im Schutzwall der Familie erlebe ich, dass es wichtig ist, sich mit Stolz und Sippenbewusstsein von den anderen stolzen Sippen im kleinen Weiler abzugrenzen und zu behaupten. Es gibt ausgiebig fantasierte und halbherzig durchgeführte »Schlachten« zwischen »Oberdörfl« und »Unterdörfl«.

Mit drei Jahren rettet mich meine Großmutter gerade noch vor einem wild gewordenen Hahn. In der Folgezeit finde ich bei ihr Wärme, Zuwendung und Geborgenheit. Ein halbes Jahr später stirbt sie, und ich falle aus allen Wolken. Den Aufprall in der harten Wirklichkeit spüre ich heute noch.

Ich ziehe mich in meine eigene Fantasiewelt zurück und werde der »Träumer« in der Familie. Von meinem reichen Innenleben dringt nur selten etwas nach außen. Manche meiner Aufsätze durfte ich vorlesen, aber nicht herzeigen - wegen der vielen Fehler.

Einige Tage lang hängen die Schulkinder an meinen Lippen. Ich habe ihre Aufmerksamkeit mit einer Fortsetzungsgeschichte auf mich gezogen.

Ich atme die Luft der katholischen Erziehung: »Brav sein!« - Ich atme die Luft der faschistoiden Erziehung: »Struwwelpeter!« *(Das Buch war ein Weihnachtsgeschenk. Mein jüngster Bruder konnte es mit vier Jahren weitgehend auswendig. Ich höre ihn noch auf dem Topf sitzend sagen: »... und schnitt ihn ab, als ob Papier es wär'.« aus:* Der Daumenlutscherbub) - Wo ist der Unterschied?

In vorauseilendem Gehorsam gelingt es mir, die Mutter zu beeindrucken, wenn ich ihre Wünsche erahne.

Schule: Ein Trauerlied in 16 Kata-Strophen. Matura: »Der Herbst ist die Zeit der Reife.«

Aus mir wird »wider Erwarten« doch etwas: Nach dem Militärdienst Volksschullehrer, dann Sonderschullehrer - ein besonders gelungener Glücksfall der Vorsehung.

Nichts davon ist zwar wirklich mein Wunsch, aber es wird irgendwie, ergibt sich zum Glück, ist mehr als irgend jemand erwartet hat. »Es ist eh alles gut gegangen. Was willst du?« - Ja, was will ich? Ich habe keine Ahnung. Die Vorsehung regelt alles, und ich fühle mich gut aufgehoben bei ihr. Ich nehme, was kommt, und strenge mich an, es allen recht zu machen.

Ich habe die Kröte des Bravseins geschluckt. Manchmal und klammheimlich stieg der Ekel darüber in mir auf. Ich schluckte ihn hinunter. Das blähte die Kröte in mir auf. Es hat eine große Menge meiner psychischen Energien gefressen, diese Kröte ruhig zu halten. Energien, die ich gut und gern für meine Lebensgestaltung hätte gebrauchen können. Es ging nicht anders.

In den Wirren meiner Pubertät allein gelassen, sammelte ich das Gift der »Gewissensbisse«. Elende Moralvorstellungen verdarben mir die Lust und störten meine Beziehungsfähigkeit. Bestürzt darüber, dass ich trotzdem für liebenswert gehalten wurde, konnte ich dies nicht glauben. So fraß sich der Selbstzweifel fest. Vielleicht war es damals - oder doch schon viel früher - dass sich ein »Saboteur« in mich einschlich. Was immer ich mir »ganz fest« vornahm, es misslang nach einiger Zeit. Andererseits konnte ich im Hier und Jetzt ganz spontan meine Einfälle und Ideen umsetzen. Vor allem in meinem neuen Beruf kam mir diese Fähigkeit sehr entgegen, ich konnte sie ausbauen und viel Freude daraus ziehen.

Die Beziehung zu meiner Frau überfrachtete ich mit der Hoffnung, dass nun »alles ganz anders« würde. Eine traumhaft lange Zeit war es auch so. Drei Kinder in drei Jahren und die Faszination des Berufes hielten mich viele glückliche Jahre in einem festen Rahmen. Ich wähnte mich sicher für alle Zukunft. Aber die Kröte und der Saboteur schliefen nicht, und die Gewissensbisse nagten am Gebälk, das unsere Beziehung trug. Ehebruch und Heilung, Ehebruch und Heilung. Wir fühlten uns stark! »Nie wieder!«, nahm ich mir ganz fest vor – der Saboteur in mir schmunzelte nur.

Ich war überrascht und überwältigt von meiner sexuellen Energie. Von gruppendynamischen Erfahrungen wachgerüttelt, wurden mir Familie und Ehe zu eng. Ich wehrte mich lange gegen diese Gefühle, wollte sie einfach nicht wahrhaben. Vor allem wollte ich unseren gemeinsamen Traum vom »Miteinander-altwerden« nicht zerstören. Ich hatte Angst, die Verantwortung für das Scheitern unserer Beziehung zu übernehmen.

Dann verliebte ich mich. Fast endlos waren die Schleifen und Kreise, die ich um beide Beziehungen zog, schloss, wieder zog, wieder schloss. Bis meine Frau einen Schlussstrich zog und fortging.

Zwei Wochen nach ihrem Auszug übersiedelte unser Sohn zu mir. Seine Ehe war ebenfalls im Begriff zu zerbrechen. Zwei Männer in der Krise, die bereit sind, an ihrer Entwicklung zu arbeiten. Wir können gut miteinander umgehen. Ein reifer, freier und sehr respektvoller Umgang zwischen zwei erwachsenen Männern unterschiedlichen Alters prägt unsere Beziehung. Viele, die kommen, genießen und bestaunen es; wir beide auch.

In den Ablösungsprozess zwischen meiner Frau und mir fiel die Begegnung mit Männern, die sich auf den Weg zu ihrem Mannsein begaben, um Friedensarbeit für diese (ihre) Welt zu leisten. An einem gemeinsamen

Wochenende erfuhr ich, wie grenzenlos meine Mutterbindung ist (bzw. war, denn so grenzenlos ist sie inzwischen nicht mehr). Im Miteinander der Männer und in der Ernsthaftigkeit ihres Tuns reifen in mir einige verkümmerte Lebensbereiche nach. Manchmal erfasst mich Traurigkeit darüber, dass ich so alt werden musste, um zu wachsen. Aber heute ist heute, und morgen ist ein neuer Tag. Die »alten« Tage - vom gestrigen bis zu meinem ersten Lebenstag zurück - will ich achten und nehmen, wie sie geworden sind - durch mich.

Eifersucht

Die Wurzel der Eifersucht von Erwachsenen liegt fast immer in der Kindheit. Ein konkretes Beispiel: Wenn ein Junge zu wenig Aufmerksamkeit und Liebe von seiner Mutter bekommt, entsteht eine unbewusste Art von Sucht oder Abhängigkeit. Der Junge will und braucht diese lebensnotwendige Liebe und Zärtlichkeit von der Mutter unbedingt. Leider haben viele Mütter heute nur wenig Zeit dafür. Wenn der Junge dann alt genug ist, begibt er sich auf die Suche nach einer Frau. Tatsächlich aber ist er auf der Suche nach mütterlicher Liebe und Zuneigung. Es kommt nicht von ungefähr, dass viele Männer in der Partnerschaft zu ihrer Frau Mami sagen, da sie unbewusst tatsächlich auf der Suche nach »ihrer Mami« sind.

Aber solche – oft jungen – Männer haben ein weiteres Problem: Während der ganzen Kindheit war die Mutter ihrer Ansicht nach nicht zuverlässig – und dieses Gefühl übertragen sie auf ihre Partnerin; sie glauben, dass auch ihre Partnerin auf Dauer nicht zuverlässig sein wird. Am Anfang der Beziehung scheint alles großartig und wunderbar zu gelingen. Der junge Mann vergöttert seine junge Partnerin, und sie genießt das alles naiv und romantisch. Aber im Lauf der Zeit entstehen bei dem jungen Mann mehr und mehr Zweifel gegenüber seiner Partnerin. Diese Zweifel entwickeln sich bei ihm zu wüsten Fantasiegebilden. Interessant ist, dass diejenigen Partner, die extrem eifersüchtig sind, am ehesten Gefahr laufen, fremdzugehen. Dabei steht am Anfang zunächst nur der Gedanke. Fantasiert der Mann jedoch ständig über das Fremdgehen seiner Partnerin, dann verstärkt sich der bloße Gedanke bei ihm so sehr, dass der gedanklich »programmierte« Seitensprung unweigerlich nach Durchführung verlangt.

Die Zahl von grundsätzlich guten Beziehungen, die aufgrund von Eifersucht zerbrechen, ist unglaublich hoch. Leider gibt es keine einfache Lösung für dieses Problem. Wer Probleme mit Eifersucht hat – egal ob Mann oder Frau –, braucht professionelle Unterstützung, zum Beispiel von einem Verhaltenstherapeuten.

Unserer Erfahrung nach sollten Männer mit starken Eifersuchtsproblemen zunächst mit einem Therapeuten arbeiten, bevor sie zur Männerarbeit kommen. In der Männerarbeit arbeiten wir in einer allgemeineren Art und Weise mit Eifersucht; konkrete Probleme von Männern mit Eifersucht sind hier fehl am Platze und können kaum gelöst werden.

Ekstase

Ohne Ekstase gibt es keine wahre Religion. Alle Mystiker aller Religionen der Welt zeigen uns, wie wichtig ekstatische Zustände sind. Leider sind ekstatische Zustände in unserer zivilisierten Gesellschaft wenig erforscht und werden deshalb von den meisten Menschen als verdächtig und gefährlich eingestuft. Wenn wir zudem erkennen, dass unsere Gesellschaft große Angst vor dem Tod hat, dann verstehen wir, warum uns Ekstase so verdächtig erscheint. Ekstase ist nichts anderes als eine Art von Tod. Aber der Tod, den wir fürchten, ist ein unbewusster. Im Gegensatz dazu ist Ekstase ein bewusster Tod. Es ist bedauerlich, dass nur wenige Menschen den Mut aufbringen, in einen bewussten Tod einzusteigen. Ein Grund dafür ist: Es gibt viel zu wenig Mystiker auf dieser Welt.

Manchmal wird auch ein anderer Begriff für Mystiker verwendet: Ekstatiker. »Ekstatiker« klingt im ersten Moment relativ einfach, dahinter verbergen sich jedoch oft komplizierte ekstatische Erfahrungen von Mystikern – eine Art von Wahnsinn. Mystiker gehen in ihrer Hingabe auf, wenn sie in Ekstase geraten. Dies ist auch eine Art, den bewussten Tod zu erklären.

In der Männerarbeit versuchen wir mit Ekstase zu arbeiten, aber die meisten Männer besitzen noch nicht die Fähigkeit, eine ausreichend bewusste Hingabe zu zeigen.

Ebenso wie ohne Ekstase keine wahre Religion möglich ist, kann ohne tiefe Hingabe keine wahre Ekstase entstehen. In unserer Männerarbeit haben wir ein geeignetes Werkzeug gefunden, um in Ekstase zu kommen. Wir nennen dieses Werkzeug »Schwitzhütte«. An einem Schwitzhüttenritual teilzunehmen heißt nicht automatisch, in Ekstase zu geraten. Es bedeutet allerdings, den Geschmack des bewussten Todes kennen zu lernen: Man sitzt nackt in der Schwitzhütte, es ist dunkel und eng; es wird immer heißer; einige Männer stellen fest, dass die übliche Gedankenkette durchbrochen wird. Für einen winzigen Moment hören wir auf zu denken! Das kann der Anfang von ekstatischen Zuständen sein.

Es gibt noch andere Werkzeuge, um in die Nähe von ekstatischen Zuständen zu geraten, zum Beispiel permanentes Trommeln oder Rasseln über eine sehr lange Zeit; tiefe sexuelle Intimität ohne Ejakulation kann ebenfalls solch eine Annäherung sein.

Regelmäßig Erfahrungen mit Ekstase zu machen, gehört zu den Urbedürfnissen aller Menschen, einschließlich der Kinder. Wir leben instabil und ungesund – auch weil wir Ekstase zum Tabu erklären oder als pure Euphorie bezeichnen. Dabei vergessen wir: Früher oder später wird jeder Einzelne von uns sterben. Wenn wir uns ausreichend auf unseren Tod vorbereitet haben – unser ganzes Leben ist Vorbereitung auf unseren Tod –, dann werden wir den Tod als das Tor zur ewigen

Ekstase auffassen. Und wenn wir nicht ausreichend vorbereitet sind, wird uns der Tod nicht als Tor zum Himmel, sondern als Tor zur Hölle erscheinen.

Zum Schluss unsere dringende Empfehlung an alle Männer (und alle Frauen): *Erforsche das Geheimnis bewusster Hingabe, begib dich auf die Suche nach bewusster Ekstase, begib dich auf die Suche nach bewusstem Tod! Verschwende keine Zeit, er kommt bestimmt – zu allen von uns! Das Leben selbst drängt zur Ekstase.*

Eltern

Männerarbeit beginnt bei unseren Eltern. Ohne Eltern wären wir nicht hier. Wie es sich leider immer wieder herausstellt, hatten die meisten Männer entweder unreife, ungesunde oder unvorbereitete Eltern. Wenn wir als Kinder eine schmerzhafte Beziehung zu unseren Eltern hatten, dann müssen wir in der Männerarbeit genau mit diesen alten Wunden aus der Kindheit arbeiten.

Viele Männer, die zur Männerarbeit kommen, wollen sofort mit den Archetypen arbeiten. Doch wenn ihre Kindheit schmerzhaft war, und es erfolgt keine Heilungsarbeit in diesem Bereich, dann wird die Archetypenarbeit zur Zeitverschwendung. Wir haben Verständnis dafür, dass die meisten Männer, die eine schmerzhafte Kindheit hatten, keinen »Bock« darauf haben, mit diesen Kindheitstraumata zu arbeiten. Doch ohne achtungsvollen Abschied von Vater und Mutter bleiben die Männer mit einem erschreckenden und folgenschweren Schicksal auf ewig kleine Jungen! Deshalb ist der erste Initiationsschritt, den ein Junge bei den Naturvölkern gehen muss, der achtungsvolle Abschied von Vater und Mutter.

Also: Welche Gefühle kommen zum Vorschein, wenn du an deine Eltern denkst? Bei den meisten ist es Angst, Trauer und Wut oder eine Mischung aus allem. Siehst du jetzt, was das bedeutet? Erkennst und erfasst du die Bedeutung unerledigter Arbeit mit deinen Eltern?

Das heißt allerdings nicht, dass du jetzt gleich zu deinen Eltern gehen sollst, um ihnen alles zu erklären! Ganz im Gegenteil: Viele Eltern, vor allem wenn sie bereits älter sind, haben keine Möglichkeit mehr, darauf zu reagieren, und sie könnten auch nichts mehr daran ändern. Was du allerdings tun kannst: Finde eine Männergruppe, die mit »Achtungsvollem Abschied von Vater und Mutter« arbeitet.

Wir haben in unserer Männerarbeit mehrere Übungen für einen achtungsvollen Abschied von Vater und Mutter entwickelt:

Übung 1
Der Brief an die Eltern.

Übung 2
Vaterliste bzw. Mutterliste: Man schreibt auf eine Liste, was man von Vater/Mutter an körperlicher und geistiger Zuwendung vermisst hat, und hängt diese Liste idealerweise neben dem Badezimmerspiegel auf. Somit hat man immer im Blick, was den eigenen Kindern gut tut.

Übung 3
Versetze dich in folgende Situation: Ein Vater geht zum Arzt. Der Arzt teilt ihm die schockierende Nachricht mit, dass er eine unheilbare Krankheit und nur noch 30 Tage zu leben hat. Wenn du nur noch 30 Tage zu leben hättest: Was würdest du mit deinen Kindern noch anstellen. Schreib es auf, und stelle dir die Frage: Was hindert mich jetzt daran, dies alles zu tun?

Übung 4
Diese Übung ist vor allem für eine Männergruppe geeignet. Ein Mann aus der Gruppe, der Kinder hat, sucht sich aus der Gruppe einen Mann aus, der für seinen Vater steht, einen Mann, der für seinen Großvater steht, einen Mann, der für den Bruder steht usw., bis er die wichtigsten Männer- und Vaterfiguren aus seiner Verwandtschaft und Bekanntschaft, aber auch aus seiner Ahnenreihe zusammengestellt hat. Alle diese Männer stellen sich hinter dem einen Mann auf und geben ihm Unterstützung, »Rückendeckung«. Der Mann wählt selbst, wen er am nächsten bei sich stehen haben möchte usw. Dann lehnt er sich ein

wenig zurück und spürt, wie stark männliche Unterstützung sein kann. Die Männer halten dagegen; und manchmal möchte der Mann, dass die Männer dabei singen oder chanten.

Übung 6
Es gilt als selbstverständlich, dass das Vermögen aufgeteilt und weitergegeben wird, wenn ein Mann (Vater) stirbt. Doch was geschieht mit den geistigen Werten? Was hinterlässt du deinen Kindern und deiner Frau an geistigen Werten, wenn du stirbst?

Übung 7
Jesus hat die Füße seiner Jünger gewaschen. In einer gewissen Art und Weise sind auch deine Kinder und deine Frau Anhänger von dir. Hast auch du ihnen schon einmal die Füße gewaschen? Wenn nicht, dann tu's!

Übung 8
Vater/Sohn-Rollentausch: Ein Mann ist der Vater, ein anderer der Sohn. Der Sohn sagt, was er vom Vater gern haben möchte.

Übung 9
Abschiedsbrief: Stell dir vor, dass entweder dein Vater (deine Mutter) stirbt oder du selbst. Was möchtest du deinem Vater (deiner Mutter) vor dem endgültigen Abschied noch sagen?

Übung 10
Erstelle eine Wunschliste, was Väter mit ihren Kindern tun sollten.

Übung 11
Wenn du die Gelegenheit hättest, deiner Mutter (deinem Vater) ohne Angst etwas zu sagen, was du bis jetzt noch nicht gesagt hast, was wäre das? Schreibe es auf!

Übung 12
Kannst du zu deiner Mutter (deinem Vater) ehrlich sagen: »Ich liebe dich.« Viele Männer können das nicht. Warum?

Die Versöhnung mit dem Vater ist die Versöhnung mit uns selbst. Die Versöhnung mit der Mutter ist die Versöhnung mit der »inneren Frau«. Ohne Versöhnung mit der Mutter gibt es keine Versöhnung mit unserer »inneren Frau«.

Manchmal kommen Männer in die Männerarbeit, die eine glückliche Beziehung zu ihren Eltern hatten. Diese Männer haben keine großen Schwierigkeiten, sich achtungsvoll von Vater und Mutter zu verabschieden. Sie können ein wenig anders arbeiten:

Sie können den anderen Männern, die eine schwierige Beziehung hatten, Unterstützung geben.

Diese Männer können »Innenschau« betreiben und sich selbst fragen, ob sie jemals ganz deutlich zu ihrem Vater und zu ihrer Mutter gesagt haben: »Ich liebe dich.«

In der Bibel steht (und von allen Religionen der Welt wird dies gefordert): »Du sollst Vater und Mutter ehren.« An dieser Stelle sagen wir in der Männerarbeit: »Deine Eltern wurden dir von Gott gegeben, und du wurdest deinen Eltern von Gott geschenkt.« Das heißt: Jedem gebührt Ehre, sowohl deinen Eltern als auch dir. Ja, ehre deinen Vater und deine Mutter, und wenn du es noch nicht kannst, so arbeite darauf hin, und wenn nötig, arbeite hart dafür.

Denn wie solltest du anderenfalls jemals von ihnen Abschied nehmen und zu dir finden, zu deiner Größe, zu deiner Liebe – wie könntest du dich jemals lieben und ehren und ehren und lieben lassen von deinen Kindern, von deiner Frau, die genau das brauchen, um zu sich zu kommen und um sich zu lieben.

Wenn du deinen Vater und deine Mutter aufrichtig umarmen und ehren kannst, dann kannst du sie auch wirklich loslassen, erwachsen werden und auf deinen »inneren Vater« und auf deine »innere Mutter« hören.

Lebenslinien: Christian

Ich werde bald fünfzig. Eine gute Zeit für einen kurzen Rückblick auf mein bisheriges Leben. Im Folgenden erzähle ich daraus so offen und ehrlich, wie es mir für diese Veröffentlichung angemessen und für unbekannte Leser interessant erscheint.

Geboren wurde ich in den fünfziger Jahren, in einer Zeit des Aufbruchs und des Wiederaufbaus. Meine Eltern hatten sich nur durch das Aufeinandertreffen mehrerer ungewöhnlicher Ereignisse - meine Mutter stammt aus dem Ausland - während des Zweiten Weltkrieges kennen und lieben gelernt. Ihre Welt war noch ganz klar aufgeteilt in eine Frauenwelt, die Welt des Haushalts und der Kindererziehung, und eine Männerwelt, die Welt des Broterwerbs und des Ernährers. In ihrer Lebensplanung waren fünf Kinder vorgesehen. Ich bin der Älteste unter uns fünf Geschwistern, die alle innerhalb von nur sechs Jahren auf die Welt kamen. Ich erlebte all die Frustration und Eifersucht, die ein Kind durch die Geburt eines Geschwisterkindes erfahren kann, schon im zarten Alter von einem Jahr und später noch dreimal! Und zur Enttäuschung meiner Mutter kam ich als Bub zur Welt! Denn das erstgeborene Kind sollte nach dem Wunsch meiner Mutter ein Mädchen sein, das sie später entlasten könnte.

Diese Enttäuschung ob meines Geschlechts beeinflusste mein späteres Leben wesentlich und prägt es bis zum heutigen Tag! Mein Vater, der mich in dieser Situation entlasten, mir hätte Vorbild sein und mich trösten können, war für mich nicht greifbar. In gutem Glauben, dafür nicht geeignet zu sein, hat er sich - wie er mir erst kürzlich erzählte - von der Kindererziehung bewusst fern gehalten und sie meiner Mutter überlassen, denn die konnte das, wie er damals annahm, viel besser als er. Welch ein Irrtum! Wie sehr hätte ich ihn damals gebraucht! Welche Sehnsucht nach Männlichkeit lastete auf mir – bis heute hat sich daran nichts geändert!

Meine Kindheit verlief – von außen gesehen – glücklich und zufrieden. Wir lebten am Rande einer verschlafenen, sympathischen Kleinstadt in einem kleinen Häuschen mit großem Garten. Leider sehr weit entfernt von den nächsten Verwandten, kein Onkel, kein Großvater in der Nähe. Ich hatte immer alles, was ich zum Überleben benötigte. Dinge wie Kleidung und Nahrung. Vieles schon deshalb, weil meine Eltern auf die Erfüllung persönlicher Wünsche verzichteten. Und ich hatte viele Freunde, meistens Jungen.

Im zarten Alter von sechs war ich das erste Mal verliebt. In meine Lehrerin. Ein aufregendes Gefühl! Daran erinnere ich mich, als wäre es gestern gewesen. Schon damals vermischt mit einem leichten, noch nicht begreifbaren Hauch von Erotik. Und mit Sehnsucht. Sehnsucht nach Männlichkeit, Sehnsucht, Mann zu sein. Meiner Mutter konnte ich nichts davon erzählen. Sie nahm mich nicht als männliches Wesen wahr, sondern als das Mädchen, das sie gern gehabt hätte. Zu meinem Vater hatte ich zu wenig Vertrauen und vor meinen Freunden Angst, mich lächerlich zu machen. So blieb mir nichts anderes übrig, als diese aufregenden, verwirrenden Gefühle für mich zu behalten, sie tief in meinem Innersten als Geheimnis zu bewahren, sie zu schützen.

Mit acht wieder verliebt! In ein 14-jähriges Mädchen – schon nicht mehr ganz so unerreichbar. Sie nahm mich beim Eislaufen am nahe gelegenen Eislaufplatz an die Hand und fuhr eine ganze Runde mit mir Hand in Hand. Die Folge: mehrere schlaflose Nächte! Herrlich!

Im Alter von zehn Jahren plötzlich ein Schock! Die bessere Anstellung meines Vaters in einer 350 Kilometer entfernten mittelgroßen Stadt erforderte den Umzug der Familie. All meine Freunde praktisch über Nacht verloren! Und die fremde Umgebung, der fremde Dialekt!

Und erst recht niemand, dem ich mich hätte anvertrauen können. Damals wurde ich Einzelkämpfer.

Jeden Tag übte ich mich stundenlang und allein im Fußballspielen, und abends trainierte ich am Boden sitzend ein Geschicklichkeitsspiel mit fünf Steinen, um in meiner Schulklasse mitspielen zu können. Nach einem halben Jahr forderte ich den Klassenbesten in diesem Geschicklichkeitsspiel heraus - und gewann!

Danach war ich nicht mehr Außenseiter, sondern gehörte dazu, war anerkannt! Heute noch bin ich stolz auf mich! Sehe und fühle aber auch die Einsamkeit, die mich damals quälte. Und wieder blieb dies mein Geheimnis. Kein Vater war da, der sich mit mir über meinen Sieg gefreut hätte, keine Mutter, die mich verstanden und gelobt hätte.

Und dann die Zeit meiner Pubertät. Schrecklich! Kein Vater zum Reiben, zum Streiten, zum Machtkampf! Und kein Mut zum Konflikt mit meiner Mutter, kein Abnabeln! Und wieder weit und breit kein Mann, der mich unterstützt, mir Halt gegeben, mir Mut gemacht hätte! Aus heutiger Sicht entsetzlich. Ein Gefängnis, damals kaum gespürt, kaum wahrgenommen. Pubertät einfach abgesagt. Mangels Männlichkeit.

In der Folge größte Schwierigkeiten mit und in Beziehungen zu Mädchen und später zu Frauen. Statt meine Männlichkeit zu erproben, mit ihr zu spielen, sie kennen zu lernen, nur Scham. Meine Männlichkeit an Scham gebunden. Lieber verstecken, verheimlichen, unterdrücken als schämen.

Was fiel dir ein, Mutter? Wie konntest du mich so missbrauchen?

Und wo warst du damals, Vater? Warum hast du mich nicht befreit? Warum hast du mich im Stich gelassen?

Warum konntet ihr beide mich nicht so lieben, wie ich war?

Und wo wart ihr, meine Lehrer? Wo war euer männliches Mitgefühl, eure männliche Fürsorge für Jugendliche, die euch anvertraut waren? Nur Leistung zählte, für alle gleich, kein Unterschied, die Schwachen fallen eben durch, genügen nicht! Nun, wenigstens hatte ich das Glück, zu den Besseren zu gehören, nicht durchzufallen. Aber um welchen Preis!

Solche und ähnliche Gedanken begleiten mich, und manchmal werden sie zur Wut. Unermessliche Wut! Oder zum Schmerz. Tiefer Schmerz, von uralten Verletzungen stammend. Und dann zur Trauer. Innige Trauer über mein Schicksal, die nicht gelebten Möglichkeiten.

Aber auch sehr oft Lebensfreude! Ich hab Riesenglück gehabt! Hab die richtigen Menschen kennen gelernt, die mir halfen, mir selbst auf die Spur zu kommen. Dort, wo sie unterbrochen war, im Alter von vier bis sechs.

Da war zunächst eine Frau, meine Therapeutin, die mich zweimal für je neun Monate auf der Suche nach mir begleitete. Die mir den entscheidenden Rat gab, mich an Männer zu wenden. Und ich fand eine Männergruppe. Völlig überraschend für mich. Ich lernte Männer kennen, die mir zuhörten, mich ernst nahmen, mitfühlend waren, mich mochten, wie ich war und bin. Männer, die wie ich auf der Suche nach ihrer Männlichkeit, nach sich selbst waren und sind. Plötzlich war ich nicht mehr Einzelkämpfer, nicht mehr einsam und allein auf dieser Welt. Männersolidarität! Welch ein wunderschönes Wort! Das war es, was ich lebenslang vermisst hatte!

Ein Workshopleiter sagte damals zu mir: »Was dir deine Mutter nicht geben wollte oder konnte, das suche nicht bei Frauen. Du findest es nur bei Männern!« Wie Recht er hatte!

Die damalige Männergruppe war eine Jahresgruppe. Sie formierte sich zwar noch für ein weiteres Jahr, lief danach jedoch aus. Zwei Freunde sind mir aus dieser Gruppe bis heute geblieben. Freunde wie aus dem

Bilderbuch, fürs Leben, wie man so sagt: fürs Streiten und Versöhnen, fürs Geben und Nehmen, für Schlechtwetter und für Morgensonne bis Abendrot. Und dann war da ein Seminarleiter, ein Mann mit berührender Ausstrahlung, mit Lebensweisheit, mit Führungsqualitäten und mit der seltenen Fähigkeit, sich, wenn es erforderlich ist, zurückzunehmen, sogar unterzuordnen. Seine Botschaft: Es gibt zwei Wege für Männer. Den psychologischen, den er bewusst nicht geht. Und den »Weg der Männer«, wie er ihn nennt. Tief beeindruckend die unterstützenden Rituale, die innere Verbundenheit mit anderen Männern, die heilende Wirkung der Gruppe.

Mit Unterstützung zweier anderer Männer brachte er mir und 18 anderen Männern mithilfe von Ritualen bei, Kontakt aufzunehmen zu meinem verletzten »inneren Kind«, es neu zum Leben zu erwecken und zu beschützen, kurz: mir mein eigener Vater und meine eigene Mutter zu sein. Und er lehrte uns den »ehrenvollen Abschied von Vater und Mutter«, wie er es treffend nennt. »Ehrenvoll« heißt für mich, Frieden zu schließen mit meiner Vergangenheit. »Abschied« heißt für mich, ohne Groll zurückschauen zu können und mein eigenes, von meinen Eltern und ihrer Erziehung weitgehend unabhängiges Leben zu führen.

Auch aus dieser Zeit - sieben Wochenenden im Zeitraum eines halben Jahres - blieben mir zwei Männer, denen ich mich besonders verbunden fühle. Keine enge Freundschaft im herkömmlichen Sinn, mehr Weggefährten, Lehrmeister. Wir drei bilden die männliche Seite in meiner Laientraumgruppe - drei Männer, drei Frauen. Zwei Männer, mit denen ich träumen kann!

Und da war noch ein für mich wichtiger Mann, ein Psychotherapeut, der mir bis vor kurzem in seiner liebevoll kritischen, männlichen Art entscheidend half, die bis dahin zusammengetragenen Mosaiksteinchen meines Lebens so zu ordnen, dass ich nun

Zusammenhänge erkennen kann, sie für mich ein »rundes« Bild ergeben.

Wie schön für mich, beide Wege kennen gelernt zu haben, beide gegangen zu sein, aus beiden das für mich gerade Passende gewählt zu haben. Vielleicht gerade wegen meiner persönlichen Geschichte in Zukunft Mittler sein zu können zwischen beiden.

Zurzeit bin ich gemeinsam mit meinen beiden Freunden Mitglied meiner bereits dritten Männergruppe. Ich möchte diese Erfahrung nicht mehr missen. Ich hab sie endlich gefunden, meine Welt. Es ist die Männerwelt. Sie ist meine Basis, da komm ich her, und dorthin kehre ich immer wieder zurück. Auch noch mit achtzig.

Erleuchtung

Warum reden wir in der Männerarbeit über Erleuchtung? Es gibt dafür mehrere triftige Gründe.

In der heutigen Welt wird Erleuchtung schon fast an jeder Ecke, am Würstchenstand und in der Eisdiele verkauft. Doch wollte ein Mann an einem Imbissstand Erleuchtung kaufen, wäre ist dies genauso absurd, als würde er ein Würstchen in der Eisdiele bestellen. Das heißt ganz einfach: Wenn man die falsche Spur verfolgt, kann man leicht eine falsche Entscheidung treffen, und das kann gefährlich sein.

In der Männerarbeit ist es eines unserer Hauptziele, menschliche Entwicklung zu erfahren und als Person zu reifen. Der höchste Grad menschlicher Entwicklung und Reife ist Erleuchtung.
Erleuchtung hat drei Facetten:
Erleuchtet zu werden heißt, in unserer Gedankenwelt zu reifen Wesen genesen – besonders in unserer Vorstellungskraft – und uns von unseren schweren negativen Gedanken befreien.

Wir müssen in unserer Gefühlswelt zu tiefer Reife gelangen – und uns von aufgestauter und gegenwärtiger Wut, Angst und Trauer befreien. Wir müssen uns von unserer sexuellen Scham und Schuld befreien. Wie viele Menschen kennst du, die in ihrer Gedankenwelt, in ihrer emotionalen Welt und in ihrer sexuellen Welt tiefe menschliche Reife erlangt haben?

Ab und zu treffen wir auf Menschen, die auf die eine oder andere Weise, in einer der drei Welten Reife erlangt haben. Aber die Wahrscheinlichkeit ist sehr gering, fast unmöglich, auf einen Menschen zu treffen, der es in allen drei Welten zu einem hohen Grad an Reife gebracht hat.

Wir können mit unseren Ausführungen noch weiter gehen und kommen zu einem Vergleich zwischen Jesus und Buddha. Jesus und Buddha gelten als Beispiele erleuchteter Wesen. Anders ausgedrückt, die beiden haben in allen Bereichen des menschlichen Lebens ein hohes Maß an Reife erlangt. Damit sind sie eine Brücke zwischen dieser und der göttlichen Welt. Unreifen Menschen eröffnet diese Brücke einen Zugang zur göttlichen Welt. Jesus und Buddha haben ihre Anhänger aufgefordert, nach einem hohen Grad an Reife in allen Bereichen zu streben. Der Pfad zur Reife, wie Buddha ihn lehrte, ist der Pfad

- von selbst gewählter barfüßiger Einfachheit,
- von strenger Selbstdisziplin,
- von allgegenwärtig konzentrierter Meditation,
- vom Dienst an allen lebenden Wesen.

Der Pfad der Reifung, wie Jesus in lehrte, ist fast derselbe. Doch statt strenger Meditation gab Jesus den Menschen die Empfehlung, ihr Leben in einem fortwährenden Zustand des leidenschaftlichen Gebetes und bewussten Leidens zu führen.

Selbstverständlich sind die meisten von uns nicht dazu bereit, in ein solches Leben einzutreten. Das heißt für die meisten von uns, dass sie in ihrem Leben niemals ein entsprechendes Maß an Reife erlangen können. Gleichzeitig heißt es auch, dass wir in diesem Leben nicht zu kompletter Erleuchtung kommen werden. Trotzdem sollten wir alles daran setzen, unser Wachstum und unsere Reifung zu fördern.

»Freiheit von sexueller Scham und Schuld« wird in unserer Gesellschaft meist sehr oberflächlich definiert. So interpretieren manche Menschen beispielsweise freizügigen Sex, den wir über Bildschirm und andere Medien unentwegt vorgesetzt bekommen, als einen Beweis für die Befreiung des Menschen von Scham und Schuld. Doch das Gegenteil ist der Fall: Wir ertrinken geradezu in einer visuellen Flut von Sex und können uns daher nicht befreien.

Ein weiteres Beispiel: Wenn jemand in unserer Gesellschaft mit vielen Partnern Sex hat, dann glauben die meisten, dass dies ein Ausweis der Freiheit von Scham und Schuld ist. Nein!

Frei zu sein von sexueller Scham und Schuld ist in unserer zivilisierten Gesellschaft so selten, dass wir eigentlich gar nicht wissen, was das überhaupt bedeutet. Unserer Erfahrung nach heißt es:
Ein wirklich von sexueller Scham und Schuld befreiter Mensch liebt alles und jeden, egal was und wer es ist. Er ist nicht mehr gefangen in der genitalen Sexualität. Genitale Sexualität kann zu einer Nebensache werden, wenn Menschen durch Übungen und Lebensdisziplin in einer tiefen Zufriedenheit und einem umfassenden erotischen Gefühl leben. Dies ist das Geheimnis der so genannten Mystik. Obwohl es Ausnahmen gibt, leben die meisten Mystiker im Zölibat. Die Mystik ist verheiratet mit Gott. Wir können daher so weit gehen und sagen, dass ein authentischer Mystiker jemand ist, der stets sexuell gesättigt ist. Wir glauben, dass es für Frauen leichter ist als für Männer, einen Zustand zu erreichen, bei dem jeder Atemzug zu einer erotischen Beziehung zu Gott und zu vollkommener Zufriedenheit führt. Einfach weil ihr Körper weiblich ist, so wie die Seele. Es gibt bei Frauen nicht die Paradoxie, mit der Männer zu kämpfen haben: die normative Konfrontation eines männlichen Körpers und einer weiblichen Seele.

Ein Großteil der Männerarbeit handelt davon, diese Paradoxie für Männer erklärlicher und umgänglicher zu machen. Es ist aber nicht genug, diese Paradoxie zu verstehen. Wir müssen sie akzeptieren und diesen Bewusstseinszustand in unser Leben integrieren. Und es zahlt sich aus, Männer: Wir können dadurch verstehen, dass Gott oder die höhere Macht männlich ist.

Familie

»Das Wort Familienbande hat einen Beigeschmack von Wahrheit«, sagte Karl Kraus einmal spöttisch.

In unserer Männerarbeit ist die Familie – der Stamm – der Kern unserer Arbeit. Wir stehen hier aber vor einem Paradoxon: Ein Großteil der Männerarbeit befasst sich mit dem bewussten Hinaustreten aus der Ursprungsfamilie als einem wichtigen Initiationschritt. Zur Unterstützung für diesen Prozess dient eine Männergruppe als Ersatzfamilie.

Den Initiationsprozess in unserer Gesellschaft wieder neu zu entdecken, ist äußerst schwierig. Denn es gibt kaum Männer , die diesen Prozess bereits durchlebt haben. Unserer Gesellschaft fehlen initiierte Männer! Die Männer, die zu uns in die Männerarbeit kommen und am Ende der Initiationsserie ihre Ersatzfamilie verlassen, tun sich verdammt schwer damit. Deshalb sollten Männer in dieser Übergangszeit eine Art von bewusstem Männerstammtisch abhalten. Ein bewusster Männerstammtisch ist zwar kein Kulturkreis initiierter Männer, aber es ist zumindest ein Anfang. Die Männerarbeit sollte den Männern bewusst machen, dass die Menschheit selbst eine Familie ist: Die gesamte Bevölkerung der Welt ist eine Familie. Wenn dieses Bewusstsein in der breiten Bevölkerungsschicht endlich verankert würde, dann könnte es eine Chance geben, weltweit Kriege, Ausbeutung, Vernichtung, Vertreibung und Hass zu beenden.

Feuer

»Ich bin gekommen, ein Feuer anzuzünden auf Erden ...«, heißt es im Lukas-Evangelium 12,49.

Jeder Mensch ist eine Art von Feuer. Tatsächlich sind wir sogar zwei Feuer:

Feuer ist die körperliche Wärme. Wir können diese Wärme mit einem Thermometer messen. Die normale Temperatur dieses Feuers beträgt 37 °C. Wenn die Temperatur steigt, sagen wir, das Feuer ist zu hoch, und wenn sie mehr als 40 °C erreicht, dann können wir sterben. Umgekehrt ist es genauso: Beginnt die Temperatur unter 37 °C zu sinken, dann ist das Feuer ist zu niedrig. Und wenn die Temperatur weiter sinkt, können wir daran sterben. Wir glauben, dass das Feuer verloschen ist, nachdem wir gestorben sind. Das stimmt zwar nicht, aber die meisten Menschen glauben es.

Von der Existenz eines bestimmten Feuers haben die wenigsten Menschen eine Ahnung. Es ist schwer, dieses Feuer zu beschreiben. Wir können dieses Feuer als »alchimistisches Feuer« bezeichnen oder als ein »geistiges Feuer«. In der Männerarbeit ist es hauptsächlich dieses alchimistische oder geistige Feuer, mit dem wir arbeiten. Leider ist die Menschheit heute in einem spirituellen Zustand, in dem dieses alchimistische oder geistige Feuer so schwach ist, dass es schon fast erloschen ist. Die Unterstützung dieses Feuers ist ein großartiger Dienst und Beitrag, den die Männerarbeit der Menschheit leisten kann.

Ein Mann, der die Männerinitiationsarbeit erfolgreich gemeistert hat, vermag ein hohes und stabiles alchimistisches beziehungsweise geistiges Feuer aufrechtzuerhalten. Eine andere Bezeichnung für dieses hohe und stabile geistige Feuer wäre: *Lebensaufgabe* oder *Lebensvision*. In unserer Männerarbeit benutzen wir immer eine Schwitzhütte. Im Lauf der Zeit haben wir herausgefunden – und ein wenig von den Indianern abgeschaut –, dass die unglaubliche Hitze in der Hütte das geistige Feuer sehr gut unterstützt. Die Hitze in der Schwitzhütte ist anders als die der Sonne.

Trotzdem wollen wir die Männer ermuntern, dass sie regelmäßig wohltuende Sonnenbäder nehmen – möglichst nackt. Wir sind davon überzeugt, dass es für Männer geistig gesehen sehr wichtig und gesund ist, wenn sie regelmäßig nackt und speziell im Genitalbereich viel Sonnenschein tanken. Für viele Männer ist der Genitalbereich, oder noch besser ausgedrückt: unser Sexualenergiezentrum, ein sehr wesentlicher Teil des Lebensfeuers. Das Sexualfeuer ist der Kern unseres

Lebensfeuers. Jeder Mann – und jede Frau – hat dieses von Gott gegebene Geschenk des Sexualfeuers in sich selbst. Unsere tabuisierende Gesellschaft hat jedoch noch nicht erkannt und daher noch nicht gelernt, wie sie mit diesem Feuer umgehen, es behüten und nutzen kann.

Ein wichtiges Ziel in unserer Männerarbeit ist die bewusste Vorbereitung auf den Tod. Ein bewusster Tod ist nichts anderes als der Zeitpunkt in unserem irdischen Leben, an dem unser körperliches und geistiges Feuer mit dem göttlichen Feuer ewiger Ekstase verschmilzt.

Firmung

Leider ist die in der heutigen Zeit praktizierte Firmung nur ein sehr schwaches Echo spiritueller Initiation (das gilt auch für die evangelische Konfirmation). Es ist wahrlich eine Farce, was in vielen Firmvorbereitungen abläuft und wie man diesen für den Jugendlichen so wesentlicher Lebensübergang in eine Oberflächlichkeit sondergleichen abdriften lässt, sodass niemand begreift, worum ist hier eigentlich geht. Bei den meisten Naturvölkern gibt es keinen Unterschied zwischen spiritueller und sozialer Initiation. Soziale Initiation ist gleichzeitig auch spirituelle Initiation. Bei uns nennt man die spirituelle Initiation Firmung (oder Konfirmation), die zwar noch irgendwie in unserer Gesellschaft lebendig erhalten wird, aber deren soziale Bedeutung völlig an Wert verloren hat. Das Firmungsritual wird sowohl von der Kirche als auch von den Eltern und Paten äußerst oberflächlich verstanden und durchgeführt. Die soziale Initiation fehlt dabei vollständig. Dies ist sehr schade!

In unserer Männerarbeit arbeiten wir vor allem in Richtung soziale Initiation. Soziale Initiation heißt präziser: die Entdeckung des »inneren Kindes« und des »grundlegenden Gutseins«, die Arbeit mit Kindheitsverletzungen (mit dem verletzten Jungen), dem »achtungsvollen

Abschied von Vater und Mutter«, der »inneren Frau« (Anima, das Seelenbewusstsein des Mannes), der Sexualität (die Arbeit mit Scham und Schuld und tiefer sexueller Aufklärung), der Entdeckung der Vision (Lebensaufgabe), der bewussten Vorbereitung auf die Ehe und Lebensgemeinschaft sowie auf das Sterben und den Tod.

Selbstverständlich hat diese soziale Initiationsarbeit viel mit unserem spirituellen Leben zu tun. Wir sind davon überzeugt, dass jeder Mann seinen spirituellen Pfad finden und jeden Tag auf ihm wandeln sollte. Aber den spirituellen Pfad zu finden ist eine ganz persönliche, private und individuelle Arbeit. Letztlich muss jeder Mann diese Arbeit für sich selbst tun. Wir unterstützen diese Arbeit – auch aktiv über unseren Verein »nahverwandt« –, wenn Jugendliche zur Firmung vorbereitet werden. Einige Männer aus der Männerarbeit haben schon erfahren, wie aus einer inhaltslosen Firmungszeremonie ein unvergessliches Übergangsritual werden kann.

Geburt

Ein Sprichwort sagt: »Aller Anfang ist schwer.« Das bedeutet jedoch nicht, dass jeder von uns eine schwere Geburt hatte. Allerdings können wir aus unserer Erfahrung in der Männerarbeit sagen, dass die meisten von uns eine schwierige und schmerzhafte Kindheit hatten.

Für die meisten Babys ist es sehr schockierend, wie rau diese Welt ist. Wenn ein Baby geboren wird, hat es normalerweise die angeborene Fähigkeit, in den Bauch zu atmen. Aber im Laufe der Jahre wird das Baby und später das Kind durch Überrumpelung, Verlassensein, Verrat, Misshandlung, Beschuldigung und das alltägliche Leben so oft schockiert – traumatisiert, verletzt und verwundet –, dass die angeborene Fähigkeit, in den Bauch zu atmen, weitgehend verloren geht. Könnten alle Erwachsenen nochmals wie Neugeborene atmen, die ganze Welt würde befreit!

In der Bibel steht die Botschaft von Jesus: »Wir müssen werden wie die Kinder, wenn wir in das Himmelreich eingehen wollen«. Dies ist eine der wichtigsten Forderungen der Bibel. Sie hat in Bezug auf unsere Männerarbeit folgende Bedeutung: »Werdet wie die Kinder« heißt, die Bauchatmung und die bewusste Atmung sowie das von Beginn angelegte »grundlegende Gutsein« wieder zu entdecken und weiterzuentwickeln.

Die Geschichte meines Lebens vor der Geburt

Wie du weißt, gibt es im Universum Gottes einen Ort, genannt Erde. Viele Menschen leben dort. Da geschah etwas Seltsames: Nahezu jeder - außer den sehr kleinen Kindern und einigen sehr alten, sehr weisen Menschen - wurde durch einen Zauber gebannt. Nahezu alle Menschen - außer den sehr kleinen Kindern und einigen sehr alten weisen Menschen - leiden an einer Schlafkrankheit, die wir die »Ich-mich-und-mein-itis« nennen wollen. Diese universale Krankheit verursacht bei den Menschen viele seltsame und schmerzliche Erfahrungen: chronische Depression, törichte Uneinigkeit, sinnlose Gewalt, schreckliche Kriege und alle Arten unnötiger physischer Erkrankungen.

Eines Tages, vor *(dein Alter)* Jahren, hatte Gott eine gute Idee.

Gott sagte: »Gut. Sage *(dein Name)*, er möge zu mir kommen und mich sehen.«

Nun, zu dieser Zeit war *(dein Name)* nur reine Seele ohne Körper. Bedeutet das, wir sind unsichtbar in unserem vorirdischen Leben?

Nein, keinesfalls. *(dein Name)* sah zu jener Zeit aus wie ein winziger Punkt hellen anziehenden Lichts. Und du konntest hinüberschweben und sogar zu Gott sprechen. Nicht über das Wetter oder über das Mittagessen – entkörperte Seelen brauchen keine Mahlzeiten – konnte *(dein Name)* mit Gott sprechen, sondern darüber, wie es gelingen könnte, ewige Liebe unter die Menschen zu bringen.

Was aber geschah genau an diesem Tag?

Sobald Gott sagte »Gut. Sage *(dein Name),* er möge zu mir kommen und mich sehen«, da schwebtest du vor Gott hin, und all die Engel machten eine tiefe Verbeugung und warteten.

Gott sagte darauf: »Gut *(dein Name).* Ich bedarf deiner Hilfe. Die Menschen auf der Erde sind nahezu vollkommen durch einen Zauber gebannt. Sie führen beständig sinnlose Kriege und geben vor, ich sei an ihrer Seite; sie verschwenden die Ressourcen, während täglich Tausende von Kindern sterben. Willst du mir helfen, diese Menschen aufzuwecken?«

(Dein Name) sagte: »Gewiss. Aber ich würde gern vermeiden, selbst von diesem Jahrtausendzauber gebannt zu werden. So hoffe ich, du gibst mir einige Werkzeuge mit, um mich zu retten.«

Gott sagte: »Gut. Wie viele?« *(Dein Name)* sagte: »Ich dachte, zwei sollten genug sein«.

Gott sagte: »Gut. Statt zwei will ich dir drei meiner Segnungen mitgeben. Diese sind: Atem, Stimme und Sehkraft.«

Nun, zu dieser Zeit verstand *(dein Name)* diese drei Segnungen nicht. So sagte *(dein Name)* »Könntest du das bitte erklären?«

Gott sagte: »Gut. Zuerst den Atem. Ich werde der wahre Atem sein, den du atmest. In der Tat, ich werde zugleich der Eine sein, der dich atmet, zu jeder Zeit. So, wann immer die Verwirrung des wachenden Schlafs der Welt dich bedrängt, richte deine Aufmerksamkeit auf den

Atem, und wenn du deine Aufmerksamkeit lang genug dort verweilen lässt, wirst du erkennen: Ich bin der Eine, der dich atmet. Wir sind nicht zwei.«

(Dein Name) sagte: »Ich danke dir für die Segnung des Atems. Könntest du die Segnung der Stimme erklären?«

Gott sagte: »Gut. Die Stimme wird mit dem Atem erschaffen. Das bedeutet, so lange du dich daran erinnern kannst, das ich dich atme, wirst du dich daran erinnern, wie ich auf diese Weise deine Stimme erschaffe. In der Tat, ›deine‹ Stimme wird die meine sein. Ich werde sprechen durch dich. Meine Gebete werden im Klang deiner Stimme zu hören sein.«

(Dein Name) sagte: »Ich danke dir für die Segnung der Stimme. Könntest du mir nun noch die Segnung der Sehkraft erklären?« (Nun, eine Seele ohne Körper ist reine Sehkraft. So war dies eine törichte Frage, aber Gott liebt die Seelen so sehr, dass er selbst törichte Fragen beantwortete.)

Gott sagte: »Gut. Die Segnung der Sehkraft sind die Augen, durch die du siehst - das ist mein Blick. Und wenn du dich dessen immer erinnerst, so wirst du nicht nur mit den Augen sehen, sondern - viel wesentlicher - mit dem Herzen. Aber du musst beten, ohne Unterlass.«

Nun war *(dein Name)* voller Dankbarkeit. Doch *(dein Name)* verstand ebenso sehr gut, dass er als Gottes Bote zu den Menschen hinabsteigen und unter ihnen als ein Sklave leben musste. So war *(dein Name)* ein wenig besorgt und sagte ein letztes Mal zu Gott: »Gibt es irgendeine Möglichkeit, noch eine Segnung zu erhalten, nur um von dem Bann gerettet zu werden?«

Nun, Gott liebt die Seelen so sehr, und die einzigen Wesen, die Gott mehr als die Seelen liebt, sind die Kinder - Gott also war glücklich *(dein Name)* eine letzte Segnung mitzugeben.

Gott sagte: »Gut. Ich gebe dir meine größte Segnung mit,

so höre: »Nichts soll dir jemals vollkommen genügen außer mir.«

(Dein Name) hörte von all diesen Gaben und war tief berührt. Dann machte *(dein Name)* eine tiefe Verbeugung vor Gott und all den Engeln und wurde etwa neun Monate später auf der Erde an einem Ort geboren, *(Name deines Geburtsortes)* genannt, und begann das Leben als einer von Gottes Boten unter den Menschen.

Anmerkung: Ist das Baby schon geboren und sein Name von den Eltern – und eventuell vom Mentor – ausgewählt, wird der Name des Kindes in die Geschichte eingesetzt. Sie können dann ihrem Sohn oder ihrer Tochter, zum Beispiel zu Beginn der Pubertät, die Geschichte als Geschenk übergeben, eventuell sogar im Zusammenhang mit einem Ritual, das den Übergang zum Erwachsenenleben feiern hilft.

Gewalt

»Die Finsternis der Gewalt wird nur durch Mitgefühl beseitigt. Deshalb müssen wir uns um viel mehr Mitgefühl bemühen«, sagte der Dalai Lama in einem Appell zur Jahrtausendwende.

Gewalt im Allgemeinen

Soziale Gewalt ist der Maßstab für den Reifegrad einer Gesellschaft oder Zivilisation. Das heißt: Je mehr Gewalt in einer bestimmten Gruppe (Gesellschaft, Volk) vorherrscht, desto unreifer ist sie. Das Gegenteil ist natürlich auch wahr: Je weniger eine Gruppe von Gewalt bedroht ist, desto freier, offener und zufriedener sind die Menschen.

Es ist zwar momentan in unserer Gesellschaft kaum vorstellbar und realisierbar, dennoch glauben wir, dass eine gewaltfreie Gesellschaft möglich ist. Allerdings gibt es viele Voraussetzungen, die zu beachten sind.

Dazu gehört, dass wir in unserer Gesellschaft, entweder allein oder zusammen mit anderen, regelmäßig den Zustand von Ichlosigkeit leben und üben. Man kann diese Ichlosigkeit auch »bewussten Tod« oder »tiefe Ekstase« nennen.

Auch müsste eine gewaltfreie Gesellschaft waffenlos sein. Solange es Waffen gibt, solange werden sie auch benutzt. Das Beste wäre es, die Gesellschaft würde sich in eine besitzlose Gesellschaft wandeln. Wenn alle Menschen von einem tiefen Mitgefühl erfüllt wären, müsste niemand mehr hungern und unnötiges Leid ertragen.

Männergewalt

Wir können davon ausgehen, dass Gewalt ein reines Männerproblem ist – von wenigen Ausnahmen abgesehen. Selbstverständlich gibt es auch einige gewalttätige Frauen, die zwar nicht unbedingt körperliche Gewalt ausüben, aber geistig einiges anrichten und zerstören können. Viele gewalttätige Männer sind Männer, die als Kind niemals die Möglichkeit hatten, sich selbst lieben und schätzen zu lernen. Das bedeutet, dass Gewalt aus der Lieblosigkeit heraus zur Gewohnheit wird. Selbstverständlich bedeutet dies wiederum, dass die Überwindung von Gewalt niemals gewaltsam erfolgen kann. Gewalt kann nicht mittels Gewalt abgeschafft werden, sondern nur durch Liebe.

Jugendgewalt

Wenn unsere Kinder und Jugendlichen mehr und mehr gewalttätig werden, dann spiegelt das die Tatsache wider, dass wir das Problem von Gewalt noch nicht ausreichend in uns selbst geheilt haben. Solange wir Erwachsenen uns nicht selbst von diesem Problem befreit haben, solange wird es keine tief greifende Heilung für unsere gewaltanfälligen

Kinder und Jugendlichen geben. Anders gesagt: Der Hauptgrund für die zunehmende Gewalt unter jungen Menschen ist die zunehmende Gewalt in der Erwachsenengesellschaft. Was aber ist die Ursache dafür? Ein wichtiger Grund ist die immer stärker anwachsende Weltbevölkerung. Ein anderer Grund ist nicht einfach zu akzeptieren; er wird sehr oft verdrängt: Unreife Männer neigen oft zu Gewalttätigkeit. Der Grad seiner Gewaltneigung ist ein Maßstab für die Reife beziehungsweise Unreife eines Mannes.

Gewalt ist die Wut auf nicht gelebtes Leben

Damit sich Männer von Gewalt befreien können, müssen ihre Körper lernen, Ekstase zu erleben, und ihre Seelen müssen lernen, zu trauern. Die Zahl der Männer und Väter, die ihre Frauen beziehungsweise Kinder psychologisch und/oder physisch misshandeln, ist erschütternd hoch. Unserer Ansicht nach gibt es zwei Schlüssel zum Verständnis dieses Zustands: Ekstase und Trauer (Gram). Wenn heranwachsenden jungen Männern die Gelegenheit genommen wird, Ekstase zu erfahren, werden sie als erwachsene Männer dazu neigen, Gewalt auszuüben, in der Hoffnung, auf diesem Weg Ekstase zu finden.

Es gibt noch ein zweites, unbewusstes Bedürfnis – militärische Organisationen befriedigen es scheinbar. Sie bieten Männern die Möglichkeit, sich gemeinsam mit anderen Männern zu entwickeln, zu erproben und so Aufnahme in einen »inneren« Kreis von Männern zu finden. Mit anderen Worten: Militärische Gruppen bieten Männern eine Gelegenheit für »Initiation«. Es ist richtig, dass diese Art der »Initiation« entstellt und unbewusst abläuft. Trotzdem übt dieses geheime Versprechen der möglichen Initiation in einem inneren Kreis scheinbar mächtiger Männer eine Anziehung auf die Seelen junger Männer aus, die oft unwiderstehlich ist.

Männer werden immer Initiation suchen, und in unserer Gesellschaft, in der nahezu keine bewusste Initiation möglich ist, stolpern sie in die Fallen pervertierter oder unbewusster Initiation. Das ist tragisch, weil diese pervertierten, unbewussten Formen von Initiation oft tödlich sind – für die Männer selbst oder für andere Menschen.

Bewusste Initiation, wie sie beispielsweise von Naturvölkern bis heute praktiziert wird, ist vollkommen lebensbejahend und verpflichtet die Männer darüber hinaus, für die Dauer ihres gesamten Lebens ihre männliche und menschliche Reife zu vertiefen. Obwohl unsere Gesellschaft den Wert und die Notwendigkeit bewusster Initiation für Männer vollkommen vergessen hat, schreit die Welt nach Männern, die bewusst daran arbeiten, reife und mitfühlende Menschen zu werden. Die ersten Schritte auf diesem Weg führen durch die Tiefen des Grams, und darüber hat Greg vor einiger Zeit ein Gedicht geschrieben:

In die Asche hinein

Männer müssen weinen lernen

weil die meisten Männer
ihre Mütter verloren haben
kurz nachdem sie geboren wurden
und ihre Väter niemals glaubwürdig existierten

Männer müssen lernen
Tränen zu vergießen
in Gegenwart anderer Männer
und so die erlittenen Wunden heilen

Dann können sie
auch in Gegenwart von Frauen weinen
und die Wunden heilen
die sie ihnen zugefügt haben

Dies ist der wahre Pfad
männlicher Mannhaftigkeit:

hinab
in die Asche
um zu weinen ...

Gewaltlosigkeit

Frieden oder Gewaltlosigkeit stellen sich nicht von selbst ein. Sie benötigen einen bestimmten Lebensstil und eine lebenslange spirituelle Praxis:

Gewaltlosigkeit benötigt Waffenlosigkeit.
Doch es gibt keine *Waffenlosigkeit* ohne Besitzlosigkeit.
Und *Besitzlosigkeit* ist unmöglich ohne *Ichlosigkeit.*
Ichlosigkeit ist das Einüben von *Ekstase.*
Letztlich ist der Kern unserer Männerarbeit die Praxis der *Ekstase.*

»Die Sklaven der entwickelten industriellen Zivilisationen sind sublimierte Sklaven, aber sie sind Sklaven«, sagte Herbert Marcuse, ein deutscher Philosoph (1898 – 1979), dazu.

Lebenslinien: Ewald

In Niederösterreich, in einem kleinen Ort, wurde ich als letztes von vier Kindern geboren. Wir lebten in einem alten Haus, das unser Vater ständig umbaute und in das er nie richtig Ruhe einkehren ließ.

Meine beiden älteren Brüder hatten am Wochenende, während meine Schwester im Haushalt half, die unangenehme Aufgabe, unseren Vater zu unterstützen, der die beiden ungeduldig herumkommandierte. Ich machte mir währenddessen meine kindliche Beweglichkeit zunutze und besuchte die Nachbarn.

Manchmal kam es auch vor, dass mich meine Brüder überhaupt nicht aus den Augen ließen. Und so fanden sie immer Arbeit für mich, was mir überhaupt nicht gefiel.

Vater hatte eine faschistische Vergangenheit und gab uns - auch noch als SPÖ-Vorsitzender der Gemeindefraktion - immer wieder zu verstehen, wie gern er die arische Weltordnung beibehalten hätte. Mir gefielen die Geschichten vom Krieg, in denen alles einfach war und in denen es noch richtige Helden gab.

Unser Vater wurde zum Helden, wenn er beim Wein seine Freunde um sich versammelt hatte. Und wenn der Wein von meinem Vater bezahlt wurde, wurden sie fast unzertrennlich.

Wäre er nur ein Trinker gewesen! Doch da kamen noch seine Unbeherrschtheit und seine Brutalität hinzu, die uns Kinder vor der Heimkehr unseres Vaters immer zittern ließen. Niemand wusste vorher: War er heute Vorzeigevater, betrunkener Tyrann oder rücksichtsloser Schläger?

Nachdem meine Mutter wieder zu arbeiten angefangen hatte, war ich lange Zeit auf mich allein gestellt, bis meine Großmutter, die zehn Minuten von uns entfernt wohnte, mich zu sich nahm. Sie starb, als ich ungefähr 13 Jahre alt war. Danach kehrte ich wieder in mein Elterhaus zurück.

In der Nähe von Wien bekam ich eine Lehrstelle als Uhrmacher. Und langsam fing ich an, mich für das andere Geschlecht zu interessieren. Es war für mich eine andere Welt, was meine Freunde schon über Frauen wussten und wie weit sie auf diesem geheimnisvollen Gebiet schon vorgedrungen waren. Als sie schon über intime Kontakte zu berichten wussten, sperrte ich mich noch im Klo ein, um meinen eigenen Körper zu erforschen.

Nach langem Suchen hatte ich endlich ein reiferes Mädchen gefunden, das nicht sehr wählerisch war mit seinen Geschlechtspartnern. Sie gefiel mir auch gar nicht, doch sie war die einzige, die dazu bereit war. Danach stellte sich auch gleich eine große Enttäuschung ein. Ich konnte mir einfach nicht vorstellen, was daran so toll sein sollte, dass man es immer wieder tun wollte.

Es dauerte nicht lange, und ich hatte einige Liebschaften, die mich jede auf ihre Art faszinierten. Unterdessen machte ich die Meisterprüfung und ging kurze Zeit später als Werkstattleiter nach Tirol.

Ich hatte mich bald eingelebt, machte mich nach zwei Jahren selbstständig und traf meine spätere Frau. Wir lernten uns genau zu dem Zeitpunkt kennen, als sie plante, für ein Jahr nach Wien zu gehen - schlussendlich wurden dann vier Jahre daraus. Es war eine schwere Zeit für unsere Beziehung, und dass wir es dennoch schafften, schweißte uns richtig zusammen.

Leider musste ich nach zehn Jahren mein Geschäft schließen und bin nach einigen unbefriedigenden Arbeitsverhältnissen schließlich bei meinem Sohn in Karenz gegangen. Was ich mir selbst erst erlauben konnte, nachdem ich viel über mich nachgedacht hatte.

1990 ließ ich mich etwas widerwillig von Peter auf eines seiner ersten Seminare schleppen. Ich merkte bald, wie gut ich im Kreis der Männer aufgehoben war.

2003 bin ich ein Mann, der es immer öfter zulassen kann, ganz er selbst zu sein. Paul ist inzwischen schon 26 Monate alt, und ich genieße die Zeit mit ihm, denn es war mir noch nie so bewusst wie jetzt, dass es hier um das wirkliche Leben geht.

Gralssuche

Wir haben in unserer Arbeit die Gralsgeschichte oftmals benutzt. Leider ist sie heute nicht mehr so bekannt, und daher müssen Männer, die in einer Männergruppe damit arbeiten möchten, diese Geschichte erst wieder für sich entdecken. Wir glauben, dass die beste Gralsgeschichte von Wolfram von Eschenbach stammt. Es ist eine sehr lange Geschichte, und sie ist verhältnismäßig schwer zu lesen. Ein anderes Buch über den Gral, das wir empfehlen können, heißt: *Der Heilige Gral – Ursprung, Geheimnis und Deutung einer Legende* von Malcolm Godwin.

Selbstverständlich ist der Gral das Symbol unserer Seele. Die Suche nach dem Gral ist nichts anderes als die Suche nach unser Seele. Für manche Männer ist das Wort Seele aufgrund schmerzhafter religiöser Erziehung negativ beladen. Für andere Männer ist dasselbe Wort inhalts- und bedeutungslos und wird kaum ausgesprochen.

Die Suche nach dem Gral wird sehr oft mit Abenteuer, Geheimnis und Schätzen in Verbindung gebracht. Männer tragen einen Urtrieb nach Abenteuern in sich und wollen Helden sein. Wir haben festgestellt, dass die Suche nach dem Gral eine gute Metapher für Männerarbeit ist.
»Ein solcher Gral hat nur den einen Zweck, alle daraus trinken zu lassen, die es können. Doch der Träger dieses Grals kann selbst nie aus seinem Gefäß trinken, er muss jemanden suchen, der ihn aus seinem eigenen Herzen labt.

Der Wein aus einem solchen Kelch kann sowohl sauer als auch lieblich sein, und wir wissen es erst, wenn wir davon gekostet haben. Der wahre Eingeweihte genießt beides mit gleicher Freude«, heißt es in dem Buch *Der Gralsweg*.

Heldentum

Facetten des Themas »Heldentum«:
- höheres Selbst, zum Beispiel Gott
- Mentor
- Schamane
- Transformation
- Helfer
- Held
- Schwellenhüter
- Bote
- Trickser
- Schatten

Die Reise des Helden

Was kann ein Mann in Bezug auf Heldentum von der Männerarbeit erwarten? Zum Beispiel eine Heldenreise wie diese:
- Ausgangspunkt: Die alltägliche Welt.
- Unsere gegenwärtige Aufmerksamkeit (Wirklichkeit).
- Unsere Erfahrungen und unser Wissen.
- Unsere Wahrnehmungen über die fünf Sinne.
- Unsere begrenzte Sicht der Dinge.
- Unsere alltägliche Welt ist zwar oft bequem, aber nicht eindeutig und klar zu begreifen.

Früher oder später erreicht jeden Mann ein (seelischer, göttlicher, heilender) Aufruf – aber viele Männer nehmen diesen Aufruf nicht ernst (»wollen ihn nicht gehört haben«). Entweder sind sie zu bequem, oder sie haben Angst.

Doch Vorsicht: Es gibt im Leben eines jeden Menschen nicht allzu viele Ereignisse, in denen sich ein Spalt in der alltäglichen Wirklichkeit öffnet und sich dem Menschen eine absolute Bewusstheit (Seele, Gott, Offenbarung) mit einer Klarheit zeigt, dass ihm Mark und Bein erzittern.

Für die Heldenreise braucht ein Mann die Unterstützung eines Mentors.

Ist der Aufruf erhört worden, und ein Mentor nimmt sich seines Schützlings an, dann hat der Mann die Fähigkeit über *die erste Schwelle* zu gehen – das bedeutet: Ab nun ist er nicht mehr in der alltäglichen Welt.

Der Mann ist jetzt in eine besondere Welt vorgedrungen. Hier muss er sich mit initiatorischen Aufgaben, Fragen und Problemen auseinander setzen. Es stehen ihm einige Schwierigkeiten und Prüfungen bevor, die er bewältigen und lösen muss. Er trifft auch auf Gegner, die sich ihm in den Weg stellen. Aber er findet Helfer, die ihn begleiten.

Hat der Mann die Herausforderungen erfolgreich überstanden, tritt er über *die zweite Schwelle* und gelangt in die »geheimnisvollen Höhle«. Hier ist er Qualen, Torturen und einem Martyrium ausgeliefert – eine Art »bewusstem Tod«, von den Mystikern als »die dunkle Nacht der Seele« bezeichnet. Es ist die notwendige Prüfung (oder Reifung), damit der Mann überhaupt in der Lage ist, die nächsten Schritte zu wagen. Wenn er all diese Schwierigkeiten bewältigt hat, heißt das: Er ist bereit, über *die dritte Schwelle* zu gehen. Nun erlebt der Mann eine Auferstehung bzw. Transformation.

Ist der Mann erfolgreich durch diese Qualen gegangen, wird er belohnt. In der Geschichte nennt man dies: »Das Schwert der Magie« oder »Der Heilige Gral«. Er ist im Besitz seiner eigenen Seele – er ist wiedergeboren!

Jetzt tritt der Mann den Rückweg in die alltägliche Welt an. Dieser Weg erweist sich als sehr schwierig. Doch er erlebt sein gegenwärtiges Leben nun völlig anders, da er transformiert ist: Er hat den Heiligen Gral, und der Gral ist bis zum Rand gefüllt mit Lebenselixier. Zuletzt kommt er in die alltägliche Welt (Wirklichkeit) zurück. Er führt ein Leben voller Verantwortung, Mitgefühl und barfüßiger Einfachheit.

Er versucht andere Menschen vom »Lebenselixier« zu nähren, das heißt: Er dient als Mentor für andere.

Er geht einen Weg von Heilung und Reifung, der zu einem erfüllten Leben und zu einem guten Tod führt.

Homosexualität

Unsere Männerarbeit war, ist und bleibt offen für alle Männer, ob sie nun hetero-, homo- oder bisexuell orientiert sind. Für uns spielt die sexuelle Veranlagung keine Rolle. Nach unserem Verständnis sind Hetero-, Homo- oder Bisexualität zunächst alle gleichwertig. Doch gibt es, unabhängig von der Veranlagung, eine »gesunde« und eine »ungesunde« Sexualität. Ungesunde Sexualität ist gegeben, wenn

- man einem zwanghaften Trieb folgt,
- keine Verantwortung bezüglich Verhütung übernimmt,
- einen anderen als »sexuellen Gegenstand« benutzt,
- man seine Sexualität unverantwortlich und risikoreich auslebt (Stichwort Aids).

Homosexualität ist nichts Verwerfliches. Aber in einer Männergruppe, in der es eine Mischung aus hetero- und homosexuellen Männern gibt, kann dies bei einigen – vornehmlich heterosexuellen Männern – zu Problemen führen. Wenn ein heterosexueller Mann Schwierigkeiten allein aufgrund der Anwesenheit eines homosexuellen Mannes hat, dann bedeutet dies, dass er bezüglich seiner eigenen Sexualität Unsicherheit verspürt. Dies scheint unter Männern ein weit verbreitetes Problem zu sein. Daher gilt in unserer Männergruppenarbeit die unumstößliche Grundregel: Es gibt keinerlei sexuellen Kontakt zwischen den Männern der Gruppe.

Imagination

Imagination zählt zu den wichtigsten Dingen eines jeden Menschen: Im gleichen Maße, in dem die Imagination verkrüppelt, verkrüppelt unsere Seele.

In der Männerarbeit beschäftigen wir uns sehr oft mit »Vision«. Imagination ist die Quelle von Vision. Viele Erwachsene haben die

Fähigkeit, einen schöpferischen Tagtraum zu träumen, vollkommen verloren.

Es stimmt uns in der Männerarbeit immer wieder traurig, wenn wir beobachten, wie viele Männer schwer darunter leiden, keine klare Vision vom Sinn ihres Lebens zu haben, weil ihre Imagination verkrüppelt ist. Es bedarf besonderer Bemühungen, diesen Mangel auszugleichen.

Deshalb empfehlen wir allen verantwortungsvollen Erwachsenen, eine Schule für ihre Kinder zu suchen, in der Imagination gefördert und unterstützt wird. Gute Beispiele hierfür sind Montessori- und Waldorfschulen oder andere »alternative« Schulen.

Auch sollte die ganze Familie Aktivitäten entwickeln, die die schöpferische Imagination der Kinder unterstützt und fördert – das kann einen Riesenspaß machen!

Eine Imaginationsübung

Schließe die Augen, und stelle dir vor, dass Zeit und Geld keine Rolle spielen. Was wäre für dich der ideale Urlaub?

Es könnte überall auf der Welt sein, in der Arktis oder in der Wüste, auf dem Meer oder an Land - alles ist möglich. Versuche alles so klar wie möglich und im kleinsten Detail zu sehen.

Stelle dir jetzt vor, dass das Paradies vor deinem inneren Auge erscheint: Du bist am Leben und bist aus deinem Körper hinausgegangen. Du befindest dich mitten im Paradies. Jetzt in diesem Zustand, im Paradies: Was wäre dein größter Wunsch?

Die Beantwortung dieser beiden Fragen soll zeigen, wie wichtig unsere Vorstellungskraft ist: Nur wer über eine große Vorstellungskraft verfügt, dem wird es gelingen, einen Urlaub zu planen und anzutreten, der ihn verändern und sein Leben vollkommen erneuern wird.

Initiation

Initiation wird leider sehr oft missverstanden. In Bezug auf unsere Männerarbeit bedeutet Initiation: »bewusstes Mannwerden«. Also ist dieses ganze Buch ein Werk über Initiation. Daher zunächst vier Punkte, die unbedingt notwendig sind, um eine gesunde und tief greifende Initiation erfahren und annehmen zu können.

Du brauchst einen Stamm, eine Gemeinschaft von bewussten Menschen, die Verbundenheit pflegen und die sich gegenseitige verantwortungsvolle Aufmerksamkeit schenken können, zum Beispiel Männergruppen (gute Freunde, die nicht ständig darauf bedacht sind, Harmonie und Nettsein unter ihresgleichen zu verbreiten, die Wut, Angst und Trauer zulassen und so einen Entwicklungsprozess in Gang setzen und vorantreiben können, der der Heilung und Reifung der Gemeinschaft dient).

Du brauchst einen Mentor, Männer, die nicht dein Vater oder Sohn sind, sondern reife und verantwortungsvolle Menschen, die dich in das Geheimnis ihrer geheilten Wunden einweihen, sodass du deine »verschmutzten, verkrusteten und eiternden« Verletzungen erkennen, begreifen und reinigen kannst – damit sie heilen können.

Du brauchst einen »wilden Ort«: Wald, Wüste, Gebirge – weitab von deiner dich verwöhnenden Umgebung, fernab von deiner Mutter und deinem Vater. Du brauchst unberührtes, karges und wildes Land, in dessen Erde du deine Kindheit begraben kannst (»bewusster Tod«). Dein Jammern, Flehen und Wehklagen über den endgültigen Verlust deiner Jugend wird im ganzen Universum zu hören sein. In der Stille der Wildnis wirst du zum Mann reifen können. Die Dämonen und Geister, die dich schwach, abhängig und krank machten, werden von dir weichen und dich in die Freiheit des initiierten Mannes entlassen: Was zurückbleibt, ist lediglich ein Häuflein vergrabener Knochen, die noch zu Staub werden. Du aber gehst als Mann und bringst Neues hervor – du gehst einen barfüßigen Weg der Heilung und Reifung.

Du brauchst eine heilende »Heilige Wunde«, einen Schmerz, den du bis in dein Innerstes hören kannst. Der dich zu dem macht, was du bist: Ein göttliches, fühlendes Wesen – ein Mensch, der imstande ist, den Weltschmerz, die Welttrauer, die Weltangst und das grundlegende glückselige Gutsein bei sich und bei allen anderen zu erkennen und zu spüren. Diese bewusste Wunde, die dir dein Stamm oder dein Mentor zufügt, wird deine geschockte Seele befreien und die »alten Verletzungen« aufweichen und auswaschen helfen. Am Anfang wird es dich noch schütteln, aber später wirst du das »wahre Vibrieren« in deinem Körper fühlen. Du wirst als Mann im Pulsschlag des Lebens tanzen können, im Rhythmus des Herzschlags singen, ohne Unterlass – bis du in Frieden hinübergehst zum »guten Ende«.

Einige andere Aussagen über Initiation

Initiation ist das bewusste Übergangsritual vom Kindesalter zum Erwachsenenleben, das fest in der Stammestradition verankert ist. Bei den so genannten Naturvölkern haben diese Rituale eine besondere Bedeutung und Wesentlichkeit. Die Jugendlichen werden in der Zeit der Initiation vom Rest der Gemeinschaft getrennt. Von den reifen Erwachsenen werden ihnen oft schmerzliche Prüfungen auferlegt und »Heilige Wunden« zugefügt.

Im Wesentlichen geht es bei der Initiation darum, sich von der Kindheit und von der elterlichen (meist mütterlichen) Fürsorge abzunabeln, um zu einem eigenständigen, verantwortungsvollen und reifen Erwachsenen heranwachsen zu können.

Diese für uns »zivilisierte« Menschen oft grausam und brutal anmutenden Initiationsrituale der Naturvölker sind meist mit dem symbolischen Tod des Initianden verbunden (»bewusster Tod«). Nachdem die Initiation abgeschlossen ist, werden der Initiand oder die Initiandin als vollwertige Mitglieder in ihrem Stamm aufgenommen und gelten als heiratsfähig. Dies ist die Erklärung für die stabilen Beziehungen, die es bei Naturvölkern zwischen Mann und Frau gibt.

Initiation ist die Einweisung, Einführung, Einweihung in das Mysterium des Seins. Es ist eine körperliche und geistige Erfahrung, die einen Prozess in Gang setzt, der den heranwachsenden Menschen veranlasst, der Natur in einer achtsamen Weise zu begegnen und sie in einer heilenden Art zu begreifen. Der Mensch, der eine bewusste Initiation erfahren hat, wird die Umwelt mit einem behutsamen und gesunden Handeln aktiv erobern, um seine Bedürfnisse befriedigen zu können. Er weiß um das Seelenleben und schließt Sterben, Tod und Transformation in sein alltägliches Tun ein. Initiation führt den Menschen auf die kleinste Stufe herab, um begreifen zu können, dass wir alle mit allem in allem in einer göttlichen Form verbunden sind.

Initiation ist ein bewusster Lernprozess, bei dem man durch lebensnotwendige Veränderungen (Krisen), die beispielsweise bei Übergängen von einem Lebensabschnitt zum anderen auftreten, Heilung, Reifung und Entwicklung erfährt.

Initiation gewährt Einsicht in ...

... das universale Trauma und das soziale Gemetzel unserer Kindheitswunden:

- Welche Art von Kindheitswunden gibt es?
- Bis zu welchem Grad wurdest du selbst verwundet?
- Was ist notwendig zur Heilung dieser Wunden?
- Was bedeutet und wie notwendig ist Verbundenheit?

... die Seelenformung – die wichtigste Arbeit hier ist:

- das Erforschen unseres Schattens als Maßstab für unsere Reife;

- nach unten und durch den Schatten zu gehen und nicht davor zu flüchten;
- zu ermitteln, warum Seelenformung letztlich eine äußerst künstlerische und spirituelle Arbeit menschlicher Wesen ist.

... das Geheimnis des Bewusstseins unserer Anima:

- Warum ist ein Mann entweder »Diener« oder »Meister« seiner »inneren Frau« oder »absoluten Frau«?
- Warum ist Anima-Besessenheit (Seelenverlust) die universale Krankheit der heutigen Welt?
- Was müssen Männer tun, damit ihnen die »absolute Frau« dient, statt sie zu versklaven?

... die Schönheit wirklicher Beziehung:

- Das Geheimnis der großen Pyramiden enthüllt die ganze Gestalt einer tiefen, engen Beziehung zwischen Menschen.
- Sie zeigt die polarisierende Dynamik, die praktiziert werden soll.
- Sie stellt die drei notwendigen Ebenen der Liebe dar.

... das Verhältnis zu den (antiken) Göttern:

- Die Mythologisierung unseres Lebens ist unsere Erlösung. Die einzige Geschichte, die sich hier endlos wiederholt: Ein Mann (du), eine Frau (deine Partnerin) und ein Kind oder Gott.
- Sie zeigt die Bedeutung von William Blakes berühmtem Ausspruch: »Jesus Christus ist der einzige Gott, und das bin auch ich, und du bist es auch.«

... das Geheimnis unserer gottgegebenen Sexualität:

- Sie beweist, dass Sexualität eine tiefgründige Form spiritueller Praxis sein kann und auch sein sollte.
- Sie bereitet darauf vor, was die nächste Stufe männlicher Sexualität ist und wie man sie praktiziert.

... das Geheimnis des Todes und unsere Wiedergeburt in der »anderen« Welt:

- Sie zeigt, wie man sich glücklich auf das nächste Leben vorbereitet, während man das gegenwärtige lebt.
- Sie zeigt, wie wir in unserem täglichen Leben Liebestod leben können.

Uneingeweihtheit

Der initiierte Mann hat seine eigene psychologisch stabile Identität – er hat sich von den Eltern gelöst und wird sein Leben eigenverantwortlich gestalten. Der nicht initiierte Mann hat keine psychologisch stabile Identität. So wird er dazu tendieren, seiner Mutter und/oder seines Vaters Schatten auszuleben – in großer Verwirrung und Schmerz.

Der initiierte Mann hat seine eigene ekstatische Vision von seiner Mission im Leben, die in gewisser Weise immer eine Form des selbst transzendierenden, schöpferischen Dienstes an seiner Familie und/oder an der Menschheitsfamilie ist. Der nicht initiierte Mann hat sich hingegen bezeichnenderweise an die euphorischen und deprimierenden Möglichkeiten kleinerer oder größerer Visionen vergeudet.

Der initiierte Mann hat gelernt, wie er in die Asche seines Grams hinabsteigt – und er fährt fort, dies in einer angemessenen Weise zu tun. Der nicht initiierte Mann vermeidet die Asche, bringt daher nur immer mehr Asche hervor und gerät darüber in einen Teufelskreis.

Der initiierte Mann lernt die Bedeutung des »Liebestodes«, indem er all seine grotesken Schmerzen und abhängigen Vergnügungen des täglichen Lebens auslebt – frei von Fixierung oder Sublimierung. Der initiierte Mann singt sein Lied, tanzt seinen Tanz. Er ist der Atem der Zeit. Der nicht initiierte Mann hingegen ist sprachlos und bewegungslos, pathetisch erfroren in der Zeit, tot vor dem Sterben. Der nicht initiierte Mann lebt unausgereift, vermeidet Authentizität, stirbt ohne Bewusstheit und fragt sich, warum die Liebe ihn verließ.

Doch in jeder Sekunde ist sie genau hier – unter uns. Wo sonst könnte sie sein?

Uneingeweihtheit hat auch viel mit mangelndem Segen und Segnung zu tun. Der Segen von einem Vater und einer Mutter kann durch nichts ersetzt werden. Nur: Wer weiht Väter und Mütter ein?

Innere Frau

In jedem Mann steckt eine geheimnisvolle »innere Frau« (wie natürlich auch in jeder Frau ein »innerer Mann« vorhanden ist). Wir leben leider in einem Zeitalter, in dem die Männer kaum eine Ahnung von dieser – ihrer – »inneren Frau« haben. Es ist eine unglaubliche Tragödie, wenn ein Mann keinen bewussten Kontakt zu seiner »inneren Frau« hat beziehungsweise herstellen kann. Denn dann hat er keine andere Wahl, als ein Leben ohne Gleichgewicht zu führen. Das heißt umgekehrt: Männer, die ein Leben in Ausgeglichenheit, Harmonie und Balance führen wollen, benötigen einen bewussten Kontakt zu ihrer »inneren Frau«.

Aber die »innere Frau« ist nicht einfach aufzuspüren. Sie lebt geheimnisvoll und versteckt in unserer Seele. Wenn ein Mann sie finden will, muss er mit Unterstützung anderer Männer auf eine Entdeckungsreise gehen. Jede authentische Entdeckungsreise ist schwierig und schmerzhaft. Manchmal erklären wir sie den Männern wie folgt:
Jedes menschliche Wesen hat in sich ein »inneres Dorf«. Und in diesem Dorf leben verschiedene Wesen, beispielsweise König, Krieger, Liebhaber, Magier.

Unserer Meinung nach sind es vor allem das »innere Kind«, die »innere Frau« und die vier männlichen Archetypen, die wir zuerst auf unserer Reise entdecken müssen. Der Grund ist ganz einfach: Das »innere Kind« und die »innere Frau« sind der gesunde Boden für die vier männlichen Archetypen.

Leider haben viele Männer in ihrer Vergangenheit verletzende Erfahrungen mit der Mutter und anderen Frauen gemacht, sodass sie nicht mehr in der Lage sind, auf Entdeckungsreise zu gehen. Diese Männer werden von fremden Gestalten beherrscht.

Eine Frage stellen wir den Männern oft: »Wer ist der Bürgermeister in deinem »inneren Dorf«?« Die traurige Wahrheit ist, dass die meisten Männer nicht einmal Bürgermeister in ihrem »inneren Dorf« sind. Wenn du als Mann nicht Bürgermeister in deinem eigenen »inneren Dorf« bist, wer, zum Teufel, ist es dann?

Die »innere Frau«, das »innere Kind« und die vier weiblichen Archetypen sind für uns Männer die Quelle unserer Launen und Stimmungen, die Quelle unserer Sexualität, die Quelle unserer Imagination und Inspiration. Sie sind: »die Heimat unserer Seele«!

Inneres Kind

Für die meisten Männer, mit denen wir gearbeitet haben, kam die Entdeckung des »inneren Kindes« oft sehr überraschend und war begleitet von Schmerz und Gefühlen (Trauer, Angst, Wut).

Es ist völlig unerheblich, ob du ein Mann oder eine Frau bist, in diesem gegenwärtigen Augenblick gibt es in dir ein »inneres Kind«, das genauso lebendig ist wie du. Dieses Kind braucht dringend deine Aufmerksamkeit und Hilfe. Es genügt allerdings nicht, dass du dich allein um dein »inneres Kind« kümmerst: Du brauchst Unterstützung von anderen. Falls du nicht bereit bist, dich um dein »inneres Kind« zu sorgen, kannst du mit Bestimmtheit davon ausgehen, dass dein Leben schwierig werden wird.

Freud hat einmal gesagt, dass die meisten Männer unbewusst mit einer Frau verheiratet sind, die ein Symbol für ihre Mutter ist. Dass dies keine gute Basis für eine gesunde Beziehung und Ehe zwischen Mann und Frau sein kann, ist klar und offensichtlich.

Wir empfehlen Frauen, die über eine Partnerschaft mit einem Mann nachdenken: Bevor du eine tiefere und intimere Beziehung mit einem Mann eingehst, frage ihn vorsichtig, aber eindringlich nach seiner Kindheit. Besonders die Beziehung zu seiner Mutter, Stiefmutter oder Großmutter ist hier von besonderer Bedeutung und entscheidend für das Gelingen einer gesunden und reifen Partnerschaft. Wenn diese Beziehung für den Mann schmerzhaft war und er sich nicht bereit erklärt, bewusste Heilungsarbeit (Männergruppe, Beratung, Therapie, Mentor) in diesem Bereich zu leisten, dann vergiss ihn!

Der liebende Umgang mit sich selbst

Selbstliebe ist die Basis für die Liebe zu anderen Menschen. Wenn es uns an wirklicher Selbstliebe fehlt, können wir keine erfüllenden Liebesbeziehungen finden und werden immer wieder Mangel und innere Einsamkeit erdulden müssen.

Ohne es zu merken, suchen wir dann bei unseren Partnern die Liebe und Aufmerksamkeit, die uns einst in der Kindheit gefehlt hat. Diese unbewusste Suche nach später Elternliebe steht hinter sehr vielen Beziehungsproblemen. Ohne eine klärende Aufarbeitung wird die verhinderte Liebe sich jedoch immer wiederholen. Das Symbol des »inneren Kindes« ist ein wirksames Medium, den liebenden Umgang mit sich selbst zu entwickeln.

Die Tiefenpsychologie sagt, dass sich unsere Beziehungen zu Liebespartnern entsprechend der Beziehung zum eigenen »inneren Kind« gestalten.

Kinder

»*Werdet wie die Kinder*«. – Ich bewundere sehr, in welcher Weise viele Naturvölker ihre Kinder beschützen und ihnen die größtmögliche

Freiheit geben, sodass sie sich zu gesunden und reifen Menschen entwickeln können.

»Die Kinder der Indianer sind noch Kinder des Stammes. Die Erde, die sie betreten, und all die Natur um sie herum, ist die Wohnstätte des großen Geistes. Die Kinder sprechen seine Sprache, ihr Spiel ist sein Humor, und das Lachen der Kinder ist seine Freude über sie«, sagt Greg.

Das Prinzip des Respekts vor der Meinung des anderen gilt bei Indianern auch gegenüber Kindern. Kinder werden praktisch niemals als »Nur-Kinder« behandelt, sondern meist als Entscheidungs- und Gesprächspartner ernst genommen. Ein Kind wird fast nie zu etwas gezwungen, was es nicht will. Es widerspricht indianischem Denken, Kinder zu schlagen oder zu züchtigen. Nach indianischem Verständnis werden sie strenger erzogen als die Kinder der Weißen; aber sie werden in ihrer Individualität und ihrem Wollen immer ernst genommen. Sie werden eher wie Erwachsene behandelt – und das frühzeitiger, als es bei uns üblich ist.

Deshalb wirken indianische Kinder häufig erwachsener, reifer und selbstständiger, als es nach unseren Vorstellungen ihrem Alter entspricht. Hinzu kommt, dass diese Kinder traditionell in Großfamilien aufwachsen. Nicht nur der Vater und die Mutter sind für das Kind da, sondern es ist in ein komplexes System von sozialen Beziehungen eingebunden.

Einsamkeit, Beziehungslosigkeit, Verlassenheitsängste bezeichnen Situationen, die indianische Kinder eigentlich nicht kennen. Das bringt der Sioux-Medizinmann Lame Deer im Folgenden gut zum Ausdruck: »Zu Hause sind indianische Kinder von Verwandten wie von einer warmen Decke umgeben. Eltern, Großeltern, Onkel, Tanten, ältere Brüder sowie Cousinen und Vettern machen immer viel Aufhebens um sie, spielen mit ihnen oder hören zu, was sie zu sagen haben. Wenn die Erwachsenen irgendwo hingehen, werden die Kleinen mitgenommen. Kinder haben ihre Rechte genau wie die Erwachsenen. Sie werden selten zu etwas gezwungen, das sie nicht mögen, selbst wenn es gut für sie ist.«

Kreis

Viele Spiegel sind kreisförmig, und viel Arbeit in unserer Männerarbeit ist Kreisarbeit. Beispielswiese machen wir an einem Männerwochenende mehrmals eine Redestab-Runde. Und auch das Kernstück unserer Männerarbeit, die Schwitzhütte, ist kreisförmig angelegt; das Ritual verläuft innerhalb dreier Kreise: Stein- oder Zeremonienkreis, Feuerkreis und Schwitzhüttenkreis.

Bei den nordamerikanischen Indianern und bei anderen Naturvölkern hat der Kreis etwas Geheimnisvolles, gar Göttliches an sich – er ist ein Symbol für das Leben.

Wir glauben – oder wünschen uns oft –, dass das Leben in geraden Bahnen verläuft, auf geraden Linien, von der Geburt bis zum Tod. Doch in Wahrheit leben wir in einem Kreis. Dieser Kreis ist nicht geschlossen. Wir glauben, dass mit dem Tod alles beendet ist oder Tod und Wiedergeburt sofort ineinander greifen. Damit der Kreis jedoch geschlossen werden kann, bedarf es lebenslanger bewusster Initiationsarbeit (sozialer Initiationsprozess). Haben wir dann endlich den Kreis geschlossen, glauben wir am Rand des Universums zu stehen. Doch wir täuschen uns: Nachdem der Kreis geschlossen ist, gelangt jeder Mensch in das Zentrum des Universums (spiritueller Prozess).

Lachen und Lächeln

Vielleicht mag es für dich eigenartig klingen, aber trotz allem hat Männerarbeit viel mit Lachen zu tun. Lachen ist sehr, sehr wichtig. Viele Männer haben im Lauf der Männerarbeit ihren Humor zurückgewonnen. Es ist immer wieder überraschend für uns, wie humorvoll Männerarbeit und Männer sind. (Übrigens: Frauen finden es oft sehr anziehend, wenn Männer ihren Humor zeigen.) Allerdings gibt es in der Männerarbeit auch eine negative Seite von Lachen und Humor:

Manche Männer hatten eine dramatische Kindheit und ein schwieriges Erwachsenenleben. Einige von ihnen haben sich als Abwehrmechanismus (Schutz) ein Lächeln zugelegt, das nicht vom Herzen kommt, sondern lediglich Maske ist. Wir haben in unserer Männerarbeit festgestellt, dass in ihren Gesichtern ein aufgesetztes Lächeln, besser: Grinsen aufscheint, wenn sie über ihre schmerzhafte Kindheit zu erzählen beginnen. Wie man hier auch wieder sieht, sind Körper und Gefühle eine Einheit. Früher oder später in der Männerarbeit werden diese Männer mit ihrem Lächeln konfrontiert werden. Dieser Abwehrmechanismus kann teilweise so tief in einem Mann verankert sein, dass die Konfrontation damit sehr schwierig wird. Wir empfehlen deshalb, dass eine Konfrontation so lange vermieden werden sollte, bis die notwendige Verbundenheit in der Gruppe und mit diesem Mann hergestellt und aufgebaut ist.

Übe dein Lachen, und behalte deinen Humor – auch wenn es in der Männerarbeit manchmal sehr ernsthaft zugeht und sie von schwierigen Emotionen überladen ist. Schenke dir immer wieder auch ein Lachen, wenn du in den Spiegel blickst. Merke dir wirklich gute Witze, und erzähle sie weiter. Trau dich, hin und wieder Blödsinn zu machen, und lache darüber. Wenn du einen Fehler begehst, dir ein Malheur passiert oder du bei etwas Unangenehmem überrascht wirst, dann lache über dich. Bedanke dich bei den Männern, die dich zum Lachen gebracht haben, weil die Situation so komisch war, oder weil sie Humorvolles erzählt oder getan haben.

Magie und Magier (Schamane)

Es gibt zwei Arten von Magie: die schwarze und die weiße. Die Quelle von Magie ist immer dieselbe, der Unterschied liegt darin, wie die Magie angewandt wird. Wir menschlichen Wesen sind der entscheidende Faktor, ob daraus schwarze oder weiße Magie wird.

Schwarze Magie

Schwarze Magie wird häufig missverstanden. Im ersten Moment glauben wir nur sehr selten auf schwarze Magier zu treffen. Leider stimmt das nicht. Die Chance ist zwar gering, aber unbewusste Magier finden wir überall. Nach unserer Erfahrung ist der unbewusste schwarze Magier wesentlich heimtückischer und gefährlicher als der bewusste schwarze Magier.

In unserer so genannten hochgepriesenen Zivilisation und Kultur gibt es viele unbewusste schwarze Magier, die von der Gesellschaft und der Regierung getragen und unterstützt werden. Einige Wissenschaftler können wir als unbewusste schwarze Magier bezeichnen. Beispiele hierfür gibt es genügend: Leute, die über Genmanipulation arbeiten, Leute, die mit Kernkraft und Atomwaffen experimentieren, Leute, die Tiere als Material bezeichnen und mit Chemikalien und Pharmaprodukten Nahrungsmittel manipulieren, um damit den Profit in die Höhe zu treiben usw.

Es ist offensichtlich, dass unsere Gesellschaft noch nicht die Weisheit entwickelt hat, um mit all dem auf eine reife und verantwortungsvolle Weise umgehen zu können. Es entsteht der Eindruck, dass man unreifen Menschen ein sehr gefährliches Spielzeug in die Hand gegeben hat, das jeden Moment außer Kontrolle geraten und sich auf die ganze Menschheit vernichtend auswirken kann. Trotzdem geht diese Arbeit unvermindert weiter, und keiner weiß genau, wo das hinführen wird!

Wie können wir uns vor schwarzer Magie schützen? Im alten Griechenland gab es auf diese Frage eine ganz klare Antwort: »Erkenne dich selbst.« Für uns heißt das heute: Wir müssen uns auf eine Entdeckungsreise in unsere eigene Dunkelheit begeben. Anders gesagt: Wir müssen unseren eigenen Schatten oder unser unbewusstes Inneres erforschen.

Es ist nicht möglich, diese Arbeit allein zu bewältigen. Ein wichtiger Teil in der Männerarbeit ist das Erforschen unseres inneren Schattens. Je mehr wir unsere eigene Dunkelheit erforscht haben, desto mehr sind wir vor negativem Einfluss und schwarzer Magie geschützt.

Weiße Magie

Das Geheimnis weißer Magie ist dem Geheimnis geistiger Heilung ähnlich. Wir wissen: Die Kraft der weißen Magie oder der geistigen Heilung ist niemals in Besitz eines Einzelnen – sie gehört niemandem. Diese Kraft gehört Gott allein, aber es ist unser Segen, dass wir diese Kraft benutzen können – wenn wir einiges beachten.

Wir müssen uns selbst öffnen und selbst entleeren. Die Prozesse der Öffnung und der Entleerung sind eng miteinander verbunden. Das größte Hindernis, das sich uns in den Weg stellt, ist unser unbewusster Hintergrund. Die meisten Menschen sind so voll von unbewussten Inhalten, dass eine komplette Öffnung einfach nicht möglich ist. Das bedeutet: Wir müssen uns die unbewussten Inhalte bewusst machen. Im Allgemeinen nennen wir dies Innenschau. Wir brauchen Unterstützung für diese Arbeit – Männer von Männern, Frauen von Frauen. Viel von unserem unbewussten Inhalt hat mit unserem Schatten zu tun, mit dem, was wir nicht wahrhaben wollen. Mit unserem Schatten zu arbeiten, ist sehr schwierig. Wenn wir diese Arbeit jedoch nicht leisten, können wir uns nicht entleeren und daher auch nicht öffnen. Es ist ein Ziel des Entleerungsprozesses, dass wir komplett durchsichtig für die göttliche Kraft werden.

Magier (Schamane)

»Die Magier kamen, doch keiner verstand zu deuten die Flammenschrift an der Wand«, schrieb Heinrich Heine.

Der Magier ist einer der vier männlichen Hauptarchetypen. Der Raum des Magiers ist der Kreis des Allesmöglichen. Er verwandelt Wasser in Wein.

Der Heiler trägt dabei ein bildhaftes Epos vor, in dem ein Held gefährliche Abenteuer besteht. Der Schamane verknüpft die Figur des Helden mit der des Kranken. Im Lauf der initiatorischen Zeremonie oder Heilung identifiziert sich der Patient mit dem Geschehen und meistert wie der mystische Held sein Schicksal.

Ein Spiegelbild des Magiers (Schamanen) ist der Mentor. Der Raum des Mentors ist der Medizinkreis der Initiation. Er zeigt dem anderen den Weg zum Schatz.

Für Magier (Schamanen) gibt es nicht nur eine Wirklichkeit oder Welt, für sie gibt es viele Wirklichkeiten (Realitäten – »Jeder Mensch hat seine eigene Wirklichkeit, so wie sein Fingerabdruck einzigartig ist.«) und mindestens drei Welten: die obere Welt, die untere Welt und die Zwischenwelt.

Der Magier (Schamane) versteht es, zwischen den Wirklichkeiten und den Welten bewusst hin- und herzureisen. Er versteht auch, neue Wirklichkeiten zu erschaffen und zu benennen, Altes zu verändern und Neues zu schöpfen. Gekonnt bewegt er sich im »Heilenden (Heiligen) Raum der Transformation (Krisenregion)«. Aus den Tiefen seines Selbst stammt sein Humor. Er bewahrt den König vor Dummheiten und Arroganz. Alles nicht Authentische macht er sichtbar: Scharlatanerie, Götzenanbetungen, Aufgesetztes, Manipuliertes, und alles Unechte verliert durch den Magier Blendung und Glanz. Er hat eine tiefe Einsicht in die Seele. Seine Realität hat »Fleisch und Blut«.

Männerarbeit

Die Erfahrungen unserer praktischen Arbeit mit Männern lehrten uns, dass Gruppenarbeit für Männerinitiation unverzichtbar ist.

Bei den meisten Naturvölkern hat Jugendinitiation in der Gemeinschaft von Männern stattgefunden. In unserer Arbeit bevorzugen wir eine Gruppengröße von 15 bis 25 Teilnehmern. Eine Männergruppe in dieser Größenordnung benötigt ein Mentorenteam von zwei bis vier Männern. Natürlich ist es möglich, mit einer kleineren Gruppe zu arbeiten.

Doch wir haben festgestellt, dass eine größere Gruppe schneller den Siedepunkt erreichen kann.

Männer brauchen für eine tiefer gehende Arbeit eine größere Gruppe, um sich einerseits sicher zu fühlen und andererseits ihren Emotionen freien Lauf lassen zu können.

In der Männerarbeit reden wir immer wieder von Ausrüstung, Rucksack und Werkzeug. Ein Werkzeug, das auf keinen Fall fehlen darf, ist der Redestock. Zwei Energien besitzen eine Schlüsselfunktion in der Männerarbeit: Verbundenheit und Spiegelung.

Auf eine Gefahr, die sich in der Männergruppe jederzeit einschleichen und ausbreiten kann, möchten wir besonders aufmerksam machen. Eine Männergruppe kann am »*Nettsein*« sterben. Wenn eine Männergruppe immer nett und harmonisch ist, dann nennen wir diese Gruppe einen Verein oder Bund.

In einer lebendigen Männergruppe müssen ab und zu Streit, Konflikte und Disharmonie aufkommen. Dies ist nicht nur notwendig, sondern ausgesprochen gut und kräftigend. Aber: Selbstverständlich müssen der Mentor bzw. das Mentorenteam genügend Erfahrung haben, sich in einer fairen und gesunden Art und Weise mit Disharmonie, Konflikt und Streit auseinander zu setzen und konstruktiv damit umzugehen.

In unserer Gruppenarbeit haben wir einige Grundregeln. Zum Beispiel: Alle Arbeiten und Übungen, die wir anbieten, sind freiwillig und erfolgen auf eigene Verantwortung. Niemand wird gezwungen, etwas zu tun. Oder: Trunkenheit ist nicht erlaubt (obwohl bei den Mahlzeiten Alkohol getrunken werden kann). Eine dritte Grundregel lautet: kein körperlicher Kontakt, der zu Verletzungen führt.

Wenn Männer über einen bestimmten Zeitraum in einer Männergruppe arbeiten wollen, dann ist es wichtig, dass die Gruppe nach dem ersten oder zweiten Treffen geschlossen bleibt und keine neuen Männer aufgenommen werden.
Jeder Mann versucht pünktlich zu den Treffen zu erscheinen.
Jedes Treffen hat einen klaren Anfang und ein klares Ende.
Jedes Treffen hat ein vorbereitetes Thema.

Obwohl die meisten Männer die Gruppenarbeit genießen, denken sie in hierarchischen Mustern. Das heißt aber auch, dass es in einer

Männergruppe klar sein muss, wer der Häuptling ist. Das heißt jedoch nicht, dass es jedes Mal derselbe Häuptling sein muss. Die Struktur der Beziehungen in der Gruppe muss aber so klar wie möglich sein.

Wer sich in eine Männergruppe begibt, ist gut beraten, auf vier Punkte zu achten:

1. Männerarbeit war und ist für die meisten von uns eine positive Erfahrung beziehungsweise eine von wenigen Chancen, als Mann Innenschau zu entwickeln und zu reifen. Aber: Es ist keine Selbstverständlichkeit, dass andere diese Arbeit auch als heilend empfinden und die gesunde Veränderung eines Mannes positiv begrüßen und schätzen.

2. Es gibt Partnerschaften, die die Männerarbeit nicht überlebt haben. Wenn es in einer Partnerschaft zu Problemen kommt, dann bedarf es der Arbeit von beiden Seiten. Wenn nur der Mann oder nur die Frau an der partnerschaftlichen Beziehung arbeiten möchte, wird es keine zufrieden stellende Lösung geben.

3. Häufig entwickelt und wandelt sich bei einem Mann, der einige Zeit in der Männerarbeit ist, die Beziehung zu Kindern. In unserer Gesellschaft ist körperliche Nähe jedoch sehr verdächtig. Wenn ein erwachsener Mann mit Kindern oder Jugendlichen körperlichen Kontakt hat, kann es sein, dass er in den Augen der Gesellschaft krank, böse oder gar kriminell ist. Wir sollten uns stets daran erinnern, dass es in unserer Gesellschaft zwei große Tabus gibt: Sexualität und körperliche Nähe.

4. Unsere Gesellschaft ist so unreif, dass sie zur Selbstzerstörung neigt. Dieser unbewusste Drang zur Selbstzerstörung ist bereits so stark, dass es nur noch eine Möglichkeit zum Überleben zu geben scheint: die Männerarbeit.

Männerkrise (& Midlife-Crisis)

Dann und wann geraten Männer – allein oder mit ihrer Partnerin – in eine emotionale Krise. Dann erscheint das Leben als bedrückende Last. Zumal wenn einem auch noch der Hilferuf wie ein Kloß im Halse stecken bleibt oder die Bitten um Hilfe vor lauter Scham, Schuld, Rachegelüsten, Wut, Angst oder Trauer verstummen. Für einen derartigen Fall haben wir einen Vorschlag: Stelle dir vor, ein Freund von dir befindet sich ganz offensichtlich in einer schweren Krise. Du kannst jetzt zu ihm gehen und ihm sagen: Mein Eindruck ist, du steckst momentan in einem Problem fest. Ich selbst habe keine Lösung für dieses Problem, aber ich mache dir ein Angebot. Wenn es für dich in Ordnung ist, werde ich mit anderen Männern in Kontakt treten und für dich ein Treffen organisieren. Der Zweck dieses Männertreffens ist nicht erster Linie, eine Lösung für dein Problem zu finden – obwohl das toll wäre. Ziel ist, gemeinsam mit dir dieses Problem zu betrachten und die ganze Aufmerksamkeit der Gruppe darauf zu lenken, um zu sehen, was mit deinem Problem geschieht und was es mit dir macht.«

Selbstverständlich hat dein Freund Gelegenheit, Nein zu sagen. Wenn er dein Angebot ablehnt, musst du diese Entscheidung respektieren.

Außerdem hat dein Freund natürlich die Möglichkeit, darüber zu befinden, welche Männer er bei diesem Treffen dabei haben möchte und welche nicht. Stimmt dein Freund schließlich zu, dann liegt es in deiner Verantwortung, mit den Männern Kontakt aufzunehmen und ihnen zu erklären, worum es geht.

Es kann sein, dass sich einige der Männer von diesem Problem überfordert fühlen und sich entschließen, an dem Treffen nicht teilzunehmen. Selbstverständlich musst du das akzeptieren. Das Treffen selbst sollte an einem Ort stattfinden, an dem sich der betreffende Mann wohl und sicher fühlen kann. Es sollte ein Ort sein, an dem die Gruppe ungestört ist. Je schwieriger das Problem ist, desto mehr Zeit sollte eingeplant werden. Alle Beteiligten sollten sich so zwanglos wie nur möglich fühlen.

Midlife-Crisis ...

... ist ein Zeichen dafür, dass man Männerarbeit braucht. Wir glauben, dass die Midlife-Crisis in den so genannten Stammesgesellschaften völlig unbekannt war. Unser Rat: Wer seine Lebensmission auslebt, hat keine Zeit mehr für Midlife-Crisis.

Midlife-Crisis ist ein deutlicher Hinweis der »inneren Frau« (Seele), dass der Mann noch nicht ausreichend bewussten Kontakt zu ihr aufgenommen hat.

Ein typisches Symptom der Midlife-Crisis ist der Ausstieg aus der Ehe und die Verbindung zu einer wesentlich jüngeren Frau – wir nennen das einen »Lolita-Komplex«. Lolita symbolisiert die Seele im Geist eines Mannes. Die Seele an sich ist immer schön und sie ist unsterblich. Eine Lolita ist jedoch nicht die Lösung der Krise.

Für manche Männer in der Midlife-Crisis kommt reine Männerarbeit zu spät. Wenn Männer zudem suizidgefährdet sind oder in einer tiefen Depression stecken, dann können wir diese Männer nicht in unsere Männerarbeit aufnehmen. Ihnen empfehlen wir, zunächst Hilfe in einer Therapie zu suchen.

Lebenslinien: Paul

Geboren als zweites Kind, erster - einziger - erwünschter Sohn.

Die ersten sechs Lebensjahre habe ich im Zentrum einer Kleinstadt verbracht, dabei die ersten Erfahrungen mit älteren und jüngeren Nachbarn gemacht. Die älteren Nachbarn wollten eigentlich meistens, dass ich etwas nicht mache, aber die Gleichaltrigen wollten, dass wir etwas miteinander unternehmen. Es gab damals noch einige Wiesen und freie Plätze, sodass wir schon einigen Platz zum Spielen zur Verfügung hatten.

Zum Schulanfang übersiedelte unsere Familie an den Rand der Stadt in ein eigenes Haus. Erleben von sehr vielem Neuen, besonders die Schule mit dem halbstündigen Schulweg - oft begleitet von einer Mitschülerin und Nachbarin, manchmal auch verwickelt in Raufereien, wobei ich aber auch das Ausweichen gelernt habe. Das Kennenlernen von neuen Freunden, bis hin zur Blutsbrüderschaft. Der Besuch der HTL Innsbruck mit 14 Jahren, gleichzeitig Abschied von zu Hause - mindestens für 14 Tage; öfter durften wir nicht aus dem Internat nach Hause. Mit zunehmendem Alter war uns das immer angenehmer, denn so konnten wir die Wochenenden relativ frei verbringen.

Matura HTL, HAK, Abiturientenkurs (ein sehr gutes Jahr), sechs Monate Militär (Werkstatt - Wache - Werkstatt, beides konnte man recht gut hinbiegen), Ausgehen, Freunde treffen, Frauen kennen lernen, sich verlieben - in meine jetzige Frau, eine Osttirolerin. Ein Jahr Ausbildung in Deutschland mit vielen Kilometern zwischen uns - von Stuttgart nach Osttirol und zurück, mit 24 Jahren geheiratet, mit 25 zum ersten Mal Vater geworden (heute sind es fünf Kinder).

Den Betrieb von meinem Vater übernommen. Mittelpunkt daher Familie, Arbeit, Bedürfnisse aller Art decken.

Alltagsleben mit einigen Höhepunkten, aber auch einigen Tiefschlägen. Eigentlich ein ganz normales Leben, sicherlich belebt durch die Kinder, die sich alle sehr individuell entwickelten und noch entwickeln. Öfter mal aufgeschreckt durch Beziehungsprobleme mit meiner Frau (mit der ich inzwischen 26 Jahre verheiratet bin).

Die Lebenssinnfrage ist mir nach meinem 40. Geburtstag natürlich auch begegnet. Die Antwort ist bis jetzt noch sehr widersprüchlich, oftmals auch nach der gerade herrschenden Gegebenheit ausgerichtet, aber die Suche nach der »richtigen« Antwort wird immer interessanter, besonders weil auf einem Weg immer wieder Begegnungen stattfinden, die man nicht »finden« kann. Begegnungen beispielsweise mit anderen Männern, wobei ich erleben durfte, dass man nicht nur als Jugendlicher Freunde haben kann, sondern auch als Erwachsener. Begegnungen mit anderen Geistesrichtungen - Anthroposophie (durch meine Frau), Bibelrunden (mit bekannten Menschen), Buddhismus (Hermann Hesse: *Siddharta*), Esoterik (durch Seminare und Literatur), christliches, katholisches Gedankengut (durch Wiederaufnahme des Besuchs von Gottesdiensten), dazu noch Bhagwan-Literatur und dann noch die Männer (-bewegung).

Männersprache

Es gibt eine »Männersprache« und eine »Frauensprache«. Forscher haben Folgendes herausgefunden: Wenn Männer reden, dann geht es um Informationsaustausch, wenn Frauen reden, dann soll vor allem die Ausgewogenheit in der Beziehung wiederhergestellt werden. Wir können aus Erfahrung sagen, dass dies stimmt. Anders ausgedrückt: Männer sind zielgerichtet, Frauen prozessorientiert.

Es gibt noch einen anderen Unterschied, der häufig zutrifft: Frauen reden viel mehr als Männer. Es scheint so zu sein, dass Frauen das Reden für ihr geistiges und seelisches Wohlbefinden einsetzen und als Ausgleich brauchen. Für Frauen hat Reden eine reinigende und soziale Bedeutung. Selbstverständlich gibt es auch hier – wie fast überall – Ausnahmen.

In unserer Männerarbeit haben wir die Erfahrung gemacht, dass relativ vielen Männern das Reden über sich selbst äußerst schwer fällt. Männer können oft stundenlang über ihre Arbeit, über Sport und Politik reden, aber sie haben nur wenig über sich selbst zu sagen. Großen Raum in der Männerarbeit nimmt daher das Sprechen über sich selbst – in der Gruppe – ein.

Manchmal jedoch sind Männer in der Gruppe, die einfach zu viel reden. Es gibt nicht allzu viele solche Männer, aber es kommt trotzdem vor. Und dann kann es sein, dass die Gruppenleiter oder die Gruppe selbst Grenzen setzen muss, damit der oft oberflächliche Redeschwall ein Ende findet. Unserer Erfahrung nach versuchen die meisten Männer jedoch mit möglichst wenigen Worten das auszudrücken, was sie sagen wollen. In unserer Männerarbeit versuchen wir, den Männern eine Hilfe zu geben. Jene Männer, die nicht viel reden, ermuntern wir, das zum Ausdruck zu bringen, was sie sagen möchten, und den anderen, die meist zu lange und zu viel reden, helfen wir, nur das Wesentliche zu sagen.

Mentor

Als Odysseus zu seiner Reise aufbrach, bat er seinen Freund Mentor, sich während seiner Abwesenheit um seinen Sohn Telemach zu kümmern. Mentor nahm Telemach unter seine Fittiche und förderte seine Begabungen und Talente. Mentor war für ihn mehr als nur ein Lehrer, er war Beschützer und Vorbild.

Das Fundament der Beziehung zwischen Mentor und Schützling ist Verbundenheit. Verbundenheit bedeutet gegenseitiges Vertrauen und Freundschaft. Normalerweise ist der Mentor vom selben Geschlecht wie der Schützling. In den meisten Fällen ist der Mentor älter oder gar viel älter als sein Novize. Der Mentor hat aus verschiedenen Lebensabschnitten Erfahrungen sammeln und daraus etwas lernen können. Er hat die Fähigkeit entwickelt, das Gelernte weiterzugeben.

Eine Mentorenbeziehung kann sehr weitreichend und vielseitig sein. Eine ihrer Eigenschaften ist es, die Freundschaft und die Verbundenheit zum Novizen ein Leben lang zu bewahren. Das Ziel einer jeden Mentorenbeziehung kann aber nur sein, den Schützling so schnell wie möglich unabhängig von dieser Beziehung zu machen. Ein Mentor, der seine Beziehung auszunutzen versucht, um den Schützling abhängig zu machen, ist kein Mentor.

Die Beziehung zwischen Mentor und Schützling ist das geheimnisvolle Herzstück der Stammesgesellschaft. Ohne diese Beziehung könnte die Stammesgesellschaft nicht weiterleben. Die Stammesgesellschaften haben intuitiv begriffen, wie wichtig es für pubertierende Jungen und Mädchen ist, einen Mentor oder eine Mentorin außerhalb des engen Familienverbandes zu finden.

Mentorenschaft braucht aber den nötigen Abstand zum jungen, noch uninitiierten Mann. Leider entsteht in unseren Strukturen zu schnell Eifersucht, oder die Situation ist der Umgebung verdächtig. Wenn wir Glück haben und einen Mentor finden, der uns etwas Wesentliches über unser Leben zu sagen hat und wir von ihm für unser Leben lernen können, dann heißt das gleichzeitig, dass wir die Möglichkeit bekommen, für andere als Mentor zu dienen, wenn wir bereit sind, uns selbst dafür zu öffnen. Ein Mann ist mit seiner Initiationsarbeit noch nicht fertig, wenn er nicht fähig und bereit ist, selbst bei passender Gelegenheit Mentor zu sein.

Ein Mentor muss ganz selbstverständlich ehrlich sein. Kein Mentor sollte vermitteln, dass er vom Leben alles weiß. Was ein Mentor von seinen eigenen Schwierigkeiten im Leben gelernt hat, kann er weitergeben. Aber in bestimmten Lebensbereichen, in denen er wenig oder keine Erfahrung hat, muss er mit seinem Schützling ehrlich umgehen. Ein Mentor muss bereit sein und es zulassen können, dass sein Schützling in eine andere Richtung gehen möchte, auch dann, wenn sie der Richtung, die der Mentor gern hätte, entgegengesetzt ist. Der Mentor muss jederzeit darauf bedacht sein, dem Schützling diese Freiheit zu gewähren.

Ein Mentor sollte immer für Fragen seines Schützlings offen sein. Zwischen Mentor und erwachsenem Schützling sollte immer klar sein, dass jeder für sein Leben selbst die Verantwortung trägt.

Ein Mentor muss nicht ständig körperlich präsent sein. Oft genügt es, dass der Schützling einfach ein Symbol bei sich trägt, dass ihn an seinen Mentor und an die Verbundenheit mit ihm erinnert.

Hat der Mentor das Gefühl, dem Schützling alles Erlernte aus seinem Leben mitgeteilt zu haben, dann ist es gut, wenn er ihm dies klar mitteilt. Das heißt jedoch nicht, dass die Beziehung zu Ende sein muss. Es heißt nur, dass ihm der Mentor das Bestmögliche aus seinem Leben gegeben hat.

Wir wissen von unserer Männerarbeit, dass die Mentorenarbeit für die Männer etwas vollkommen Neues ist. Deshalb noch einige Empfehlungen:
Jeder kann jetzt für sich einfach Innenschau praktizieren. Er kann in sich gehen und herausfinden, ob er Mentor sein kann oder einen Mentor braucht.

Für uns ist es sehr wichtig, dass die Beziehung zwischen Mentor und Schützling so bewusst wie möglich verstanden und eingegangen wird. Hierzu empfehlen wir den Männern in der Männerarbeit, dass sie zu diesem Mann gehen und ihm sagen: »Ich glaube, du hast viel Erfahrung in … (Bereich) und in … (Bereich). Ich bin an einem Punkt in meinem Leben angekommen, wo ich viele Probleme in diesen Bereichen habe. Ist es möglich, dass du für mich in dieser Richtung ein Mentor sein kannst?

Falls der Mann verneint und deine Bitte ablehnt, musst du das akzeptieren. Falls der Mann deine Frage bejaht und dir zusagt, dann musst du dich regelmäßig mit ihm treffen oder telefonieren. Ein Mentor ist kein Gedankenleser. Du musst so klar wie möglich sagen, was mit dir los ist und was du von ihm erwartest und brauchst.

Wenn jemand zu dir kommt und dich fragt, ob du Mentor für ihn sein kannst, dann musst du diese Frage sehr gewissenhaft und ernsthaft prüfen. Du solltest nur Ja sagen

- wenn du tatsächlich viel Lebenserfahrung in den Bereichen gesammelt hast, in denen der Schützling seine Schwierigkeiten vermutet;
- wenn du dich reif genug fühlst, deine Schwächen vor dem Schützling zu

zeigen, obwohl es für dich als Mentor bedeuten kann, dass du dein Ansehen bei deinem Schützling verlieren kannst – Vertrauen und Diskretion sind hier oberstes Gebot;
- wenn du tatsächlich bereit bist, dir Zeit für diesen Mann zu nehmen;
- wenn du tatsächlich die Absicht hast, von ihm nichts anderes zu wollen als Freundschaft;
- wenn es für dich in Ordnung ist, dass diese Beziehung jahrelang andauern kann;
- wenn du auch tatsächlich bereit bist, deinem Schützling bewusst zu machen, was es bedeutet, ein Kind zu zeugen – und dass damit eine hohe Verantwortung verbunden ist.

Wenn du als Mentor nicht genau weißt, mit welchen konkreten Themen dein Schützling arbeiten möchte und wie du ihn unterstützen kannst, dann frage ihn: »Wie viel hast du in deinem Leben schon unter diesem Problem leiden müssen?«

Wo und wie kann man als Mentor arbeiten?

Jugendbetreuer, Pate, Berg-, Wander-, Barfuß- und Naturführer, Trainer in verschiedenen Bereichen, Lebens- und Sozialberater, Schwitzhüttenlehrer, Abenteuer- und Ausbildungsprogrammleiter, Überlebens- und Wildnistrainer, Naturschützer, Lehrer für moderne Kampfkünste, Ritualleiter und Zeremonienmeister – in all diesen Bereichen ist Mentorenschaft möglich.

Pate?

Der Pate ist in unserer Gesellschaft ein versteckter Mentor. Einen erdverbundenen, vertrauten und mitfühlenden Paten in unserer Gesellschaft heranreifen zu lassen, ist heute so wichtig und notwendig geworden wie noch nie. Die Firmung (Konfirmation) ist eine treffliche Gelegenheit, direkt in die Patenschaft (Mentorenschaft) einzusteigen. Das Lösen des Jungen aus dem Familienkreis ist eine Befreiung für ihn.

Was ist das Feuer des Mentors?

Ein Mentor versucht einen Weg zu finden, den Jungen auf dem bestmöglichen Weg durch den Initiationsprozess zu führen. Dabei wird der Junge häufig stürzen – ihn dabei zu begleiten, liegt in der Verantwortung des Mentors. Der Prozess der Initiation hat immer etwas mit Wunden, mit Unsicherheit, Irritation und Verwirrung, aber auch mit Todesangst und Wiedergeburt zu tun.

Sehr entscheidend für die Anziehungskraft, die ein Mentor auf andere Männer hat, ist seine gesunde Heldenausstrahlung und seine Grandiosität. Ein Beispiel für ungesunde Grandiosität sind die unzähligen Verletzten und Toten in den Alpen. Die Alpen haben die Anziehungskraft eines Magneten für Männer mit ungesunder Grandiosität. Merke: Ein Mentor ist ein echter Held. Ein Mentor hat eine authentische Grandiosität.

Minderwertigkeit

Das Minderwertigkeitsgefühl ist ein weit verbreitetes Problem in der Psyche aller Männer. In jedem Minderwertigkeitsgefühl steckt das Bedürfnis, sich mit anderen Männern messen zu wollen. Wenn Jungen oder Männer keine angemessene Gelegenheit bekommen, sich mit anderen Jungen beziehungsweise Männern auseinander zu setzen, dann werden sie in einer ungesunden Art und Weise versuchen, dieses Grundbedürfnis zu befriedigen.

Der in unserer Gesellschaft weit verbreitete Konkurrenzkampf und Verdrängungswettbewerb ist ein gutes Beispiel für ein ungesundes Stillen dieses Bedürfnisses. Aus diesem Grund können wir falschen und richtigen Konsum voneinander unterscheiden:

Falscher und richtiger Konsum

Falscher Konsum:
Alles ist machbar, alles ist erhältlich, alles ist ersetzbar, das Zuviel schafft den Scheingewinn, doch niemand kennt noch den Ursprung. Wir stopfen alles in uns hinein und warten nicht, bis es verdaut ist. Wir nehmen uns nicht mehr die Zeit, um das auszuscheiden, was wir nicht brauchen. Wir geben uns nicht mehr die Ruhe, um die Nährstoffe aufzunehmen.

Richtiger Konsum.
Wir wissen woher die Nahrung kommt, wer sie wachsen ließ und in welcher Umwelt sie gedeihen konnte. Wir wissen, dass gesunde Nahrung gesunde Erde, gesunde Luft und gesundes Wasser braucht. Wir wissen, dass wir die Sonnenenergie über die Nahrung aufnehmen, nicht nur über die Luft und nicht nur über die Haut. Konsum ist nicht Gewinnmaximierung, ist nicht horten, lagern und transportieren. Gesunder Konsum heißt, den gesamten Wachstumsprozess – vom Säen bis zum fertigen Lebensmittel – zuerst in der Umwelt zu fördern und zu unterstützen, um dann für sich selbst den Prozess des Aufnehmens, des Verdauens und des Ausscheidens zu vollziehen.

Es gibt ein Gesetz, das besagt: Alle sichtbare Welt, einschließlich dessen, woraus der Mensch seine Nahrung schöpft und womit der Mensch seine Bedürfnisse befriedigt, ist beseelt. Beseelt heißt, dass Gott ihr innewohnt. Der »Große Geist« ist in allem! Würden wir wirtschaftlich denkenden Menschen den Prozess des Konsumierens entsprechend gestalten, wären wir mit wesentlich weniger Verbrauch satter und zufriedener. Kein Kind und niemand mehr sonst auf unserer Erde müsste hungern – für alle wäre ausreichend gesorgt.

Der Trieb, der ungesunde Konkurrenz nährt, ist nicht nur die Geldgier, sondern auch der Versuch, sich von einem Minderwertigkeitsgefühl zu befreien. In den traditionellen Stammesgesellschaften haben sich im Lauf der Zeit intuitiv erfolgreiche Methoden entwickelt, wie Männer und Jungen sich mit anderen Männern und Jungen kraftvoll messen können, ohne dabei größere Verletzungen zu erleiden.

Diese Männer und Jungen dürfen den Konkurrenztrieb in einer gesunden Weise ausleben.

In unserer Gesellschaft sind die meisten Menschen davon überzeugt, dass das Minderwertigkeitsgefühl immer nur Probleme und Schwierigkeiten mit sich bringt. Dazu ist zu sagen:
Unsere Gesellschaft bietet nur sehr wenige Möglichkeiten, um mit dem Minderwertigkeitsgefühl offen und ehrlich umzugehen.
Viele Männer haben ihr bisheriges Leben damit verbracht, das Minderwertigkeitsgefühl vor sich und den anderen zu verstecken.

Außerdem versuchen die meisten Politiker aus dem durchaus positiven kollektiven Minderwertigkeitsgefühl – ohne dieses Minderwertigkeitsgefühl gäbe es keine sozialen Menschen – durch Angstmacherei ein negatives Minderwertigkeitsgefühl zu provozieren.

In unserer Männerarbeit haben wir versucht, mit diesem Minderwertigkeitsgefühl zu arbeiten. Wir haben dabei erkennen können, wie tief dieses Bedürfnis in uns Menschen verankert ist. Damit man mit diesem Gefühl, Bedürfnis, Trieb arbeiten kann, sind gut entwickelte Werkzeuge nötig. Wir haben erlebt, dass die Gruppenarbeit mit Männern ein sehr wirkungsvolles Mittel zur Überwindung von Minderwertigkeitsgefühlen ist. Und manchmal machen Männer großartige Dinge aufgrund ihres Minderwertigkeitsgefühls …

Missbrauch

Missbrauch liegt vor, wenn
- die folgenden Bedürfnisse eines Jungen unerfüllt bleiben: Sicherheit, Geborgenheit, Berührung, Wahrhaftigkeit, Wärme, Zärtlichkeit;
- man den Jungen verwöhnt, ihn in Abhängigkeit und Uneigenständigkeit und dadurch in einer Art sozialer Verwahrlosung hält – ihn also an seiner Reifung und an seinem Wachstum hindert;

- der Junge folgende ausgesprochenen oder unausgesprochenen Botschaften von seinen Eltern vermittelt bekommt:
  - »Sprich in keiner Weise über Gefühle, persönliche und familiäre Probleme!«
  - »Unterdrücke intensive oder inakzeptable Gefühle!«
  - »Liebkose nicht, und drücke Zuneigung nicht mit deinem Körper aus!«
  - »Vertraue nicht!«
  - »Du bist nicht so, wie ich dich haben will, deshalb entziehe ich dir meine Liebe; du bist nicht liebenswert, ich verlasse dich!«
- das disfunktionale und misshandelnde Familiensystem verstetigt wird;
- kulturelle (oder soziale) und individuelle Ablehnung wirksam ist;
- kulturelle (oder soziale) und individuelle Enttäuschung erlebt wird;
- großer Schmerz durch verletzende Erfahrungen in der Kindheit nachwirkt;
- die Unterdrückung dieser Schmerzen durch scheinbares Vergessen erfolgen muss;
- die unvermeidbare Tendenz der Erwachsenen spürbar wird, unbewusst die in der Kindheit erlernten Verhaltens- und Reaktionsmuster immer wieder zu wiederholen;
- ein Elternteil konsum-, drogen- oder alkoholsüchtig ist;
- der Junge, zum Beispiel aufgrund einer tragischen Scheidung oder einer stark emotional aufgeladenen Trennung, vom Vater oder von der Mutter verleumdet und verraten wird;
- der kleine Junge zum Mann- und Vaterersatz wird, weil der eigentliche Mann und Vater, von ihr »rausgeschmissen« wurde oder »abgehauen« oder verstorben ist. Die Tatsache, dass hierbei das Kind zum Opfer wird, wird nach wie vor geleugnet;
- der Junge wie ein Mädchen behandelt, erzogen und angezogen wird;
- der kleine Junge zum Seelentröster seiner Mutter wird, weil diese die Probleme mit ihrem Partner oder mit Männern nicht auf einer erwachsenen reifen Weise lösen kann;
- der Junge ständig gewaschen und gekämmt sein muss (sich schmutzig zu machen oder dreckige Kleidung zu tragen, wird gleichgesetzt mit der Aussage: »Männer sind eklig und stinken«);
- der Junge (älter als sieben Jahre) jede Nacht im Bett seiner Mutter

schläft (das hat nichts mit dem gesunden Familienbett zu tun);
- der Junge zum Teddybären degradiert (und kastriert) wird;
- die Frau und Mutter zum »Feldwebel« wird und der Junge nicht die Möglichkeit hat, sich dieser Matrone zu entziehen;
- dem Jungen vorgeworfen wird, genauso wie sein Vater oder wie alle Männer zu sein;
- der Junge keinen von den restlichen Familienmitgliedern respektierten Rückzugsort hat;
- der Junge ungeniert dem Sexualleben seines Vaters und seiner Mutter ausgesetzt wird;
- der Junge andere gegen seinen Willen küssen muss;
- der Junge zu Hause oder anderswo leicht an Pornographie (Videos, Fernsehen usw.) kommt;
- der Junge von Werbung, die meist erotisierend und sexistisch ist, überreizt wird;
- dem Jungen verwehrt wird, in den Kindergarten beziehungsweise zu einer Art Ersatzfamilie (Ersatzeltern) zu gehen, nur weil man ihn noch für zu klein, zu schwach oder zu kindlich hält oder die Mutter ihn nicht missen möchte;
- der Junge sowohl von der Mutter als auch vom Vater unsittlich körperlich berührt wird. Spätestens ab Schulbeginn hat kein Erwachsener mehr (ausgenommen der Arzt) am Penis des Jungen etwas zu suchen;
- der Penis des Jungen verlacht oder verspottet wird;
- der Junge überhaupt nicht oder unzureichend und einseitig sexuell aufgeklärt wird;
- die Mutter ständig alles von ihrem Sohn wissen will und er ihr alles erzählen muss;
- der Sohn zum »Schuldigen« dafür gemacht wird, dass das Leben des Vaters oder der Mutter so schwierig verläuft (»Du bringst mich noch ins Grab« – »Wenn ich dich nicht hätte, könnte ich jetzt meinen wirklichen Interessen nachgehen, mein Leben könnte gelingen« usw.);
- unsere Konsumgesellschaft die Kinder in die Abhängigkeit und somit in die Gier treibt;
- dem Jungen sexuelle Gewalt – auch in Wort, Schrift und Bild – angetan wird;
- der Junge verprügelt wird und ihm Grausamkeiten angetan werden;

- der Junge verlassen, vernachlässigt oder ausgebeutet wird (Kinderarbeit usw.);
- der Junge in seiner Entwicklung, Reifung und Mannwerdung von der Gesellschaft im Stich gelassen wird;
- der Junge ständig Disziplin- und Grenzenlosigkeit ausgesetzt wird; selbstverständlich hat ein Junge ab fünf Jahren sein Bett selbst zu machen, sich selbst anzuziehen und seine Schmutzwäsche in den Wäschekorb zu geben; diese drei Dinge zählen nicht zu sozialem Verhalten, es sind persönliche Pflichten; von sozialem Verhalten sprechen wir, wenn er beispielsweise das Geschirr abräumt, den Abfalleimer ausleert, das Frühstück auch für andere macht usw. (eben all das, was auch der Gemeinschaft dient);
- die Jungen absichtlich in wettkampf- und leistungsorientierten Bereichen wie Sport, Musik und Business von den Erwachsenen ausgenutzt, ausgebeutet und sowohl körperlich als auch seelisch verheizt werden. Wenn sie wegen der Show, des Highlights, der großen Party-Events, der Tourismus-Gurus und dem damit verbundenen Geldhagel um ihre Kindheit, Jugendzeit und Ehrlichkeit betrogen und letztlich verstümmelt werden;
- man dem Jungen die eigenen Bedürfnisse, Ziele und Wünsche, die uns selbst verwehrt geblieben oder nicht gelungen sind, aufbürdet, damit er sie für uns erledigt und lebt;
- dem Jungen von der Gesellschaft bewusste, gesunde, entwicklungsfördernde Initiation verweigert wird;
- die Gesellschaft kein Interesse an der spirituellen Entwicklung hat.

Mein Gott, man könnte noch so vieles hinzufügen!

Mythos

Mythen (vgl. Seite 57 ff.) sind in der Männerarbeit bedeutungsvoller als Märchen. Speziell die griechischen Mythen sind sehr nützlich für unsere Männerarbeit. Ganz wesentlich für uns heute ist der Mythos von Dädalus und Ikarus. Er hat für uns folgende Bedeutungen:
Der Vater steht dem Sohn geistig nahe und kann ihm daher kein Mentor sein. Ikarus wird zwar von seinem Vater gewarnt, nicht in die Sonne zu fliegen, doch der Sohn kann ihn nicht hören.

Bei den Naturvölkern hat man das von jeher ganz intuitiv verstanden: Der eigene Vater kann niemals der Initiator oder Mentor seines Sohnes sein.

In jedem Jungen steckt der Urtrieb, ein Überflieger zu sein. Das heißt: Jeder Junge trägt eine Sehnsucht nach Ekstase, Grandiosität und Heldentum in sich und lässt sich daher leidenschaftlich in gefährliche Abenteuer verwickeln.

Die Naturvölker haben Wege entwickelt, wie Jungen diese Sehnsucht ausleben und für das Mannwerden nutzen können. Allerdings gibt es in unserer Gesellschaft kaum geeignete, sichere und von reifen Erwachsenen geführte Wege, auf denen Jungen diesen Abenteuertrieb ausleben können.

Wenn wir ein tieferes Verständnis für den Abenteuertrieb von Jungen entwickeln und den Drang nach Heldentaten und Grandiosität verstehen, dann wagen wir uns auch in den heiligen Kreis der Initiation. Jeder Junge glaubt ganz unbewusst, dass er von den anderen Männern als richtiger Mann anerkannt, von den Frauen und den Müttern bewundert und schließlich von seiner Mutter entlassen wird, wenn er Heldentaten vollbringt. Daher ist es relativ einfach, mit Jungen Initiationsarbeit zu machen.

Mit unserer Männerarbeit haben wir einen Weg gefunden, in einer gesunden Art und Weise bewusst mit Mythen zu arbeiten. Es gibt viele wertvolle Erkenntnisse, die wir aus Mythen gewinnen können. Diese Erkenntnisse sind für heutige Männer von größter Wichtigkeit.

Das archetypische Bild vom Gott in Menschengestalt existiert in verschiedenen Überlieferungen: der an den Felsen geschmiedete Prometheus, der an das Kreuz genagelte Christus oder das bei den nordamerikanischen Indianern noch heute ritualisierte Brauchtum der freiwilligen Kreuzigung des lebendigen Leibes.

Nachbarvaterschaft

Dies ist ein neues Konzept, dass sich direkt aus unserer Männerarbeit entwickelt hat. Der Hintergrund: Der reife und bewusste Vater fehlt uns bereits seit Generationen. Selbstverständlich gibt es ab und zu reife, mitfühlende und bewusste Väter, doch gegenwärtig ist es genau diese gesegnete Vaterschaft, die den meisten von uns fehlt.

Einige Väter, die an unserer Männerarbeit teilnahmen, haben im Laufe dieser Männerarbeit entdeckt, dass sie die Fähigkeit entwickelt haben, nicht nur ein reifer, mitfühlender Vater für die eigenen Kinder zu sein, sondern auch für die Nachbarskinder. Fast alle Kinder dieser Welt sind auf der Suche nach mitfühlenden, erdvertrauten Männern. Du kannst sicher sein: Die Kinder in deiner Nachbarschaft halten ebenfalls Ausschau nach solchen Männern.

Nach einiger Zeit in der Männerarbeit entwickelten mehrere Männer die Fähigkeit der Nachbarvaterschaft. Wenn ein Mann mutig genug ist, diese Eigenschaft anzubieten, dann werden die Nachbarskinder ganz automatisch zu ihm kommen.

Narr (Trickser)

Till Eulenspiegel ist im deutschsprachigen Raum wohl das Paradebeispiel des Narren. Er war unserer Meinung nach ein Botschafter, der uns viele Botschaften übermittelte. Ein wichtiger Teil seiner Botschaften ist, dass er den Trickser symbolisiert. Der Trickser ist ein Archetyp. Das heißt, er ist ein verborgener Teil aller menschlichen Wesen.

In unserer Gesellschaft wird der Archetyp Trickser nur selten erkannt. Ein Beweis dafür sind die Erwachsenen, die nur wenig Verständnis für die wahren Botschaften Till Eulenspiegels aufbringen. Ein Trickser ist sehr kompliziert. Er ist eine Mischung aus Schwarz und Weiß – wie ein Schamane. Manchmal ist ein Trickser fast ein Held, ein anderes Mal kann er ein Teufel sein.

Der Dienst, den ein Trickser leistet, wurde offenbart durch Till Eulenspiegel – oder genauer gesagt durch seinen Spiegel. Das heißt: Der Archetyp Trickser ist ein für uns alle notwendiger Spiegel. Er besitzt die Fähigkeit, uns unsere Schattenseite zu zeigen. Und das ist für uns in keinster Weise angenehm. Dieser archetypische Spiegel ist tief in uns, und falls wir uns in ihm betrachten wollen, müssen wir eine Fähigkeit entwickeln und anwenden, die wir Innenschau nennen. Das ist leichter gesagt als getan.

Ein anderer wichtiger Aspekt von Till Eulenspiegels Botschaft ist die Erkenntnis, dass sich der vogelfreie Narr der Wahrheit verpflichtet und zugewandt fühlt – ganz im Gegensatz zum Hofnarren, der den König lediglich umschmeichelt. Für unser gesellschaftliches Leben hat dies zwei Bedeutungen:

- Es gibt einen Sinn für tiefen Humor und einen erdigen Lebensstil, der wahrhaftig ist.
- Es gibt einen Sinn, der nur der oberflächlichen Unterhaltung nachjagt.

Dieser Umstand erschwert es uns allen, mehr über den Trickser in Erfahrung zu bringen und mehr von ihm lernen zu können. Es gibt Trickser mit einem »gesunden« Humor und Trickser mit einem »ungesunden« Humor. Wenn der Trickser bei einem Menschen in einer negativen und zerstörerischen Art und Weise durchscheint, bezeichnen wir ihn als »Schwarzen Magier«.

Es ist interessant, dass Till den ersten Trick seines Lebens im Beisein seines Vaters zeigte: Er ritt hinter seinem Vater auf einem Pferd, und die Leute verspotteten ihn. Daraufhin zeigte er ihnen seinen nackten Po. Das bedeutet: Er war frei von Scham.

Der zweite Trick war ebenfalls sehr entscheidend für Tills weiteres Leben. Till nahm allen Dorfbewohnern die Schuhe weg. Das bedeutet: Alle mussten barfuß und erdverbundener leben. Auch der zweite Trick hatte Folgen. Da sich Tills Mutter über den Trick ihres Sohnes gewaltig ärgerte, musste er sie verlassen. Das heißt: Es ist der wesentlichste Schritt eines Mannes, sich von der Mutter zu lösen.

Ein anderes ebenfalls wichtiges Merkmal Tills ist die Eule, die er außer seinem Spiegel immer bei sich hatte. Seit Urzeiten ist die Eule ein Symbol für Stille und Weisheit.

Zusammenfassend können wir die Botschaft Tills so beschreiben: Blicke in deinen Spiegel, lerne und lebe Innenschau, sei reif, und lebe in Weisheit. Wenn wir ein Leben in Reife und Weisheit leben, dann lassen wir uns auch nicht von »schwarzer Magie« einfangen.

Natur

Ist es nicht merkwürdig, dass es in unserer Sprache ein Wort für Natur und ein Wort für Gott gibt? In den Sprachen mancher Naturvölker werden Natur und Gott mit dem gleichen Wort bezeichnet. Zum Beispiel in der Sprache der Lakota-Indianer: »Wakan Tanka«. Dieses Wort können wir wie folgt übersetzen: Gott, Natur, Großer Geist, Großes Geheimnis, vollkommene Gesundheit, Glückseligkeit.

Die Verwendung unterschiedlicher Worte für Gott und Natur macht durchaus Sinn. Mit dem Wort »Natur« definieren wir für uns in einem tieferen Sinn alles, was sichtbar ist. Aber die Welt umfasst mehr als das Sichtbare und Körperliche. Die sichtbare natürliche Welt entspringt

einer Quelle, die wir die unsichtbare Welt nennen können oder eben einfach »Gott«. Früher oder später wird alles Sichtbare wieder zum Unsichtbaren oder zu Gott zurückkehren. Das ist der natürliche Kreislauf des Lebens: »Wakan Tanka«.

Naturgesetze

Unter Naturgesetzen verstehen wir mehr als die Physiker, Chemiker und Biologen, die Kausalzusammenhänge erforschen und darstellen. In unseren Augen sind Naturgesetze ungeschriebene Gesetze, die überall und für alle Menschen gleichermaßen gelten. Naturgesetze beschreiben die Art und Weise, in der wir Menschen reif und verantwortungsvoll leben sollten, um die natürlichen Grundlagen unseres Lebens nicht anzutasten. Naturgesetze sind für uns auch ein Quell der Weisheit und damit Voraussetzung für ein menschenwürdiges Leben.

Zu Beginn unserer Arbeit mit Männern hatten wir nur wenige Kenntnisse von den Naturgesetzen. Auch sahen wir nicht unbedingt eine Verbindung zwischen ihnen und den Männern, die zu uns kamen. Erst im Lauf der Zeit erkannten wir mehr und mehr, dass Männerarbeit wesentlich mit der Kenntnis und Vermittlung von Naturgesetzen zu tun hat. So haben wir versucht, so viele Naturgesetze wie nur möglich zu sammeln.

Das für Menschen wohl folgenschwerste Naturgesetz lautet: Jeder Mensch wird einmal sterben – wobei ungewiss bleibt, wann und wo dies geschieht.
Weitere Naturgesetze zum großen Thema Tod lauten:

- Auch wenn ich sterbe – meine Seele stirbt nicht.
- Weil mein Körper stirbt, wird mein Bewusstsein zwangsläufig als Beobachter in eine Art inneren Film gezogen. Dieser außergewöhnliche Film ist die Aufzeichnung all meiner Taten und Gedanken in komprimierter Form.
- Waren meine Taten und Gedanken weitgehend positiv, erfährt meine Seele den Zustand des wunderbarsten, vollendet schönen, segensreichsten, glückseligsten, unaussprechlichen Erlebens: ewiges Leben als uni-

versales Leben an sich! Das wird in der Tradition »Eins-Sein im Nirwana«, »Paradies«, »Eins-Sein in Gott«, »Buddha« oder »Allah« genannt.

Entfernten sich meine Handlungen und Gedanken jedoch weitgehend von mitfühlender Liebe, so gerät meine Seele in einen Zustand der Lieblosigkeit. Mein Erleben entspricht dann jenem, das wir »Fegefeuer«, »Hölle«, »Teufel« oder »Ewige Verdammnis« nennen.
Wenn meine Seele in diese furchtbare Richtung gezogen wird, dann sollte ich mich daran erinnern, dass diese Marter und dieser Todeskampf nicht ewig andauern und dass Gott nicht ruhen wird, bis selbst der letzte Wurm befreit ist zu »ewiger Ekstase«.

Wichtige Naturgesetze des menschlichen Lebens sind:

- Der Teufel steckt im Detail.
- Der Mensch ist frei wie der Vogel im Käfig, er kann sich innerhalb gewisser Grenzen bewegen.
- Unwissenheit schützt nicht vor den Folgen einer Handlung.
- »Leben ist Leiden.« (Schopenhauer, Jesus und Buddha)
- »Leiden sind Lehren.« (Aesop, Jesus und Buddha)
- Männlichkeit ist nichts Naturgegebenes, zum Mann wird man gemacht.
- Visionäre sind die wahren Realisten.
- Wir können die Natur nur beherrschen, indem wir uns ihren Gesetzen unterwerfen.
- Mensch zu sein ist unausweichlich.
- Zeit allein heilt keine Wunden.
- Wenn der Mann heiratet, will er, dass seine Frau bleibt, wie sie ist. Aber sie tut es nicht. - Wenn die Frau heiratet, will sie, dass ihr Mann sich ändert. Aber er tut es nicht.
- Der Maßstab für die Reife und Weisheit eines Mannes ist seine Fähigkeit, gesund mit Macht umzugehen.

Naturvölker

Dir ist sicher schon aufgefallen, dass wir häufig Naturvölker und ihr Stammesbrauchtum als Beispiele anführen. Manche dieser Naturvölker sind nicht unbedingt friedvolle Stämme und daher auch kein Vorbild für eine reife, gesunde und erdverbundene Gemeinschaft von Menschen. Wir gehen auch nicht davon aus, dass sie eine Antwort auf all unsere existenziellen Fragen haben oder wir gar ihre Sitten, Rituale und Bräuche einfach übernehmen können.

Nach unserer Meinung gab und gibt es jedoch bis heute genügend Stämme und Naturvölker, die das Geheimnis des Friedens bewahren und danach leben, zum Beispiel die Hopi-Indianer in den USA.

»Für uns ist Religion die Erde, auf der wir leben«, heißt es bei ihnen, und: »Ich bin nicht hier, um die Natur zu beherrschen oder sie auszubeuten. Ich bin selbst Natur.«

Das Geheimnis der Gewaltlosigkeit ist aber auch in der »Alten Welt« bekannt. Christus heißt derjenige, der es vor 2000 Jahren unter die Menschen gebracht hat. Er wollte die Menschen davon überzeugen:

- ein einfaches und bescheidenes Leben zu führen;
- täglich Großzügigkeit und Freundlichkeit gegen jedermann zu üben;
- ihre Feinde zu lieben.

Doch, Hand aufs Herz: Wer handelt schon danach?

Ohnmacht

Ein reifer Mann verspürt keine Ohnmacht – niemals! Reif zu sein heißt, in einer gesunden Art und Weise mächtig zu sein. Das bedeutet aber nicht immer auch, dass ein reifer Mann Macht ausübt. Es ist paradox, dass in unserer Gesellschaft ausgerechnet die scheinbar mächtigsten Männer – Politiker, Manager, Wissenschaftler usw. – gleichzeitig die unreifsten Männer sind. Diese mächtigen unreifen Männer präsentieren uns ihre Ohnmacht tagtäglich. Was sie tun, ist offensichtlich äußerst gefährlich und ungesund und gerät immer mehr außer Kontrolle. Ein konkretes Beispiel für die ungesunde und unreife Macht dieser Männer ist ihr unverantwortliches, ja naives Spielen mit der Gesundheit von Mensch, Tier und Natur.

Merke: Menschen mit Macht, aber ohne Gefühle, Reife und Weisheit werden zu Killern. Reife Macht in Männern hingegen hat sehr viel mit Weisheit zu tun.

Partnerschaft

Haben wir eine anziehende Frau kennen gelernt, glauben wir, eine Antwort auf unsere Probleme gefunden zu haben. Für viele Männer ist das eine überwältigende Erfahrung – sie spüren, dass sie verliebt sind.

Aber wir haben niemals gelernt, dass nur wir selbst und nicht etwa ein anderer Mensch Antworten auf unsere zentralen Lebensfragen geben kann. Denn diese Antwort steckt in uns selbst – in jedem von uns. Und in einer gesunden Partnerschaft hilft einer dem anderen, diese Antwort in sich selbst zu finden. Dieser gegenseitige Prozess der Hilfe erfordert von Anfang an tägliches bewusstes Arbeiten – das gilt im Übrigen auch für Familien und ist exakt die Botschaft, die wir den Männern in der Männerarbeit verkünden.

Konkrete Fragen

Die folgenden Fragen kann sich jeder Mann selbst stellen, noch bevor er eine ernsthafte Partnerschaft – eine intime Beziehung – eingeht.

- Wie war die emotionale und sexuelle Beziehung zwischen meinen Eltern beschaffen?
- Wie ausführlich und gesund war meine sexuelle Aufklärung?
- Wie bewusst ist meine Beziehung zu meiner eigenen weiblichen Seite - meiner Seele?

Bewertung:

Eine negative Antwort heißt, dass ohne bewusste Heilungsarbeit die Wahrscheinlichkeit einer unglücklichen Partnerschaft bei 33 Prozent liegt.

Bei zwei negativen Antworten liegt sie bei 66 Prozent.

Und bei drei negativen Antworten bei 99 Prozent.

Penis

Für uns Männer ist der Penis ein geradezu sagenumwobener Zauberstab und ein genialer Anknüpfungspunkt für unsere Mythen.

Wir haben oft festgestellt, dass viele Männer es – ebenso wie viele Frauen – nicht ganz verstehen können, warum sich so vieles um »das Ding da unten« dreht. Du kennst ja den bekannten Satz: »Männer wollen immer nur das eine!«

Das ist zwar kein Naturgesetz, aber trotzdem wahr. Doch wir sollten uns fragen, was dieses *eine* wirklich ist, das Männer scheinbar ständig wollen. Sex? Ist es nur Sex? Nein, es ist nicht bloß Sex. Eigentlich wollen Männer und Frauen das Gleiche: »Göttliche Ekstase«.

Für uns Männer ist unser Penis ein kurzer Weg zur Ekstase. Doch leider machen viele Männer dabei einen großen Fehler: Sie unterscheiden nicht zwischen Euphorie und Ekstase. Wie bereits an anderer Stelle beschrieben, ist Euphorie nur ein winziger Schritt auf dem Weg zur

Ekstase. Wahre göttliche Ekstase ist viel mehr als Euphorie. Es ist ein bedauerlicher Fehler von Männern, diesen Unterschied nicht zu kennen. Ein Grund dafür ist sicherlich, dass nur wenige Männer auf eine liebevolle und bewusste Weise ihre Sexualität kennen lernen durften. Selbstverständlich hat fast jeder Mann den mechanischen Teil von Sexualität begriffen. Leider bringt uns das nicht wirklich weiter – oder bestenfalls zur Euphorie, nicht jedoch zur Ekstase.

Alle Männer haben so große Sehnsucht nach Ekstase, dass sie bereits beim kleinsten Anflug von Euphorie glauben, eine ihrer wichtigsten Erfahrungen im Leben zu machen. Obwohl auch für Männer tiefes sexuelles Erleben möglich ist, bleiben sie unzufrieden, wenn dieses tiefe sexuelle Erleben nicht zur Ekstase führt.

Mit andern Worten: Unser Penis allein, obwohl ein beinahe magisches Ding, reicht bei weitem nicht aus, um Ekstase erlebbar zu machen.

Wir müssen gleichzeitig ein tieferes Verständnis von unserer Sexualität entwickeln und unser Bewusstsein erweitern. Diese beiden Faktoren sind sehr wichtige Ziele in der Männerarbeit.

Und weil das alles so kompliziert ist, möchten wir dich für den Anfang mit einer einfachen Erkenntnis trösten: Die meisten Frauen beurteilen einen Mann nach der Größe seines Herzens, nicht nach der Länge seines Penis'.

Polarität

Dieses Wort klingt komplizierter als es ist: Mann/Frau, Tag/Nacht und Leben/Tod sind Beispiele für Polarität. Auch das Ying-Yang-Symbol ist ein Beispiel für Polarität. Es zeigt, dass jeder einen Teil des anderen – das Gegenseitige – in sich trägt: ein Mann die »innere Frau« (Anima) und eine Frau den »inneren Mann« (Animus).

In unserer Gesellschaft haben die meisten Männer nur wenig Verständnis von und eine gestörte Beziehung zu ihrer »inneren Frau«.

Anders gesagt: Bei den meisten Männern kommt der äußere männliche Teil zu stark zum Vorschein und der innere weibliche Teil verkümmert. Diese Männer leben nicht im Gleichgewicht. Wenn aber Millionen von Männern nicht im Gleichgewicht, sondern »außer sich« sind, dann hat das für die ganze Erde verheerende Folgen. Die gesunden, natürlichen und polaren Zusammenhänge in uns und in der Natur sind und werden geschädigt. Doch es gibt ein Naturgesetz des Ausgleichs. Danach kann der Kern dieser polaren Zusammenhänge niemals zerstört werden. Tatsache ist, dass Männer tatsächlich diese Welt komplett zerstören könnten. Obwohl der Mensch die Erde dann nicht mehr bewohnen könnte, würden die göttlichen polaren Zusammenhänge weiter bestehen bleiben – denn sie gelten ewig.

Die Menschen haben jederzeit die Möglichkeit, den ungesunden Pfad der Einseitigkeit und des Ungleichgewichts zu verlassen und sich dem wahren Pfad göttlicher polarer Zusammenhänge hinzugeben und danach zu leben.

Wir sind davon überzeugt, dass in relativ naher Zukunft die Menschheit in eine solche Sackgasse geraten und festsitzen wird und ihr keine andere Wahl mehr bleibt, als sich dem wahren Pfad zuzuwenden.

In jeder Sekunde unseres Daseins und allgegenwärtig in unserem Leben haben wir ein wunderbares Beispiel für die Kraft von Polarität: unseren Atem und unseren Herzschlag. Der Atem und die rhythmische Bewegung unseres Herzens ist unser augenblicklicher göttlicher Segen von lebendiger Polarität.

Wir alle wissen, dass eines Tages unser Herzschlag und unser Atem enden. Das bedeutet aber nicht, dass die göttliche Segnung von Polarität von uns genommen ist. Ganz im Gegenteil: Wenn unser Herzschlag und unser Atem stoppen, verschmelzen sie in der göttlichen und universalen Polarität. Sind wir für dieses göttliche Zusammenschmelzen vorbereitet oder nicht? – das ist die entscheidende Frage. In der Männerarbeit versuchen wir, die Männer an einen Punkt zu bringen, an dem sie begreifen, dass das Verständnis für den Eintritt in die ewige Polarität in der leidenschaftlichen Verantwortung eines jeden einzelnen liegt.

Pubertät

Pubertät ist die Schwelle zwischen der Kindheit und dem Erwachsenwerden. Es bedeutet auch das volle Erwachen der Sexualität.

Kindheit und Erwachsenwerden (Pubertät) sind die beiden wesentlichen Entwicklungsebenen in unserem Leben. In einer verantwortlichen Art und Weise haben die Naturvölker die Bedeutung dieser Entwicklungsphase begriffen. Für die pubertierenden Jungen gibt es immer eine Möglichkeit zur Initiation. Auch für die Mädchen haben die meisten Stammesvölker spezielle Initiationsrituale entwickelt, um sie in das weibliche Mysterium einweihen zu können.

In dieser Lebensphase sind die Jugendlichen prinzipiell offen für leidenschaftliches Lernen: Was bedeutet es, erwachsen zu werden? Allerdings ist diese Offenheit bei den meisten Jungen begrenzt. Wenn die Erwachsenen diese Offenheit – »seelische Öffnung« – nicht erkennen, beschützen, achtsam nutzen und bestätigen, dann werden sich die Jugendlichen – insbesondere die Jungen – im Verlauf der Pubertät dem Prozess des Erwachsenwerdens mehr und mehr entziehen. Viele unserer heutigen jungen Menschen erklimmen dadurch lediglich eine unreife Stufe des Erwachsenseins. Leider ist es dann zu spät – denn die Pubertät ist eine einmalige Chance, auf eine gesunde Art und Weise erwachsen zu werden.

Wenn wir von einer ernsthaften Initiation eines Jungen reden, dann betrifft dies vor allem seine Sexualität. Obwohl wir in einer Gesellschaft voller Erotik und Pornographie leben, ist die sexuelle Erziehung der Jugendlichen nach wie vor ein Tabu. Der gesellschaftliche Preis, den wir dafür bezahlen, ist sehr hoch:
Nur wenige Erwachsene führen ein gesundes und glückliches Sexualleben. Wir leben in einer pubertierenden Erwachsenengesellschaft.

Die Jungen sind überreizt durch Bilder, Filme, Zeitschriften, Werbung, werden unreife Erwachsene, ihre Sexualität ist degradiert und beschmutzt. Die Mädchen erotisieren, der Schwarm wird zum Idol, ohne zu erkennen, dass er zum Freiwild und zur Marionette herabgewürdigt wird.

Rache

»Die Rache ist ein Erbteil schwacher Seelen«, heißt es bei Matthias Claudius.

Leider ist Rache in unserer Gesellschaft allgegenwärtig. An dieser Stelle gehen wir jedoch nicht auf die allgemeine Rache ein, sondern ganz konkret auf die Rache, die zwischen Männern und Frauen in einer ehelichen Beziehung oder Partnerschaft praktiziert wird.

Normalerweise läuft zwischen Mann und Frau am Anfang einer Beziehung alles gut. Es kann dann sein, dass sich das Paar zur Heirat entschließt. Aber: Ehe hat für einen Mann und eine Frau unterschiedliche Bedeutungen.

Sagt ein Mann zu einer Frau »Ja, ich heirate dich«, versteht die Frau: »Dieser Mann hilft mir, ein Nest zu bauen.« Dieses »Nest« bedeutet für die Frau Geborgenheit, Sicherheit und eine Lebensaufgabe zu haben – obwohl sie das Wort »Nest« nicht ein einziges Mal im Munde führt.

Falls der Mann später sagt: »Mir ist es in dieser Ehe zu eng; ich muss raus«, versteht die Frau: »Tut mir Leid, aber ich muss dieses Nest jetzt zerstören.« Bei einigen Frauen entstehen dadurch unbewusst Rachegelüste; es ist, als denke die Frau: »Okay, du zerstörst unser Nest. Dafür zerstöre ich dein Leben.« Die Rache kann schließlich verschiedene Formen annehmen. Zum Beispiel kann die Frau viel Geld für die Scheidung oder den Unterhalt verlangen, oder sie erstreitet mit aller Macht das Sorgerecht für die Kinder und sorgt dafür, dass der Mann seine Kinder nicht mehr oder nur noch selten sehen darf. Die schlimmste Form der Rache ist allerdings, wenn die Frau die Beziehung der Kinder zum Vater vergiftet, indem sie ihn gegenüber den Kindern verleumdet und beschimpft. Rache am Exmann – oder ein Großteil dieser Rache – wird nach wie vor häufig über die Kinder ausgetragen.

Scheren Frauen aus der Ehe oder Partnerschaft aus, dann nehmen Männer selbstverständlich auch Rache. Für einen naiven oder unreifen Mann ist die Ehefrau Projektionsfläche für seine Seele. Nur über die Seele offenbart sich dem Menschen der Sinn seines Lebens. Schert die Frau also aus der Beziehung aus, nimmt sie dem Mann damit auch seine Seele und den Sinn seines Lebens.

Aus diesem Grund üben Männer anders Rache als Frauen. Eine weit verbreitete Art der Rache von Männern ist die Einstellung aller Zahlungen an die Frau.

Häufig jedoch artet Männerrache in körperliche Gewalt aus. Der Mann schlägt und misshandelt die Frau und – im schlimmsten Fall – tötet der Mann sogar die Frau, die Kinder und sich selbst.

Wer auch immer Rache übt, er oder sie lebt sein Leben in einem geistigen Zustand der Verwirrung. Wären Mann und Frau reif genug, so wüssten sie selbstverständlich, dass Rache immer ein Akt der Selbstzerstörung ist.

Reife

Reife umfasst mindestens zwei Bereiche:

- körperliche Reife
- geistige oder psychische Reife

Körperliche Reife erlangen wir mehr oder weniger automatisch. Im Gegensatz dazu ist geistige Reife ein bewusster Entwicklungsprozess.

Die höchste Form von Reife ist Weisheit. Lebendige Weisheit ist keine abgefackelte und langweilige trockene Philosophie, lebendige Weisheit ist leidenschaftlich. Und so wie die Entwicklung zum Mann kein Geschenk ist, so ist es Arbeit, lebendige Weisheit zu erlangen. Die beste Möglichkeit dafür bietet nicht unsere Schul- oder Hochschulbildung, sondern das alltägliche Leben: Das Leben selbst ist die bewusste Schule für Weisheit. Wenn wir bewusste Weisheit erlangen wollen, müssen wir bewusste Weisheit in unserem Leben leben.

Wir laden dich nun zu einer kleinen Übung ein: Stelle dir die folgende einfache Frage: »Wie viel Wert lege ich in meinem Leben auf Weisheit?« Falls du wenig oder gar keinen Wert auf Weisheit legst oder gar keine Ahnung davon hast, was Weisheit eigentlich ist, dann sei bitte nicht überrascht, wenn du am Ende deines Lebens entdeckst, dass du keine Weisheit gesammelt hast. Versteh uns bitte richtig: Weisheit ist nicht nur notwendig und wichtig für unser alltägliches Leben, Weisheit ist unverzichtbar für unser Sterben. Wenn wir ohne Weisheit sterben müssen, dann gnade uns Gott! Wir haben zwei Möglichkeiten: Entweder wir haben Weisheit gesammelt, oder wir haben ein leidenschaftliches Leben geführt – wir können aber auch beides zugleich, und das wäre am besten für uns und für unsere Umwelt!

Ritual

Die Rituale, die wir in unserer Männerarbeit praktizieren, sind keine weltlichen, sondern religiöse, spirituelle Rituale. Das spirituelle Ritual hat zwei Gesichter:
Im spirituellen Ritual gibt es eine bestimmte Handlung und Bewegung. Sie beabsichtigt einen bestimmen Zweck oder unterstützt ein bestimmtes Ziel, zum Beispiel den Übergang in einen neuen Lebensabschnitt, die Heilung einer Verletzung, die Verarbeitung von Trauer, den Ausdruck von Dankbarkeit gegenüber Mutter Erde usw.

Ein Ritual hilft uns, uns zu öffnen, damit die göttliche Kraft uns durchdringen kann.

Dieses Öffnen ist nicht einfach. Deshalb halten wir vor dem eigentlichen Hauptritual ein Vorbereitungsritual ab. Hierzu verwenden wir häufig Loslassrituale.

Beispiel für ein Loslassritual

Das Hauptritual in unserer Männerarbeit ist die Schwitzhütte. Ein Teil unserer Vorbereitung hierfür ist das Loslassen von unnötigem Ballast: selbstzerstörerische Gedanken, Selbstvorwürfe, Schuld, Verhaltensweisen, Altes, Aufgestautes und Verbrauchtes, aber auch das Loslassen von Gedanken und Erwartungen wie: »Ich muss jetzt sofort eine Lösung für mein Problem finden« – »Ich brauche eine Antwort auf meine Frage« – »Es muss mir so schnell wie möglich wieder besser gehen« usw.

Die Männer schreiben all das auf ein Stück Papier, wovon sie sich jetzt lösen wollen, oder sie suchen sich für ihren Zweck ein eigenes Loslass-Symbol. Dann versammeln sie sich um das Schwitzhüttenfeuer und übergeben ihre Notizen oder das Symbol dem Feuer.

Der Wiener Opernball – kompletter Kitsch, oder?

Dieser Text wurde einige Stunden vor dem Opernball geschrieben - am 11. 2. 1999 um 17.21 Uhr:

Einerseits ist der Wiener Opernball Kitsch, ohne Frage. Aber wir sehen in ihm auch eine tiefere Bedeutung!

In jeder Gesellschaft gibt es ein Bedürfnis und eine Sehnsucht nach *Ritual.* Traurig ist nur, dass in der heutigen Zeit die meisten Rituale und Zeremonien immer seltener und sinnloser werden.

Der Wiener Opernball ist zumindest am Anfang des Festes ein großbürgerliches Ritual. Es involviert beide Geschlechter. Es gibt viel Musik, viel Alkohol und ritualisierten Tanz. Aus der Sicht des Buddhismus ist dies ein tantrisches Ritual (obwohl komplett unbewusst).

Ein bewusstes tantrisches Ritual bietet Männern und Frauen die Gelegenheit, zusammenzukommen, um dann zu verschmelzen in die Göttlichkeit oder ewige Ekstase. Bedauerlicherweise kommt das beim Wiener Opernball nicht mehr zustande, und so bleibt er Kitsch.

Dabei könnte er dem ganzen Land und weit darüber hinaus allen Bevölkerungsschichten dienlich sein, besäße die Gesellschaft ein spirituelles oder religiöses Verständnis von diesem Ritual. Es ist zwar kaum vorstellbar, aber wahr: Dieser Ball könnte das Bewusstsein der Teilnehmer und der Allgemeinheit auf eine positive Art und Weise verändern. Er könnte ein tantrisches Ritual symbolisieren, in dessen Verlauf die Besucher in einen wacheren und reiferen Bewusstseinszustand gelangen könnten.

Das genau versuchen wir als Mentoren in der Männerarbeit: die Gruppe, den Raum und die dazu notwendigen Bedingungen zu schaffen und zu gestalten, damit jeder Mann die Möglichkeit hat, eine positive und permanente Bewusstseinsveränderung zu vollziehen.

Schatten

Der Schatten ist ein Teil von uns allen. Er ist normalerweise der negative Teil, den wir vor anderen und leider auch vor uns selbst zu verbergen suchen.

Viele Verletzungen aus unserer Kindheit haben mit dem Schatten zu tun, vor allem dann, wenn wir nicht die Gelegenheit hatten, diese Kindheitswunden zu heilen. Der Schmerz dieser Verletzungen ist in unserer Schattenseite eingelagert.

Unser Schatten ist ein Teil der Psyche und unserer inneren archetypischen Struktur. Wenn es uns nicht gelingt, bewusst mit unserem Schatten zu arbeiten, kann er plötzlich außer Kontrolle geraten, explodieren und ausbrechen wie ein Vulkan.

In der Männerarbeit beschäftigen wir uns viel mit Schattenarbeit. Sie hat oft mit Angst, Trauer und Wut zu tun und ist nicht unbedingt angenehm und populär. Wenn wir unseren Schatten jedoch ein ganzes Leben lang im Unbewussten belassen, ihn verleugnen und uns weigern, ihn ins Bewusstsein zu holen, wird ein Großteil unserer Lebensenergie immer unterdrückt bleiben.

Männerarbeit, die nur angenehm ist, ist keine Männerarbeit. Erfahrene Männer achten deshalb stets auf ein bestimmtes Gleichgewicht innerhalb der Männergruppe.

Nach der Schattenarbeit gibt es eine Belohnung. Sie fällt für jeden anders aus. Doch jeder der teilnehmenden Männer erhält für seine Bemühungen ein Mehr an Klarheit, Orientierung und Lebensenergie.

Achtung! Eine unerfahrene Männergruppe kann keine verantwortungsvolle Schattenarbeit leisten. Sie braucht in der Anfangsphase unbedingt ein oder zwei Männer (Mentoren), die bereits Erfahrung mit Schattenarbeit haben.

Schmerz

Leben heißt Schmerz zu erfahren. Ein schmerzfreies Leben ist ein närrischer Traum. Das Ziel unserer Zivilisation ist es, das Leben der Menschen dauerhaft bequem und möglichst schmerzfrei zu gestalten. Wir sind davon überzeugt: Das ist der falsche Weg!

Ein reifer Mann zu sein heißt, schöpferisch mit seinem eigenen Lebensschmerz und mit dem Schmerz der Welt umgehen zu können. In der Männerarbeit erhalten die Männer deshalb Gelegenheit, ihren individuellen Lebensschmerz kennen zu lernen und ihn anderen Männern mitzuteilen, um dadurch zu einem bewussten Leben zu finden.

Doch Vorsicht! Es besteht die Gefahr, dass der Schmerz dabei auf eine masochistische oder melancholische Weise als Lebensopfer betrachtet oder als Charakterzug in das Leben integriert wird. Das aber würde nicht dem wahren Lebensschmerz genügen und wäre folglich kein heilender Schmerz.

Schwarzes Loch

In der Männerarbeit sprechen wir von einem »schwarzen Loch«, wenn ein Mann in einer emotionalen Krise zu ertrinken droht. Leider öffnet sich für viele Männer und Frauen beinahe täglich ein »schwarzes Loch«. Solche Menschen nennen wir launisch.

Ist man erst einmal in ein »schwarzes Loch« gefallen und darin gefangen, ist es für die meisten Menschen fast unmöglich, sich selbst wieder aus diesem Schlund zu befreien. Dann bedarf es fast immer der Hilfe von außen. Die Befreiung ist aus drei Gründen jedoch nicht so einfach:
Viele Menschen sind es dermaßen gewohnt, in ein emotionales »schwarzes Loch« zu stolpern, dass es für sie zu einer Art Routine in ihrem Leben geworden ist. Diesen Menschen ist zwar nicht wirklich bewusst, was dieses »schwarze Loch« bei ihnen und vor allem in ihrem persönlichen Umfeld anrichten kann, doch das Gewohnte wird oft zu einer so vertrauten Last, dass man glaubt, sie ein Leben lang schleppen zu müssen.

Viele Menschen, wahrscheinlich mehr Männer als Frauen, verleugnen es, wenn sie in einem »schwarzen Loch« stecken. Das heißt für Außenstehende: In diesem Zustand ist es eigentlich unmöglich, ehrlich über seinen emotionalen Zustand zu urteilen.

Das Folgende betrifft vor allem Männer. Ist ein Mann erst einmal von einem tiefen emotionalen Problem gefesselt, hat er Mühe, um Hilfe zu bitten. Dann braucht er unbedingt eine Gelegenheit, um emotionale Klärung zu vollziehen. Das aber ist nicht so einfach wie es klingt, da die meisten Männer sehr viel aufgestaute Wut, Angst und Trauer in sich tragen. Deshalb erfordert eine emotionale Klärung einen längeren Entwicklungsprozess. Und hierfür brauchen Männer einen Begleiter, der selbst reif genug ist und Erfahrung im Umgang mit diesen Situationen hat. Nur von solch einem Menschen dürfen wir Hilfe erhoffen.

Es ist sehr traurig, dass viele Paare Schwierigkeiten im Umgang mit »schwarzen Löchern« haben. Nach unseren Beobachtungen und Erfahrungen sind zwar viele Paare ernsthaft darum bemüht, sich aus der

Umklammerung des »schwarzen Loches« zu befreien, doch die meisten Paare fühlen sich dabei überfordert und sind der Situation hilflos ausgeliefert. Auch hier gilt: Dauerhafte Hilfe erfolgt am wirksamsten von außen!

Selbstgerechtigkeit

Leider sind Heldentum und gesunde Grandiosität bei den meisten Männern noch unterentwickelt. Dafür herrscht eine subtile Art von Selbstgerechtigkeit: *Allein schon die Tatsache, dass ich ein Mann bin, heißt, ich bin komplett und brauche mein Selbst nicht weiter zu entwickeln.* Wir treffen diesen Irrglauben und seine schrecklichen Auswirkungen überall in unserer Gesellschaft an.

Naive Selbstgerechtigkeit ist immer etwas Krankhaftes. Deshalb sollten wir, sobald wir das Gefühl haben, selbstgerecht zu sein, erkennen, dass wir uns auf einem falschen Weg befinden. Denn naive Selbstgerechtigkeit eine der gefährlichsten Fallen, in die Männer tappen können.

Grandiosität und Heldentum

Dieser Bereich des Mannseins wird fast immer missverstanden. Obwohl gelebte Grandiosität in unserer Epoche oft krankhafte Züge trägt, heißt das nicht, dass jede Grandiosität schlecht ist. Im Gegenteil, sie kann für einen Mann gesund sein.

Wir geben uns bei unserer Arbeit viel Mühe, um Männern den Unterschied zwischen gesunder und ungesunder Grandiosität begreiflich zu machen. Paradoxerweise ist für unsere Gesellschaft gesunde Grandiosität, wir können das auch Heldentum nennen, verdächtig. Ein Mann ohne Heldentum ist sozusagen kastriert.

Es stellt sich die Frage, wo ein Mann sein gesundes Heldentum ausleben und wie er ein Held werden kann.

Manchmal, wenn wir mit der Männergruppe in der Natur arbeiten, geben wir den Männern die Möglichkeit, ein grandioses Denkmal zu bauen. Meistens entstehen dann aus Steinen, toten Wurzeln und Bäumen monumentale Gebilde, die nicht dem Konkurrenzdenken, sondern dem Geist gemeinschaftlicher Arbeit zu verdanken sind.

Ein Grund, warum Männer nach außen hin so vehement mit ihrer Grandiosität und ihrem Heldentum auftreten, ist das Übergewicht an sichtbarer Welt. Mit anderen Worten: Die weibliche Seite, die Welt, die sichtbare Natur, die Frauen und der Prozess der Wandlung (Geburt und Tod, Jahreszeiten, Tag und Nacht) scheinen für Männer so bedrohlich präsent zu sein, dass sie sich unterlegen fühlen. Zum Ausgleich und als Gegengewicht haben sie einen Überlebenstrieb entwickelt: das Streben nach grandiosem Tun und Heldentum.

Größenwahn

Für die Männerarbeit ist »Größenwahn« mit »ungesunder Grandiosität« gleichzusetzen. Und ein Naturgesetz besagt: »Ungesunde Grandiosität ist fast immer gefährlich.«

Wir beobachten seit langem, dass Männer mit Unterstützung anderer einen bestimmten Grad an Selbstheilung erreichen und dadurch wahrscheinlich auch zum ersten Mal in ihrem Leben das Gefühl bekommen, wertvoll zu sein.

Doch leider glauben einige Männer, damit sei die Arbeit getan und alles habe sich zum Guten gewendet. Welch ein Irrtum! Es ist schmerzhaft zu beobachten, wie diese Männer nach wenigen Monaten wieder in alte Verhaltensweisen zurückfallen: entweder in »ungesunde Grandiosität« oder – wie wir es nennen – in »raffiniertes Machogehabe«. Ein raffinierter Macho ist ein Mann, der zwar ein gewisses Maß an Arbeit auf seiner weiblichen Seite bewältigt hat, aber noch nicht bereit ist, diesen unnötigen Helden aufzugeben, der ständig ruft: »Ich werde nicht geliebt!« Er ist genau der Mann, der anderen Männern vorwirft, dass sie Fleisch essen und Bier trinken, er hingegen vegetarisch lebt (und vielleicht sogar »vegetarisch liebt«).

Naivität

In der Männerarbeit unterscheiden wir zwei Arten von Naivität: die gutartige und die bösartige Naivität.

Gutartige Naivität hat mit unserer natürlichen und gottgegebenen Unschuld zu tun, das heißt: »Es gibt keine Erbsünde.« Jedes Baby kommt in vollkommener Reinheit zur Welt. Diese Reinheit hat viel mit unserem »grundlegenden Gutsein« zu tun. Aber kein Baby kann von Anfang an laufen oder sich selbst ernähren, sondern muss auf die Zuwendung seiner Eltern bauen. Diesen Zustand bezeichnen wir auf eine positive Art und Weise als »gutartige Naivität«.

Als Erwachsener hingegen noch naiv zu sein, ist fast immer ein Problem und löst ständig neue Schwierigkeiten aus. Unserer Meinung nach besitzt ein naiver Erwachsener kein tiefes Verständnis von der Realität. Mit anderen Worten: Ein naiver Erwachsener ist noch nicht initiiert. Der Verdacht, dass das auf die Mehrheit der Erwachsenen zutrifft, ist durchaus begründet, denn die Menschheit giert nach mitfühlenden und verantwortungsvollen Erwachsenen.

In der Männerarbeit versuchen wir »bösartige Naivität« zu erkennen und zu überwinden.

Sexualität

Unsere Art von Männerarbeit ist offen für alle sexuellen Orientierungen. Entscheidend für uns ist, wie liebevoll und zärtlich die jeweilige Beziehung gestaltet wird.

Wir konnten feststellen, dass viele heterosexuelle Männer ihre Sexualität niemals wirklich erforscht haben. Mehr oder weniger unbewusst spüren verspüren sie eine Sehnsucht nach einem Mann, und das macht sie ängstlich. Viele dieser Männer lehnen Homosexualität ab. Das führt in unserer Gesellschaft zu einer der am weitesten verbreiteten unbewussten Krankheiten, der Homophobie (Angst vor Homosexualität).

In unserer Männerarbeit ist es ganz selbstverständlich, dass wir mit dem Körper arbeiten (Körperübungen). Wir gehen auch nackt in unsere Schwitzhütten. Ab und zu umarmen wir uns, und manchmal massieren wir uns. Aber wir vermeiden genitale Sexualität. Denn das ist eine persönliche Angelegenheit und gehört nicht in die Gruppenarbeit. Wir haben jedoch Übungen entwickelt, bei denen die Männer offen über ihre Sexualität sprechen können. Für die meisten Männer ist das die erste Chance in ihrem Leben, dieses Thema ohne Scham öffentlich anzugehen. Diese Gelegenheit brauchen alle Männer.

Darüber hinaus versuchen wir in unserer Arbeit, manche Lücke in Bezug auf sexuelle Aufklärung zu schließen – denn hier tun sich bei vielen Männern wahre Abgründe an Unwissenheit auf. Deshalb möchten wir auch an dieser Stelle ein paar Worte darüber verlieren.

Sexuelle Aufklärung beginnt bereits mit der Geburt. Kinder lernen und erfahren Sexualität von den Eltern, ohne dass diese etwas darüber sagen müssen. Das heißt natürlich, dass die sexuelle Aufklärung der Kinder nur so gut sein kann, wie es die Beziehung der Eltern zueinander ist. Haben die Eltern keine glückliche und gesunde Beziehung zueinander, dann lernen Kinder von ihren Eltern genau dieses Verhalten und übernehmen es in ihre eigene Lebenswirklichkeit. Das heißt: Der erste Schritt zur sexuellen Aufklärung der Kinder ist eine aufgeklärte Beziehung der Eltern zueinander. Merke: Die sexuelle Beziehung zwischen Vater und Mutter ist die wesentlichste Form der Aufklärung für ein Kind. Hier wird der Grundstein für eine gesunde und glückliche Sexualität gelegt.

Erst der zweite Schritt hat mit *zuhören* und *reden* zu tun. Stellt ein Kind eine Frage, zum Beispiel wie Babys zur Welt kommen, dann darf die Antwort weder märchenhaft ausfallen noch in eine wissenschaftliche Erklärung ausarten.

Im Laufe der Zeit kommen detailliertere Fragen von den Kindern. Jede dieser Fragen sollte liebevoll und klar beantwortet werden. Sind die Kinder bereits in der Pubertät, empfehlen wir, dass Jungen vom Vater und Mädchen von der Mutter aufgeklärt werden. Es ist auch sehr sinnvoll und hilfreich, wenn die Eltern für ihre Kinder Bücher zum Thema kaufen.

Aufklärung erfolgt nie punktuell, sondern sie geht mit der Entwicklung des Kindes einher. Das sollten Eltern stets im Hinterkopf behalten.

Spiegelung und Entleerung

»Spieglein, Spieglein an der Wand, gibt es einen richtigen Mann im ganzen Land?«

Der erste Spiegel in unserem Leben sind die Augen unserer Mutter. Der zweite Spiegel sind die Augen unseres Vaters. Das Kind entwickelt Selbstwertgefühl, wenn es den liebevollen Glanz in den Augen der Eltern sieht. Fehlt dem Kind diese Erfahrung, dann wird es ein Leben lang danach suchen.

Spiegelung ist ein sehr wichtiger Teil zwischen uns und den äußeren Bedingungen unseres Lebens (in biologischer, ökonomischer, sozialer, politischer und gesellschaftlicher Hinsicht).

Spiegelung ist ein sehr wichtiger Teil für unser »inneres Leben« – Spiegelung zwischen uns und den Archetypen, der Seele, dem Selbst.

Spiegelung in der Männerarbeit ist die Erfahrung seiner Selbst in der Gruppe. Jeder Mann erfährt sich als individueller und als kollektiver Teil der Gruppe. Die Gruppe selbst ist das Instrument für den Einzelnen, seine Gefühle, Wünsche, Bedürfnisse, Verhaltensweisen – Schwierigkeiten und Fähigkeiten – und seine sozialen Aspekte reflektieren zu können.

In einem gewissen Sinn ist Spiegelung der Herzschlag der Männerarbeit. Es ist interessant zu beobachten, wie wichtig Spiegel im alltäglichen Leben und in Märchen sind. Der Schamane beziehungsweise Narr Till Eulenspiegel trug immer einen Spiegel bei sich. Warum sind Spiegel so wichtig? Die Antwort ist relativ einfach: Ohne Spiegel können wir unser eigenes Gesicht nicht sehen.

Selbstverständlich ist das nicht das wesentliche Ziel von Männerarbeit. Vielmehr versuchen wir unser eigenes Wesen zu sehen! Bevor wir uns nicht mit dem Thema Innenschau beschäftigt und nicht gelernt haben, damit zu arbeiten, können wir unser eigenes *Wesen* nur durch den Spiegel eines anderen Menschen erkennen. Dies ist wohl der beste Weg, seine Wesenheiten kennen zu lernen. Der Spiegelungsprozess in der Gruppe ist natürlich nicht so einfach. Aus einem Gruppenspiegel lesen zu lernen, erfordert einen langen und manchmal schwierigen Prozess. Und zwar deshalb, weil wir kein exakter Spiegel füreinander sein können.

Bei einer Spiegelung übernimmt der Gruppenleiter die Verantwortung und achtet darauf, dass er ein klarer bzw. leerer Spiegel für die Männer ist. Ein relativ unerfahrener Gruppenleiter wird das nicht immer schaffen. Entweder er blendet die Gruppe, oder er hält der Gruppe einen getrübten Spiegel vor, oder sein Spiegel ist für die anderen Männer sogar blind.

Um für andere Männer ein klarer Spiegel sein zu können, müssen wir uns zuvor *entleeren*. Denn ein Spiegel voller Bilder oder Gedanken und Vorurteilen ist kein klarer Spiegel. Entleeren heißt loslassen – also im Bewusstsein des Todes leben. Die besten Mentoren sind demnach diejenigen Männer, die bereits sehr weit in ihren Entleerungsprozess vorangeschritten sind – wir können dabei durchaus Beispiele wie Jesus oder Buddha nennen.

Der »Entleerungsprozess« ist schwierig, weil in unserer Kultur der gesellschaftliche Druck das sorglose Leben statt die bewusste Auseinandersetzung mit dem Tod fordert.

Spiegelung und Archetypen

Wir gehen davon aus, dass unsere Archetypen bewusst gespiegelt werden wollen, und wir nehmen deshalb an, dass dabei ein gewaltiger Energieaustausch stattfindet und das spirituelle Gleichgewicht wieder hergestellt wird. Dieser bewusste Austausch ist gesund für uns und für die Archetypen.

Doch Vorsicht! Obwohl wir nur wenig Beziehung zu unseren Archetypen haben, geht der Spiegelungsprozess unbewusst weiter. Daraus ergeben sich für unser Leben unnötige Schwierigkeiten, die wir in einem gewissen Sinn darauf zurückführen können, das es sich hierbei um eine Art Rache der Archetypen handelt, weil wir uns selbst nicht ausreichend um einen bewussten aktiven Spiegelungsprozess mit ihnen bemüht haben.

Spiritualität

Immer wieder kommen Männer zu uns, um etwas über ihre Spiritualität zu erfahren. Manche Männer sind schwer enttäuscht und entrüstet, wenn wir ihnen nicht sofort Spiritualität verschreiben und einen Garantieschein für spirituelles Erleben ausstellen. Einige Männer verlangen sogar von uns, dass wir sie auf den *einen richtigen spirituellen Pfad* bringen sollen!

Was die Männer hier zu vermissen scheinen, sind die Symbole der traditionellen Spiritualität: Kirche, Kreuz, Altar, Chor, Orgel, Beichtstuhl, Priester, Hostie, Sonntag usw.

Dabei gibt es durchaus Überschneidungen zwischen der Spiritualität in der Männerarbeit und der traditionellen kirchlichen Spiritualität: Wir kommen gemeinsam für ein Männerwochenende zusammen – wie eine Kirchengemeinde zu Messe oder Gottesdienst. Wir essen gemeinsam – jede Mahlzeit ist für uns eine Art Abendmahl. Wir verwenden Kerzen

und Räucherstäbchen. Wir pflegen eine Art von heiligem Ritual: die Schwitzhütte.

Für unsere Spiritualität steht uns die ganze Natur zur Verfügung. Wir gehen gemeinsam in die Natur und betreten die Schwitzhütte. So nackt wie Gott uns schuf setzen wir uns im Kreis auf die nackte Erde.

Nacktheit hat eine tiefe Bedeutung. Unser *soziales Gesicht* hat viel mit unserer Kleidung zu tun. Mit der Kleidung legen wir auch unser *soziales Gesicht* ab. Die Schwitzhütte ist der Ort, wo wir uns in der Dunkelheit und im heißen Dampf öffnen und entblößen können. Im Schoß des Weiblichen (Schwitzhütte) schwitzen wir, und manche Männer weinen. Beides – das Schwitzen und das Weinen – reinigt. Es ist eine Art von Taufe: Wahres Taufwasser entsteht aus Tränen.

Außerdem kennen wir in der Männerarbeit auch eine Beichte in Form von Gruppenarbeit. In der traditionellen Beichte sagen wir nur, gegen welche Gebote wir verstoßen und wie wir uns versündigt haben. Dies ist zu einem bestimmten Grad zwar gut, jedoch nicht ausreichend für die Reinigung und Heilung. In der Männerarbeit bekommt jeder Mann die Gelegenheit, inmitten der Gemeinschaft von Männern, seine »Beichte« abzulegen. Nicht versteckt und in der Dunkelheit eines Käfigs, sondern im geschützten Kreis von Freunden.

Zudem sagen die Männer in der Männerarbeit – im Unterschied zur Beichte – auch das, was andere ihnen angetan haben. Wir haben die Erfahrung gemacht, dass Männer, die die Möglichkeit bekommen, ihnen zugefügte Misshandlungen im Beisein anderer Männer in Worte zu fassen und auszusprechen, später bereit sind, auch das zu beichten, was sie anderen angetan haben.

Stammtisch

Stammtische sind ideale Gelegenheiten für Männer, um mit anderen Männern eine tiefe bewusste Verbundenheit eingehen und pflegen zu können. Bei den herkömmlichen Männer-Stammtischen ist die Verbundenheit weniger bewusst und deshalb auch nicht tief genug. Die meisten Männer verbluten förmlich noch am Stammtisch an oberflächlichen Smalltalks.

Wir veranstalten regelmäßig Männer-Stammtische. Sie folgen allerdings bestimmten Regeln. Zum Beispiel kann ein Mann ein Problem vortragen und die Männer um Unterstützung bitten. Die Männer haben natürlich auch die Möglichkeit, einfach von sich zu erzählen, ohne dass sie von den anderen ein Feedback oder einen Ratschlag erhalten.

Doch wir gehen noch weiter. Normalerweise wählen wir ein Gruppenthema, zum Beispiel Vaterschaft, Beruf, Partnerschaft usw. Ein oder zwei Männer bereiten sich dann eingehend auf das Thema vor.
Bei unseren Männer-Stammtischen sind Alkohol und Essen erlaubt. Die Raucher müssen ihrer Sucht allerdings draußen oder in einem anderen Raum nachgehen.

Männer-Stammtische sollten immer an einem neutralen Ort stattfinden. Am besten eignet sich natürlich ein geschützter Raum, wo der Stammtisch in aller Stille und ungestört, aber mit viel Kommunikation abgehalten werden kann.

Männer-Stammtische sind für uns so wesentlich geworden, dass wir sie jetzt regelmäßig veranstalten. Ob Männer-Stammtische, Väter-Stammtische oder Nachbarvaterschafts-Stammtische, die Themen brauchen nicht eingegrenzt werden. Auch die äußere Form kann variieren. Denkbar sind der gemeinsame Besuch von Veranstaltungen, Diskussionsrunden usw. Oder auch die Wanderung zu einer Berghütte, auf der man ein Wochenende verbringt. Auch ein Männer-Frühstück ist ein angemessener Rahmen für gute Gespräche.

Für interessierte Männer haben wir Kontaktadressen zusammengestellt, die wir gern weitergeben. Wir haben jedoch festgestellt, dass Paar- und Gruppenübungen wesentlich intensiver, erfrischender und leidenschaftlicher von den Männern aufgenommen werden als Männer-Stammtischrunden.

Sterben

»Der Tod ist nichts Schreckliches. Nur die fürchterliche Vorstellung vom Tode macht ihn furchtbar«, sagte der griechische Philosoph Epiktet um 138 n.Chr.

Der Tod ist das wichtigste Ereignis im Leben eines Menschen. Schon im Moment unserer Zeugung steht fest: Wir werden früher oder später sterben. Bewusstes Leiden, bewusste Heilung und Erlösung sind Ausdrücke für dasselbe vollkommene Paradoxon: Wer täglich das Sterben übt, kann sein Leben leidenschaftlich leben. Die beste Vorbereitung auf den Tod ist ein Leben voller Mitgefühl. Der Schlüssel zum Sterben ist die Entdeckung unseres »grundlegenden Gutseins«.

Elisabeth Kübler-Ross schreibt über die Bedeutung des Todes als letzte Stufe der Reife: »Alles was du getan hast und gewesen bist, konvergiert in deinem Tod. Wenn du stirbst und wenn du das Glück hast, vorher davor gewarnt zu werden, dann bekommst du deine letzte Chance zur Reife, das heißt wahrhaft jener zu werden, der du wirklich bist, in noch umfassenderer Weise Mensch zu werden.«

Vier Aspekte können die Übung des bewussten Todes unterstützen:

- Die tägliche Klärung von Gefühlen und Emotionen in bewusster partnerschaftlicher Hinwendung, um so die Klarheit des Sehens zu entwickeln.
- Die Verwendung des Schlafes, um die Ekstase des Körpers zu erforschen, die die unsterbliche Quelle jedes Traumes ist.
- Die Verwendung des Atems, um einen Pilgerweg aufzubauen, der vom diesseitigen ans jenseitige Ufer führt.
- Der tägliche Aufruf an unser Herz, dass es weich genug werde, um einfach davonzufließen und für immer nach Hause zu kommen.

Auszüge aus »Gut zum Ende«

Nachfolgend nennen wir einige Naturgesetze, die in Beziehung zu dem universalen Todesprozess stehen, den alle Menschen notwendigerweise durchlaufen:

Früher oder später sterbe ich.

Dessen ungeachtet stirbt der wesentliche Teil von mir – meine Seele – nicht.

Da mein Körper stirbt, wird mein Bewusstsein unwiderstehlich als Beobachter in eine Art inneren Film hineingezogen. Dieser außergewöhnliche Film ist die gedrängte Aufzeichnung nicht nur – und das ist schon erstaunlich genug – all der in meinem Leben vollbrachten Taten, sondern ebenso eine Aufzeichnung all meiner Gedanken in gedrängter Form.

Dieser Lebensfilm ist, was traditionell »das letzte Gericht« genannt wird. Doch es ist nicht Gott, der uns richtet. Gott ist »ewige Vergebung«. Ich bin es, der mich richtet! Diese Aussage ist jedoch nicht ganz exakt. Es ist unser Bewusstsein oder unser »Zeugen-Bewusstsein«, das das »egoistische Ich« richtet. Ferner geht es bei diesem »Gericht« nicht ein simples »Richtig« oder »Falsch«, vielmehr werden all unseren Taten und Gedanken mit einem Gefühlswert versehen.

Haben wir weitgehend in einem Zustand mitfühlender Liebe gelebt, entwickelt sich eine seelische Hitze (tibetisch »Thumo«). Erreicht diese Hitze einen gewissen Grad, so befähigt sie uns, mit jener unvorstellbaren Glut und dem Licht des universellen Lebens eins zu werden. Dies ist die wahre Bedeutung der »ewigen Ekstase«.

Meine Seele wird in einen Zustand des wunderbarsten, vollendet schönen, segensreichsten, glückseligsten Erlebens gezogen – ewiges Leben als universales Leben an sich! Dies wird in der Tradition »Eins-Sein im Nirwana« oder »Paradies« genannt, ebenso »Eins-Sein in Gott«, »Buddha«, oder »Allah«.

Hat jemand aber nicht weitgehend in einem Zustand mitfühlender Liebe gelebt, so vermag sich diese psychische Hitze nicht zu entwickeln. Wenn dann die unvorstellbare Glut und das Licht des universellen Lebens in uns dringen, wird es uns naturgemäß zutiefst in Schrecken versetzen. Dieser Zustand fürchterlicher Angst ist das, was sich hinter all den Erzählungen von »feuriger Hölle« und »ewiger Verdammnis« verbirgt. Ich sollte mich in diesem Fall daran erinnern, dass diese Marter und dieser Todeskampf nicht ewig sind und Gott nicht eher ruhen wird, bis selbst der letzte Wurm erlöst ist in »ewiger Ekstase«.

Stille

Männerarbeit ist ohne eine gewiss Stille undenkbar. An jedem Seminar-Wochenende haben wir Zeiten der Stille. Normalerweise gehen wir zur und von der Schwitzhütte in aller Stille. Manchmal halten wir die Stille bis zum Frühstück am Sonntag. Auch eine Runde in der Schwitzhütte – meist die erste – verbringen wir schweigend. Schweigen bedeutet für uns, dass wir nur das Notwendigste sprechen.

Die meisten Männer empfinden die Zeit der Stille als angenehm. Allerdings gibt es auch Männer, die Stille überhaupt nicht ertragen können. Das ist ein Zeichen, dass diese Männer etwas Unerledigtes mit sich herumtragen. Vielleicht hat es mit ungeheilten, schmerzenden Kindheitswunden zu tun, oder der Mann bringt Stille mit Tod in Verbindung und hat Angst vor dem Tod.

Nahtod-Erfahrung

Manche Menschen haben das Gefühl zu sterben, wenn sie sich wirklich tief in ihre innere Stille versenken. Deshalb vermeiden die meisten Menschen – unbewusst – einen Zustand tiefer innerer Stille. In einer gewissen Weise haben diese Menschen Recht. Es stimmt wirklich: Wenn wir uns tief genug in unsere innere Stille fallen lassen können, dann sterben wir tatsächlich. Dieses Sterben ist jedoch nicht das körperliche Sterben, vor dem wir alle panische Angst haben.

Der Tod, den wir spüren, wenn wir uns tief genug in unsere innere Stille versenkt haben, ist auch kein körperlicher Tod – es ist vielmehr ein bewusster Tod, eine Nahtod-Erfahrung. Eine Nahtod-Erfahrung zu haben – nur durch die eigene innere Stille – ist die schönste mögliche Erfahrung, die es in unserem Leben gibt, und zugleich die schwierigste mögliche Erfahrung, weil sie sehr viel Zeit und Übung erfordert.

Jeder reife erwachsene Mann sollte die Fähigkeit entwickelt haben, tief in seine innere Stille gehen zu können. So wird die Souveränität dieses Mannes für andere Menschen spürbar und sichtbar. Männer können dies auf zweierlei Art lernen: gemeinsam mit anderen Männern oder in der Natur.

Stille ist schwierig

Stille ist in unserer Zivilisation beinahe ein Tabu – kein Wunder, dass es so viele so genannte Zivilisationskrankheiten gibt. Entdeckt ein Mann, dass es schwierig für ihn ist, sich in seine innere Stille zu versenken, dann ist das gut. Man sollte ihm helfen, die Schwierigkeiten oder das, was dahintersteckt, zu ermitteln. Wer nicht ertragen kann still zu sein, der wird auch nicht die Fähigkeit haben, Innenschau zu praktizieren.

Stille hat aber noch eine weit tiefere Bedeutung. Jeder von uns hat in sich selbst einen Ort oder einen Punkt der Stille, der immer gegenwärtig, meist jedoch nicht ausreichend entwickelt ist. Das regelmäßige Ertragen von äußerer Stille ist hilfreich und sogar notwendig, um unsere innere Stille zu entdecken und zu entwickeln – und um sich jederzeit in diesen Zustand begeben zu können. Es ist wichtig und notwendig, unsere Fähigkeiten so weit zu entwickeln, dass wir jederzeit Zuflucht zu unserer eigenen Stille nehmen können – obgleich wir im Alltag stets im Auge eines Hurrikans aus Lärm stehen. Doch die Entwicklung dieser Kunst erfordert sehr viel Zeit und vor allem regelmäßige Übung.

Stimme

Die Stimme ist so kräftig und tief wie unser Atem kräftig und tief ist:

Unsere Stimme verrät immer, wo wir gerade in unserem Leben stehen und wo wir in unserer Entwicklung im Leben angelangt sind. So ist zum Beispiel jedem bekannt, dass die Stimme von Jungen durch den Stimmbruch tiefer wird – und das ist gut so. Wir sind überzeugt davon, dass eine Gesellschaft, in der die Stimme der Männer nicht tief genug ist, unvollkommen ist.

Idealerweise sollten wir mit dem Bauch atmen. Das heißt aber auch, dass unsere Stimme aus unserem Bauch kommen sollte. Männer sind jedoch emotional in einem mehr oder weniger unbewussten

Gefängnis gefangen. Solange wir uns daraus nicht befreien, kann auch unsere Stimme nicht frei sein. Merke: Die Angst sitzt nicht nur im Nacken, sondern auch im Bauch.

Stimmübungen

Wir haben einige Atem- und Stimmübungen entwickelt, die sich bewährt haben, zum Beispiel die Übung mit dem »Ich!«. Dabei bilden wir einen Kreis und jeder Mann sagt »Ich!« – kraftvoll und energisch! So erkennen wir, wo die Männer in ihrer Entwicklung im Leben stehen. Normalerweise wiederholen wir das »Ich!« mehrmals und versuchen jedes Mal mehr Kraft und Energie in unseren Ruf zu legen.

Bei einer anderen einfachen Stimmübung schreien wir nur laut und gemeinsam in der Gruppe. Diese Übung kann für die Stimme, aber auch für unsere Gefühle befreiend sein.

Eine weitere einfache Stimmübung, die etwas mit Humor zu tun hat, geht so: Jemand zählt bis drei, und die ganze Gruppe fängt an zu lachen. Diese Übung sollte natürlich nur dann durchgeführt werden, wenn es die Stimmung innerhalb der Männergruppe zulässt. Manche Männer verfallen dabei in ein »herzliches Lachen« und können fast nicht mehr aufhören.

Die beste Form allerdings, um seine Stimme zu befreien, ist die tiefe psychische Heilungsarbeit an sich selbst. Dabei stellen die Männer oftmals relativ schnell fest, dass sich ihre Stimme nach einer gewissen Zeit der Männerarbeit verändert hat – sie ist tiefer geworden und hat an Kraft gewonnen, die direkt aus dem Bauch stammt.

Die innere Stimme

Ab und zu reden manche Menschen mit ihrer inneren Stimme und hören vertrauensvoll auf sie. Es scheint, als sei es für die meisten Menschen positiv, auf ihre innere Stimme zu hören und mit ihr zu kommunizieren. Allerdings ist es kein Naturgesetz, dass die innere Stimme immer nur etwas Positives mitzuteilen hat.

In jedem Fall sollte man mindestens zwei Arten der inneren Stimme kennen bzw. unterscheiden. Die eine bezeichnen wir als unseren »intuitiven Führer«. Dieser inneren Stimme können wir fast immer unser Vertrauen schenken und uns von ihr führen lassen.
Die andere nennen wir »Egostimme«. Dieser inneren Stimme sollten wir kritisch begegnen. Sie hat meist mit Angst, Kummer oder Wut zu tun und kann für Männer gefährlich werden. Auch reicht sie allein nicht aus, um den reifen Umgang mit Angst, Wut und Kummer zu lernen – das erfordert viel äußere Arbeit.
Ein weiterer wesentlicher Grund für Männer, mit der eigenen Stimme zu arbeiten, ergibt sich aus der Tatsache, dass sie Vater sind oder viel mit Kindern und Jugendlichen arbeiten. Hierfür ist es hilfreich, eine eine klare, aus der Tiefe des Bauches hervortönende Stimme zu besitzen. Sie gibt den Kindern und Jugendlichen Orientierung und Führung und setzt wichtige gesunde Grenzen, die wesentlichen Einfluss auf ihr zukünftiges Leben haben.

Struktur

Männer haben Hierarchien, Männer brauchen Hierarchien: Legt eine Männergruppe keine Struktur fest, ist Streit schon vorprogrammiert. Es ist dabei unerheblich, wie demokratisch die Männer auch gesinnt sein mögen – Männerarbeit und Männergruppen bedürfen einer Struktur. Es ist für jedes Treffen wichtig, dass alle wissen, welche Männer oder welcher Mann die Hauptverantwortung trägt. Bei einer informellen Männergruppe, zum Beispiel bei einem Männer-Stammtisch, kann es vorkommen, dass sich die Männer in ihrer Verantwortung und Zuständigkeit abwechseln. Dies ist für informelle Gruppen eigentlich grundsätzlich empfehlenswert.

In einer fest gefügten Männergruppe, zum Beispiel während eines Männer-Wochenendseminars, müssen selbstverständlich die Referenten (der Leiter, das Team) die Hauptverantwortlichen sein. Wir beobachten immer wieder, wie stark und tief der Konkurrenztrieb in den meisten Männern verwurzelt ist. Manche Männer wollen mit uns, dem leitenden Team, einen Machtkampf austragen. Machtkämpfe, so unsere Erfahrung, passen zum Charakter einer Männergruppe, sie gehören dazu und dürfen nicht fehlen, obwohl es manchmal sehr ungemütlich werden kann. Machtkämpfe bringen in der Männerarbeit auch den notwendigen Impuls, damit Auseinandersetzung, Konfrontation und Kommunikation entstehen können. Einem Mann, der eine Männergruppe leiten möchte, muss klar sein, dass Machtkämpfe an der Tagesordnung sind und er sich darauf vorzubereiten und einzustellen hat. Die beste Vorbereitung darauf ist das Sammeln von Erfahrung in möglichst vielen Männergruppen.

Die zweitbeste Vorbereitung besteht darin, der Männergruppe gleich zu Beginn unmissverständlich die Struktur zu erklären. Alles, was nicht von Anfang an ausgemacht und strukturiert wird, ist später fast nicht mehr zu verändern oder nur mit unnötigen und unproduktiven Kämpfen zu bewältigen. Ist eine Männergruppenstruktur einmal angelegt, dann ist es für die meisten Männer sehr schwierig, diese Struktur zu verändern und Neues anzuerkennen.

Ist ein Machtkampf erst einmal ausgebrochen, kann niemand genau sagen, wann er entstanden ist und wie er ausgehen wird. Es kommt also darauf an, möglichst intuitiv zu arbeiten.

Ursachen der Machtkämpfe

Natürlich haben diese Machtkämpfe eine ganz bestimmte Ursache. Hinter den Problemen und Schwierigkeiten, den erstarrten und versteinerten Versuchen der Männer, ihre Bedürfnisse zu befriedigen, verbirgt sich ein starker Trieb. Es liegt am Team, die Männer so weit zu bringen, dass sie ihren wahren Gefühlen (Emotionen) freien Lauf lassen. Machtkämpfen liegen immer Gefühle zugrunde, die nicht zugelassen werden können.

Erkennt man als Hauptverantwortlicher eindeutig, was hinter dem für den Betroffenen meist unbewussten Machtkampf steckt, kommt es darauf an, direkt dort einzusteigen, wo sich das betreffende Gefühl vermutlich verborgen hält. Dieses Gefühl kann dann klar ausgesprochen werden.

Als Verantwortlicher muss man relativ rasch entscheiden und einschätzen können, ob eine zufrieden stellende Lösung im Machtkampf überhaupt möglich ist. Ist das nicht der Fall, dann sollten die Gruppenbedingungen – die Struktur – verändert werden.

Bei einem sehr heftigen Machtkampf muss der Gruppenleiter beziehungsweise das Team möglichst schnell reagieren und darauf drängen, dass die Männer nicht stecken bleiben und in der Arbeit fortfahren können. Idealerweise sollte die Struktur in Männergruppen so großzügig angelegt und breit gefächert sein, dass Machtkämpfe stattfinden können. Gleichzeitig darf die Struktur jedoch nicht zu locker sein. Ein gesundes Mittelmaß ist hier notwendig und verlangt dem Leiter beziehungsweise dem Team viel Aufmerksamkeit und Einfühlungsvermögen ab (Erfahrung ist Voraussetzung!).

Faire Struktur

Einige Machtkämpfe werden schon allein dadurch entfacht und verloren, weil die Verantwortlichen mit einer naiven, leichtfertigen und inkonsequenten Vorgehensweise Strukturen in die Gruppe einbringen, die von den Männern als unfair empfunden werden. Es liegt an der Leitung, die Struktur für die ganze Gruppe fair zu gestalten.

Vor allem junge und wenig erfahrene Gruppenleiter neigen unbewusst dazu, unfaire Strukturen unter den Männer zu errichten. Meist haben die Leiter dann entsprechenden Widerspruch aus der Gruppe zu gewärtigen.

Ein verantwortungsvoller Gruppenleiter beziehungsweise ein Team versucht, die Verantwortung so weit es geht auf die Männer zu übertragen. Trägt jeder einzelne Verantwortung, braucht er auch Kraft, um seine Eigenständigkeit und Verantwortung für sich selbst als erwachsener Mensch unter Beweis zu stellen.

Der Machtkampf zwischen Team (-Leitung) und Gruppe

Nicht jeder Machtkampf wird zu einer zufrieden stellenden Lösung führen. Glaubt das Team aber, solch eine zufrieden stellende Lösung gefunden zu haben, muss es die Lösung für alle erkennbar machen. Gibt es keine zufrieden stellende Lösung, muss das Team reagieren und aussteigen. Das kann auf zwei Arten geschehen:

- Die »König-Geist-Lösung«
- Das Team sagt: »Als Team sehen wir keine andere Möglichkeit der Lösung, als aus dem Machtkampf auszusteigen.«
- Die »Magier-Schamanen-Geist-Lösung«

Manchmal ist dies die bessere Variante, um aus einem Machtkampf auszusteigen. Allerdings räumt sie den Männern, die gerade mitten im Machtkampf stecken, einigen Platz für Interpretationen hinsichtlich des Teams ein. »Magier-Schamanen-Geist-Lösungen« können daher wirklich nur von einem sehr erfahrenen Team angewendet werden, wenn es zu einer Konfrontation zwischen den Männern und dem Team kommt, bei der keine Aussicht auf eine zufrieden stellende Klärung und Lösung besteht. Eine »Magier-Schamanen-Geist-Lösung« wäre zum Beispiel, eine bereits in der Struktur festgelegte Pause – das Mittagessen oder die Teepause – zu nutzen, um möglichst rasch und ohne viel Aufsehen aus dem Machtkampf auszusteigen. Einer der Leiter sagt einfach nur: »Männer, es ist Mittagspause, wir beginnen wieder um 14.00 Uhr.«

Für einige Männer mag dieser Abbruch des Machtkampfes überraschend und unvorbereitet kommen, aber es ist nach unserer Meinung immer noch besser, mit einem »Trick« auszusteigen, als einen festgefahrenen und für die Männergruppe verloren gegangenen Machtkampf unnötig in die Länge zu ziehen. Außerdem haben die Männer während der Mittagspause Zeit, ihre Emotionen weiter zum »Kochen zu bringen und zu garen, um sie dann später zur Gänze konsumieren zu können«.

Wir haben mehrmals erlebt, dass die Gruppe freiwillig aus dem Machtkampf aussteigt und die Arbeit mit mehr Energie fortsetzt, wenn die Männer genügend Zeit »zum Kochen« bekommen haben.

Souveränes Team

Ein großes Geheimnis für das Gelingen von Männerarbeit in festen Strukturen ist die Fähigkeit des Teams, souverän zu sein. Souveränität heißt, sich auf die gesunde »König-« und »Krieger-Geist-Energie« einzulassen.

Ein gesunder »König« weiß: »Ich bin der König!«. Er kennt die Grenzen seines »Königreiches« genau. In einer ähnlichen Art und Weise weiß auch ein erfahrenes Männerteam: »Wir sind das Team, die anderen die Gruppe!«

Die »König-Geist-Energie« macht ganz eindeutig klar, dass das Team der Häuptling ist und wer welche Verantwortung trägt. Ein gesundes Männerteam weiß genau, welche Verantwortung das Team und welche Verantwortung die Gruppe zu tragen hat. Je tiefer dieses Verständnis im Team verankert ist, desto tiefer reicht die Souveränität des Teams in die Gruppe hinein. »Wenn wir als Team mit einer Männergruppe arbeiten, darf uns niemand die Souveränität nehmen. Es kann aber vorkommen, dass wir sie freiwillig aus der Hand geben«, sagt ein ungeschriebenes Gesetz der Männerarbeit.

Sucht

Jemand hat einmal gesagt: »Die wahre Geschichte unserer Zivilisation ist die Geschichte unserer Süchte.« Die meisten Menschen haben ein sehr enges Verständnis von Sucht. Sie glauben, dass Sucht nur mit Heroin oder Kokain zu tun hat. Es stimmt, diese Drogen sind wirklich starke Suchtmittel.

Doch Millionen von Menschen sind wesentlich subtileren und heimtückischeren Süchten verfallen, die jedoch in unserer Gesellschaft als solche überhaupt nicht wahrgenommen werden: Tabak, Koffein, Alkohol, Zucker, Sex, Arbeit u. Ä. – all das sind von der Gesellschaft akzeptierte Süchte.

Sucht ist immer ein Zeichen von Angst (vor der Realität), Unzufriedenheit (ein Grundbedürfnis ist nicht gestillt worden) und Orientierungslosigkeit (beim Jugendlichen die so genannte ›Langeweile‹, beim Erwachsenen das Fehlen einer grundlegenden verantwortungsvollen Lebensaufgabe).

Es kann sein, dass die beste Suchtprävention darin besteht, Jugendlichen Gelegenheit zu geben, im Rahmen einer Visionssuche eine gesunde Lebensaufgabe für sich zu finden – das ist ein Hauptziel in unserer Arbeit.

Lebenslinien: Günter

Ich bin mir bewusst, dass die Dinge, wie sie sich heute für mich darstellen, schon morgen einen ganz anderen Stellenwert haben können. Doch kann ich nur mit den Augen von heute sehen und mit den Ohren von heute hören. Die Erlebnisse und Situationen, die mein Leben prägten, kann ich nur in der Rückschau betrachten. In die Vergangenheit zu blicken, war für mich immer wieder schmerzvoll, doch in der Gegenwart geschahen durch dieselben Erinnerungen heilvolle Erfahrungen. Dies sind für mich die spannendsten und lustvollsten Augenblicke in meinem Leben. Aus der Vergangenheit mit all den vielen Verletzungen und Prägungen die volle Lebensenergie zu schöpfen. Das ist mein Weg vom Opfer zum Schöpfer. Es könnte sein, dass sich der eine oder andere an dieser Stelle etwas schwer tut, dies zu verstehen, aber meine Lebenserfahrung ist: Der Weg vom Opfer zum Schöpfer ist der Weg des Verzeihens und Vergebens. Damit möchte ich meine Lebensgeschichte und die Geschichte meiner Initiation beginnen.

Als ich 1961 als ältestes von fünf Kindern geboren wurde, war meine Mutter gerade siebzehn und mein Vater zwanzig Jahre alt. Ich war wohl eher ungewollt in ihr Leben getreten und damit auch der Grund, warum die beiden heirateten. Ich habe mir deswegen auch viele Jahre Schuldgefühle aufgeladen. Mein Vater musste schon als Siebzehnjähriger das Elternhaus verlassen und in ein anderes Bundesland ziehen. Ich weiß bis heute nicht, warum er gehen musste oder wollte, ich kann es nur erahnen. Er kam wohl mit seinem Vater nicht klar. Die beiden hatten nie guten Kontakt zueinander, ebenso wie ich heute zu meinem Vater keinen Kontakt habe. Ich wuchs dann in einem emotionalen Vakuum auf, das geprägt war durch die Abwesenheit meines Vaters und die Überforderung meiner Mutter. Als Ältester übernahm ich sehr viel Verantwortung, gerade auch als unsere Mutter mit zweiunddreißig einen Hirninfarkt hatte und einige Wochen mit dem Tod kämpfte. Ich war damals fünfzehn und erlebte durch dieses Unglück meine erste ungewollte Initiation, die mich von einem Moment zum anderen erwachsen werden ließ. Heute bin ich für diese Erfahrung, nämlich Verantwortung zu tragen, sehr dankbar, obwohl sie mich wahrscheinlich meine Kindheit gekostet hat.

Was folgte, waren turbulente Pubertätsjahre und eine Flucht aus dem Elternhaus mit neunzehn Jahren.

Es wiederholt sich so viel im Leben, und so habe auch ich sehr früh geheiratet. Mit neunzehn wurde meine Freundin schwanger, und kurz vor der Geburt unseres ersten Sohnes heirateten wir. Ich war gerade mit meiner Berufsausbildung fertig, und wir standen damals mit leeren Händen und einem Kind im Leben. Doch unsere Liebe zueinander gab mir die Kraft, optimistisch in die Zukunft zu gehen. Diese Liebe sollte später noch viel größere Bedeutung für mein Leben bekommen. Vier Jahre nach unserem ersten Sohn wurde unser drittes Kind geboren. Nach zwei Söhnen war es nun eine Tochter. Kurz bevor sie zur Welt kam, eröffnete ich eine Praxis für physikalische Therapie, mit der ich beruflich selbstständig wurde.

Was anfangs in den vielen Veränderungen durch Familiengründung und Geschäftsaufbau verborgen blieb, trat nun in den darauf folgenden zwei Jahren immer deutlicher zum Vorschein. Ich hatte ein riesiges Problem: Ich war alkoholabhängig, was dazu führte, dass ich immer öfter meine Arbeit vernachlässigte, meine Frau und meine Kinder schlug, meine Fahrzeuge demolierte, sozial auffällig wurde und in die soziale Isolation abzugleiten drohte.

Da stellte mich meine Frau vor die Wahl: »Entweder ich und die Kinder oder der Alkohol!« Worauf ich mich 1987 für einen Alkoholentzug in einer Klinik entschied. Dies war meine zweite Initiation.

Wieder einmal wiederholte sich etwas in meinem Leben. Meine Mutter war auch alkoholkrank und zwei meiner Brüder sind ebenfalls betroffen, wobei einer vor zwei Jahren einen Entzug gemacht hat.

Durch den Alkoholentzug - ich bin heute, fünfzehn Jahre später, immer noch trocken - hat sich mein Leben von Grund auf verändert. Mir eröffneten sich dadurch ungeahnte Möglichkeiten, Dinge zu erkennen, die vielen Menschen verborgen bleiben. Das Entscheidende dabei war sicher, wieder Zugang zur spirituellen Welt gefunden zu haben und ein Leben im Vertrauen auf Gott leben zu können. Viele Jahre besuchten meine Frau und ich danach eine Selbsthilfegruppe für Alkoholkranke und wir nahmen an christlich spirituellen Seminaren und Veranstaltungen teil.

Mein Leben entwickelte sich langsam zum Schöpferdasein, doch gab es in mir immer noch eine große Sehnsucht. Ich war zu dieser Zeit krankhaft eifersüchtig und konnte mit meiner Wut, die ich tief in mir verspürte, sehr schlecht umgehen. Ich wollte das loswerden und begann eine kinesiologische Ausbildung, was mich meine Wut und Eifersucht besser kontrollieren lehrte, doch ich hatte beides noch stark in mir, und das beunruhigte mich sehr. In der Zwischenzeit kam nach acht Jahren unser viertes Kind zur Welt, ein Junge. Wir waren gerade zwei Jahre in unser eigenes neues Haus eingezogen, da wuchs in mir und in meiner Frau der Wunsch nach einem vierten Kind. Wir waren sehr glücklich und erlebten die Schwangerschaft und auch die Geburt sehr bewusst und erfahren. Diese Zeit war auch geprägt von der Expansion meines Unternehmens, und dadurch traten die emotionalen Probleme ein wenig in den Hintergrund. Im Lauf der folgenden Jahre wurde meine Eifersucht aber immer unerträglicher, und ich musste unbedingt handeln, damit ich sie in den Griff bekam.

So fuhr ich mit meiner Frau im Sommer 1997 in die Toskana zu einem Bodypainting-Seminar. Nach einer Woche intensiver Naturerfahrung, Feuerritual, Trommeln und Bodypainting hatte ich meine Eifersucht tatsächlich verarbeitet. Sie hat mich seit damals nie mehr belastet. Ich staunte aber, als ich merkte, dass von diesem Zeitpunkt an meine Frau eifersüchtig war, was vorher nicht der Fall gewesen war. So wiederholten wir im folgenden Jahr dieses Seminar, und es half auch meiner Frau über ihre Eifersucht hinweg. Durch diese Seminare entdeckte ich die Lust am Tanzen, worauf ich eine Ausbildung zum Tanz- und Ausdruckstherapeuten begann. In den ersten zwei Jahren der Selbsterfahrung kam ein großer Stein ins Rollen. Vor allem kam ich immer öfter an mein Wutthema heran, wodurch mir bewusst wurde, dass es ein altes Familienthema ist. Mein Vater schlug mich als Kind, bis ich blaue Flecken hatte, er schlug meine Geschwister, und er schlug meine Mutter, die sich aber auch nie wehrte, weil sie einfach zu schwach war. Immer wieder kamen meine Brüder mit dem Gesetz in Konflikt, weil sie ihre Wut nicht im Griff hatten. So konnte ich während der Ausbildung zum Tanztherapeuten an einer Familienaufstellung nach Hellinger teilnehmen und meine Wutproblematik im Familiensystem erfahren. Es war sehr heilsam, zumal ich parallel zu meiner Ausbildung begann, in eine Männergruppe nach Tirol zu gehen. Der Buddhistenmönch Gregory Campbell und der Lebensberater Peter A. Thomaset leiteten diese Männergruppe und veranstalteten mehrere Wochenenden mit Schwitzhüttenritualen und mit der Arbeit an den männlichen Archetypen. Gerade die Arbeit an den Archetypen zeigte mir meine Stärken, aber auch meine Schwächen. So erkannte ich, dass ich mit meinen vierzig Jahren immer noch um Anerkennung von meinem Vater bemüht war und dadurch auch immer noch an mein Elternhaus gebunden war.

Nun begannen sich die Dinge zu überschlagen. Als ich von einem Männerwochenende nach Hause kam, machte ich meiner Frau einen Heiratsantrag. Obwohl wir schon zwanzig Jahre verheiratet waren, wollte ich ein Ritual, bei dem wir unser Jawort erneuern konnten. Ich hatte einfach das Gefühl, dass bei unserer ersten Hochzeit alles von unseren Eltern bestimmt war und unsere Bedürfnisse nicht beachtet wurden. Nun wollten wir unser eigenes Ritual veranstalten und nur unsere besten Freunde und uns genehme Gäste dabeihaben. Das gefiel meinen Eltern überhaupt nicht, weil ich meine Geschwister nicht eingeladen hatte. So kamen sie nicht zu unserem Ritual, was Folgen haben sollte. Dadurch, dass ich meine Wut nicht mehr spürte, konnte ich den darauf folgenden Konflikt mit meinem Vater friedvoll überstehen, während er vor lauter Wut zitterte und fast explodierte. Es kam zum Bruch zwischen uns – er ist bis heute nicht gekittet. Ich erkannte dadurch, dass wir für alles, was wir erhalten, einen Preis zu zahlen haben. Je schmerzlicher dieser Preis ist, desto reicher werden wir beschenkt. Es ist sicher auch so, dass sich die ganzen familiären Verstrickungen lösten, als ich meine Wut abarbeitete und damit eine Veränderung im ganzen Familiengefüge auslöste.

Viele Jahre meines Lebens habe ich meinen Eltern Vorwürfe gemacht, habe sie beschuldigt und sie für vieles, was in meinem Leben schief gelaufen ist, verantwortlich gemacht. Vieles davon hat mich aber zu dem werden lassen, was ich heute bin, und deshalb bin ich dankbar für alles. Jetzt ist mir bewusst, dass ich erwachsen bin und mein Leben selbst gestalten kann. Durch das Auflösen der Wut und den schmerzhaften Trennungsprozess von meinen Eltern erfuhr ich meine dritte Initiation. Dies war sicherlich die Initiation zum reifen Mann, der die Verantwortung für sein Leben übernimmt und die Lebewesen der Mutter Erde beschützt, der eine Vision hat und den Frieden lebt.

So stelle ich mein ganzes Tun und Wirken in den Dienst des Friedens. Beruflich und privat setze ich alles daran. im Dienste des Friedens zu handeln und Frieden an meine Familienmitglieder, Mitmenschen und Mitarbeiter weiterzugeben. Dabei verbinde ich mich mit meinen Wurzeln, der Kraft der Ahnen und bin dankbar für alles, was ich von meinen Eltern erhalten habe. Ich blicke vertrauensvoll in die Zukunft und bin bereit, den Preis für mein bisheriges Leben zu bezahlen. Ich biete meinen Kindern meine väterliche Unterstützung an und bin anderen Jugendlichen gern ein Mentor. Dabei werde ich mich immer wieder mit meinen Archetypen verbinden:

dem König,

dem Krieger,

dem Liebhaber und

dem Magier.

Zum Schluss noch ein Gebet, das wir immer in der Alkoholikergruppe sprachen und das mich seit vielen Jahren begleitet:

»Gott gebe mir Gelassenheit, Dinge hinzunehmen, die ich nicht ändern kann.

Er gebe mir den Mut, Dinge zu ändern, die ich ändern kann,
und die Weisheit, das eine vom anderen zu unterscheiden.«

Symbole

In der Männerarbeit benutzen wir verschiedene Symbole, die zu speziellen Themen und Situationen passen. Wir empfehlen jedem Mann, ein Symbol zu finden für

- sein *grundlegendes Gutsein* (sein inneres Kind, seine Seele oder seinen göttlichen Kern),
- sein *Mannsein* (seinen Krieger, König, Magier und Liebhaber),
- seine *Vision* (seine Aufgabe im Leben, seinen Lebenssinn),
- sein *ewiges Leben* (seine Sterblichkeit, »Was soll von dir zurückbleiben, wenn du einmal gestorben bist?«),
- seine *Sexualität* (sein Liebesleben),
- sein *derzeitiges Befinden* (»Wo stehst du gerade in deinem Leben?« Dieses Symbol, das den gegenwärtigen Zustand ausdrücken soll, wird in der Männerarbeit zu jedem Thema verwendet).

Für die meisten Männer ist bereits die Suche nach diesen Symbolen eine große Aufgabe. Normalerweise errichten wir an unseren Männerwochenenden einen Altar. Jeder Mann bekommt in der Redestabrunde Gelegenheit, etwas über sein Symbol zu sagen bzw. es zu erklären. Danach wird das Symbol auf den Altar gelegt. Im Lauf der Jahre haben wir herausgefunden, wie wertvoll es für Männer ist, Symbole für leider oft vage Ideen wie »ewiges Leben« oder »Lebensvision« zu finden.

Fast jeder Gegenstand kann zu einem Symbol werden, wenn man seine eigene Kraft und Wesenheit hineingibt – man spricht dann auch von »beseelen« und »beseelt sein«. Symbole sind vor allem dann wichtig, wenn Männer Schwierigkeiten haben, über Abstraktes zu reden. Meist fällt es ihnen dann leichter, sich zu artikulieren.

Tantra

»Tantra« bedeutet nichts anders als »Liebestod«. Doch leider versteht in dieser Welt fast niemand mehr die Bedeutung von »Liebestod«.

Die Männer, die in die Männerarbeit kommen, erhalten von uns ständig die Empfehlung: »Achtet sehr sorgfältig und dauerhaft darauf, dass ihr ein gesundes und zufrieden stellendes Sexualleben habt!« Nach unserer Erfahrung ist ein zufrieden stellendes Sexualleben ein tief greifendes Sexualleben, das auf *Verbundenheit* und *Hingabe* fußt. Mit Zustimmung der Partnerin bekommt der Mann auf diese Weise die Möglichkeit, seine sexuellen Fantasien auszuleben. Tantra ist eine jahrtausendealte Lehre, die uns ermutigt, eine tief greifende Sexualität zu leben und über sie zur geistigen (Liebestod) und seelischen Ekstase (eins werden mit Gott) zu gelangen: Tantra ist der leuchtende Donner der Liebe Gottes.

Die Heiligsprechung des menschlichen Verhaltens ist wesentlich für die Rettung und Befreiung des Menschen. Und so entstanden – generell nicht anerkannte – tantrische Schulen und Gruppen in allen großen Religionen. Aber weil Tantra so radikal direkt, so wagemutig und kühn in Unterweisung und Ausführung ist, wurden die tantrischen Schulen fast immer heftig kritisiert und von den Strenggläubigen teilweise sogar verdammt.

Christentum und Tantra

Vieles in der Geschichte des Christentums ist ein zäher Kampf gegen die eigenen tantrischen Tendenzen, mit dem Ziel, diese zu unterdrücken. Trotz ständiger Verfolgung tauchten tantrische Gruppen doch immer wieder am Rande der Konventionen, der Rituale und der Buchstabengläubigkeit auf. Beredte Beispiele für den Kampf gegen tantrische Tendenzen innerhalb des Christentums sind die Inquisition und die Frauenfeindlichkeit der amtlichen Kirche, die nach wie vor besteht.

Die Grundlage der Ketzerei war die Behauptung der Amalrikaner (Amalrich von Bena), es gäbe drei Zeitalter in der Geschichte der Welt –

das des Vaters, das des Sohnes und schließlich das des Heiligen Geistes. Das Zeitalter des Vaters, gekennzeichnet durch unterwürfigen Gehorsam und Furcht, dauerte von Adam bis zu Jesus. Das Zeitalter des Sohnes, charakterisiert durch kindliche Unterwerfung und Glaube, begann mit Jesus und endete im 13. Jahrhundert, als das Zeitalter des Geistes zu dämmern schien. Seine Hauptmerkmale sollten Freiheit, Liebe und Kontemplation sein. Gott würde unmittelbar von allen Menschen begriffen werden, und die Welt würde ein großes Kloster sein und alle Menschen darin kontemplative Mönche und Nonnen, von mystischer Ekstase hingerissen. Eine neue spirituelle Epoche war angekündigt, in der die Kirche des Ostens mit der Kirche des Westens wiedervereinigt werden würde.

Tantra-Test

Wir haben im Laufe der Männerarbeit einen Tantra-Test für Männer entwickelt. Dieser Test bietet eine Einführung in einige der wichtigsten Lehren und Gedanken wahren Tantras:

1. Worin besteht der wichtigste Grund, das Leben als tantrische Praxis zu leben?
   - Erleuchtet zu werden?
   - Sexuelle Ekstase zu erreichen?
   - Heutzutage leben sowieso alle Menschen in einer Art unbewusstem tantrischen Zustand, also kann man es auch bewusst tun?
   - Seine Partnerin zu befriedigen?
   - Unsere Lebensmission zu erfüllen?

2. Wie heißt die Frau, mit der du deine erste Liebesaffäre hattest?

3. Welche Gefühle hast du ihr gegenüber jetzt im Moment:
   eher positiv?
   eher negativ?
   neutral?

4. Welches Geschlecht bestimmt, was gesellschaftlich als »erotisch« bezeichnet wird?

5. Welche Beziehung besteht zwischen deinem Schwanz und Gott?

6. Ejakulation ist für Männer die größte sexuelle Freude. Stimmt das, oder stimmt das nicht?

7. Was ist der sexuell sensibelste Körperteil einer Frau?

8. Was ist der sexuell sensibelste Körperteil eines Mannes?

9. Was ist der anziehendste und schönste Teil einer Frau?

10. Was ist der anziehendste und schönste Teil eines Mannes?

11. In welcher Phase befindet sich der Mond zur Zeit?

Erklärung zu Frage 3:
Wenn man negative Gefühle - Angst, Ärger, Trauer - gegenüber der Mutter hat, dann bedeutet das für einen Mann, dass er noch einige unaufgearbeitete Dinge mit seiner Mutter zu klären hat. Solange dieser Zustand andauert, hat ein Mann praktisch keine Chance, eine tiefe, dauernde emotionale Beziehung zu einer Frau zu haben.

Erklärung zu Frage 5:
So wie die Seele weiblich ist, ist Gott männlich. Wie auch immer deine Antwort ausfällt - sie ist richtig!

Erklärung zu den Fragen 9 und 10:
Im Hinblick auf wahres Tantra sind die Antworten für Männer und Frauen bei den Fragen 9 und 10 gleich.

Genauso wie im Hatha-Yoga sind körperliche Übungen nur ein Teil des Hauptziels. Auch im Tantra ist die Sexualität nur Beiwerk auf dem Weg zum Hauptziel. Sowohl im Yoga als auch im Tantra ist das Ziel Selbsterkennung. Es ist ein Zusammenschmelzen mit Gott. Wenn man keine oder nur wenig Hingabe in seinem Leben entwickelt hat, erfolgt das Zusammenschmelzen mit Gott nur oberflächlich, wenn überhaupt.

Will man wahres Tantra in seinem Leben üben, ist Hingabe die allererste Bedingung. Diese Arbeit ist nicht einfach. Im Hinblick auf Tantra, aber auch im Alltag ist es wichtig, den Unterschied zwischen Euphorie und Ekstase zu kennen. Sind wir in einem euphorischen Zustand, dann besitzen wir noch unser Körpergefühl, wenn wir uns aber in einem ekstatischen Zustand befinden, dann halten wir uns buchstäblich außerhalb unseres Körpers auf.

Diesen außerkörperliche Zustand kann man auch als den Anfang des bewussten Todes beschreiben. Die Praxis des sexuellen Tantra ist demnach paradox: Wir benutzen unseren Körper dazu, um jenseits unseres Körper zu gelangen. Viele Menschen sind jedoch mit ihrer Euphorie mehr oder weniger zufrieden und bleiben leider in ihrem Körper gefangen – bis zu ihren Tod!

Taubheit

Vielleicht fragen sich jetzt manche Männer, was Taubheit mit Männerarbeit zu tun hat. Viele Männer leben in einem Zustand von Taubheit, ohne sich dessen wirklich bewusst zu sein. Was bedeutet Taubheit also für uns?

Taubheit in Bezug auf Männer heißt, dass diese Männer keinen oder nur wenig Kontakt zu ihren eigenen Gefühlen haben oder nicht über ihre Gefühle reden können. Die Mehrheit der heutigen Männer weiß nichts von ihrer Taubheit. Diese überwältigende Mehrheit von emotional tauben Männern täuscht die Menschen so weit, dass unsere Gesellschaft diese Taubheit für normal hält. Leider ist sie nicht normal. Es handelt sich vielmehr um eine sehr ernst zu nehmende Krankheit, die sich immer weiter auszubreiten droht. Je länger ein Mann in einem Zustand emotionaler Taubheit lebt, desto schwieriger wird es, ihm emotionale Heilung zukommen zu lassen.

Eines der klassischen Symptome emotionaler Taubheit ist die Unfähigkeit eines Mannes, zu weinen. Die meisten Männer, die zu uns kommen, haben zehn, zwanzig, oft sogar dreißig Jahre lang nicht mehr geweint! Vielleicht klingt die Aussage »Ich habe schon lange keine Träne mehr vergossen!« sehr männlich. Die Wahrheit jedoch ist, dass solche Männer emotional verkrüppelt sind.

Heilungsmöglichkeiten

Wie kann diese Krankheit besiegt und geheilt werden?
Mit Unterstützung von anderen Männern geht der an emotionaler Taubheit erkrankte Mann zu den unterschiedlichen Punkten in seinem Leben zurück, an denen die Taubheit ihren Ausgang genommen hat.
Diese Punkte oder Lebensabschnitte haben fast immer mit Verletzungen in der Kindheit oder im frühen Erwachsenenleben zu tun.

Therapie

Wir sagen den Männern immer wieder, dass unsere Arbeit mit ihnen kein Therapieprogramm ist. Obwohl vieles in der Männerarbeit Ähnlichkeit mit einer Therapie hat, versuchen wir den Männern Folgendes klar zu machen:
Unsere Initiationsarbeit bringt Männer auf einen Weg der Heilung und des Wachstums, und sie fördert auf eine bewusste Weise den Prozess der Mannwerdung.

Wir erheben nicht den Anspruch, psychische Probleme zu lösen. Doch manche Männer, die zu uns kommen, haben ein sehr ernsthaftes psychisches Problem. Selbstverständlich arbeiten wir mit den Männern an diesen Problemen, aber das ist nicht unsere primäre Aufgabe. Wir geben an jede Männergruppe die Parole aus: »Wenn du im Verlauf der Männerarbeit entdeckst, dass du ernsthafte psychische Probleme hast, dann suche dir eine angemessene therapeutische Unterstützung und versuche die notwendige Heilungsarbeit für dich selbst zu erledigen – und fange am besten schon morgen damit an«.

Es passiert zwar nicht oft, aber ab und zu treffen wir auf Männer, deren psychische Probleme so schwerwiegend sind und so offensichtlich auftreten, dass sie nicht in der Lage sind, mit uns zu arbeiten. Wir nehmen diese Männer nicht in der Gruppe auf. Stattdessen empfehlen wir ihnen, therapeutische Hilfe in Anspruch zu nehmen und erst anschließend wieder zu uns zu kommen. Auch wenn ein Mann drogen- oder alkoholsüchtig ist, empfehlen wir ihm, zuerst eine spezielle Suchttherapie zu absolvieren.

Eine Erklärung

Was ist der Unterschied zwischen einer Therapie und unserer Männerarbeit? Wir können Therapie mit einem chemischen Prozess vergleichen: Wenn man eine Chemikalie mit einer anderen Chemikalie mischt, weiß man in aller Regel bereits, was geschehen und wie das Ergebnis aussehen wird.

Unsere Männerarbeit hingegen entspricht eher einem alchemistischen Prozess: Wir können keineswegs genau sagen, was mit einem bestimmten Mann passieren wird, wenn er sich dieser Arbeit unterzieht. Selbstverständlich können wir sagen, dass der größte Teil unserer Arbeit Heilungsarbeit ist. Und oftmals sind wir auch überrascht, wie erfolgreich diese Heilungsarbeit auf einige Männer wirkt. Aber, wie schon gesagt, exakte Voraussagen sind unmöglich. Deshalb kann Männerarbeit eine Therapie auch nicht ersetzen.

Töchter

Töchter tragen ebenfalls Mutter- und Vaterwunden in sich. Der erste Mann im Leben einer Tochter ist der Vater! Diese Beziehung trägt die Wurzeln späterer erfüllter sexueller Beziehungen in sich. Die Botschaften eines Vaters an seine Tochter sollten wie folgt lauten:

- Ich liebe dich.
- Ich gebe dir meinen Segen.
- Ich vertraue dir.
- Ich bin sicher, du gehst deinen Weg.
- Ich werde dich beschützen, bis du dich selbst beschützen kannst.
- Du bist etwas ganz Besonderes für mich.
- Ich bin stolz auf dich.
- Du bist schön, und ich erlaube dir, ein sexuelles Wesen zu sein!

Die einzige Möglichkeit, diese Botschaften umzusetzen, ist tägliches bewusstes Handeln. Wie die Botschaften, die sie erhält, so erfolgen auch ihre Schritte ins erwachsene Frausein. Fehlt der Vater – aus welchen Gründen auch immer – oder hat er Schwierigkeiten, seine Verantwortung zu übernehmen, dann identifizieren sich die Töchter durchweg mit der Mutter und jagen – oft bis weit ins Erwachsenenleben – der Bestätigung durch den Vater hinterher.

Fehlt auch die Mutter oder eine mütterliche Bezugsperson, kann dies für die Tochter fatale Folgen haben. Auch die heranwachsende Tochter braucht und sucht Initiation. Sie kann sie in einer erfüllten sexuellen Beziehung zu einem reifen Mann finden, der zumindest einen »achtungsvollen Abschied von seinen Eltern« geschafft hat.

Außerdem erfährt sie von Natur aus durch ihren Körper Vermittlungen ins Frausein, die Chancen und Herausforderungen in sich tragen. Die erste Vermittlung ist ihre Menarche. Die zweite das Gebären eines Kindes und die dritte – etwas später in ihrem Leben – die Menopause.

Diese naturgegebene Initiation gelingt so gut oder schlecht, wie Frau es schafft, die eigene Mutter als die versorgende und nährende Kraft in ihrem Leben – trotz mancher Enttäuschungen und Schwierigkeiten – zu schätzen und anzunehmen und diese Wertschätzung dann der Mutter zuzugestehen und ihr auch zukommen zu lassen. Dann ist sie frei, ihr eigenes kraftvolles Leben zu beginnen und ihre Vaterwunden zu heilen, indem sie sich auf eine reife Partnerschaft – ob im Alltag oder im Berufsleben – einlässt: Sie schätzt die Männer, wie sie sind: Prinzen, Retter, Beschützer, spirituelle Wegweiser, ohne sich selbst dabei zu verlieren!

Töchter und junge Frauen!

Warnung an alle junge Frauen: Wenn ihr eine tiefere und intime Beziehung mit einem Mann eingehen wollt, dann vergewissert euch, ob sich der Mann halbwegs – vor allem von der Mutter – lösen konnte! Wenn dies nicht der Fall ist, wird er ständig nach Frauen suchen, mit denen er nie eine tiefe Beziehung eingeht – auch wenn es anders aussieht –, um sie letztlich durch Besitzergreifung abhängig zu machen. Er wird zu einem so genannten Beziehungsmissbraucher.

Die Zeichen, an denen ihr einen Beziehungsmissbraucher erkennen könnt, sind meist sehr eindeutig:

- Der Mann drängt die neue Partnerin beinahe sofort in eine exklusive Verpflichtung.

- Der Mann ist eifersüchtig; übermäßig besitzergreifend; er ruft kontinuierlich an oder macht unerwartete Besuche.
- Der Mann ist kontrollierend und verhört euch intensiv (besonders wenn ihr zu spät kommt).
- Der Mann hat unrealistische Erwartungen: Er setzt voraus, dass ihr erkennt, was er braucht, und macht, was er will.
- Der Mann möchte Isolation: Er versucht euch von der Familie und den Freunden abzuschneiden. Er entzieht euch Telefon oder Auto oder versucht sogar zu verhindern, dass ihr einem Job nachgeht.
- Der Mann beschuldigt andere oder euch, für seine Probleme und Fehler verantwortlich zu sein.
- Der Mann macht andere für seine Gefühle verantwortlich. Er sagt: »Du machst mich wütend« anstatt »Ich bin wütend«.
- Der Mann ist übersensibel; er ist leicht beleidigt.
- Der Mann zeigt Grausamkeit gegenüber Tieren und Kindern. Männer, die ihre Frauen schlagen, misshandeln oft auch ihre Kinder.
- Der Mann macht spielerischen Gebrauch von sexueller Gewalt. Er genießt es, dich gegen deinen Willen niederzuhalten.
- Der Mann misshandelt euch verbal: Kontinuierlich kritisiert er oder sagt unverhohlen grausame und verletzende Dinge.
- Der Mann will steife, starre oder strenge Sexrollen. Er erwartet von euch, ihm zu dienen und zu Hause zu bleiben.
- Der Mann hat plötzliche Stimmungswechsel. Innerhalb von Minuten verändert sich sein nettes, »süßes« und freundliches Verhalten in ein gewalttätiges Aufbrausen.
- Der Mann trägt vergangene Misshandlungen in sich. Er schlägt seine Partnerin, um ihr dann mitzuteilen: »Du brachtest mich dazu, dies tun zu müssen!«
- Der Mann spricht Gewaltdrohungen aus. »Ich breche dir das Genick« oder »Ich werde dich töten«, um dann abzuwiegeln: »Ich habe es nicht wirklich so gemeint.«
- Selbstverständlich tragen auch Frauen solche Ansätze in sich, jedoch treten sie bei Männern weit häufiger auf. Was musst du tun, um deine eigene Gewaltbereitschaft als Frau zu erkennen? Ersetze in der Aufzählung oben einfach »Der Mann« durch »Die Frau« …

Frauen brauchen ebenfalls Initiationsarbeit!

Durch den medizinischen Fortschritt, der wertvoll, aber starr und mächtig ist, wurde der natürlichen Initiation von Frauen der »Garaus« gemacht: Geburtshäuser sind weitgehend von der Bildfläche verschwunden und Hausgeburten werden immer seltener. Die Rate der Kaiserschnitte ist, mit steigender Tendenz, so hoch wie noch nie zuvor. Es drängt sich die Frage auf: Sind sie medizinisch immer notwendig, oder stecken womöglich finanzielle Interessen oder gar eine Art Kastration der Frau hinter diesem gewaltigen Instrumentarium männlicher Macht und Hierarchie?

Tod und Danach

Die von uns praktizierte Initiation ist eine bewusste Vorbereitung auf das Leben und somit auch eine bewusste Vorbereitung auf den Tod. Viele von uns haben Schwierigkeiten zu verstehen, dass der Tod keine Trennung vom Leben ist. Der Tod ist die Schwelle oder die Initiation für das nächste Leben. Man kann auch sagen, Tod ist die allerhöchste Initiation für uns alle.

Es ist sehr traurig, dass der Tod für die meisten Menschen und für die Gesellschaft noch immer tabuisiert ist und verdrängt wird. Die meisten haben kein Verständnis davon, was Tod bedeutet. Ein Mensch, der ausreichend auf sein Sterben – auf seinen Tod – vorbereitet ist, braucht wegen dieser unausweichlichen Transformation nicht zu verzweifeln.

Wie bereitet man sich auf den Tod vor? Die einfachste Antwort: durch ein leidenschaftliches und mitfühlendes Leben. Gelingt uns dies, werden wir früher oder später entdecken, dass Gott gar nicht in der Lage ist, uns zu bestrafen – was auch immer wir getan haben. Er kann es einfach nicht, weil Gott ewige Vergebung ohne Wenn und Aber ist.

Wissenschaftler haben bereits so viel entdeckt: Gene, Atome usw. –aber konnte jemals ein Mensch das Geheimnis vom Tod entschlüsseln? Das ist die eigentliche Aufgabe der Menschheit! Solange wir das nicht schaffen, leben wir ständig in einer panischen, aber unbewussten Angst vor dem Tod – und vor dem Leben. Genau wie Jakob Böhme geschrieben hat: »Wer nicht stirbet, ehe er stirbet, der verdirbet, ehe er stirbet.«

Trennung

Im menschlichen Leben gibt es unnötiges und notwendiges Leid. Trennung ist notwendiges Leid. In einem gewissen Sinn erleben wir jeden Tag Trennungen. Am Morgen, wenn wir aufstehen, trennen wir uns von der Nacht und von der Ruhe. Wenn wir von zu Hause weggehen, trennen wir uns von unserer Frau und unseren Kindern. Wir trennen uns von unserem Beruf, wenn Feierabend ist. Und dann müssen wir uns noch vom Tag verabschieden usw.

In dem Moment, wo ich mich mit jemanden treffe, ist dies der Anfang einer Trennung. Die wesentlichste und folgenschwerste Trennung ist der Tod, mit dem wir uns nicht nur von geliebten Menschen und von der Welt verabschieden müssen, sondern auch von unserem Körper. Wahrscheinlich ist diese unausweichliche Trennung an unserem Lebensende auch der Grund, warum wir in unserem Leben so viele Trennungen erfahren und durchgehen müssen. Jede Trennung in unserem Leben ist eine Übung, um das bewusste Loslassen zu lernen.

Nicht jede Trennung ist schmerzhaft, aber ausgerechnet die schmerzhaften Trennungen in unserem Leben sind die wichtigen, die wir für unsere Reifung und Entwicklung brauchen. Viele Menschen versuchen die schmerzhaften Trennungen – und deren Vorboten – unter den Teppich zu kehren, doch das ist der falsche Ansatz.

Wenn es zu einer schmerzhaften Trennung in unserem Leben kommt, empfehlen wir, ein Ritual zu veranstalten, zum Beispiel ein Scheidungsritual. Wir bitten einige uns nahe stehende Menschen – vor allem die Menschen, die mit der Trennung zu tun haben –, uns beim Loslassen zu helfen und uns Unterstützung zu geben. Das Ritual selbst, die

Menschen und alles, was in das Ritual und den rituellen Raum eingebracht wird, markiert die Veränderung im Leben.

Der Inhalt derartiger Rituale ist unterschiedlich, genauso wie jeder Einzelne seine Trennung ganz individuell erfährt.

Ein Tod bzw. eine Beerdigung ist beispielsweise ein solcher Anlass, zu dem unsere Gesellschaft Rituale entwickelt hat. Diese Begräbnis-, Trauer- und Trennungsrituale sind leider in unserer Gesellschaft so weit abgeflacht, dass sie uns leer und schwach erscheinen und uns als Ritual beinahe nicht mehr auffallen oder gar helfen können.

Männer! Wir müssen wieder erfinderischer werden, Rituale erschaffen, die uns helfen und unterstützen, aus unausweichlichen emotionalen Situationen Kraft und Mut zu schöpfen. Jede Trennung ist eine kleine Krise, und Krisen sind Chancen, und Chancen sind Entscheidungen, und bei Entscheidungen ist bewusste Initiationsarbeit angesagt, und Initiation bedeutet, Trennung zu erfahren!

Trance

Die wahre Bedeutung dieses Wortes ist vielen Menschen fremd. Gerade deshalb scheint Trance den meisten irgendwie verdächtig, anstößig oder gar gefährlich zu sein. Trotzdem machen beinahe alle Menschen tagtäglich Erfahrungen mit Trance: Tagträume sind eine Art von Trance, auch Fernsehen, Essen oder sexuelle Intimitäten können eine Art von Trance sein.

Die entscheidende Frage, die dabei gestellt werden muss, lautet: Ist die jeweilige Trance gesund oder ungesund? Unsere Antwort: Geht Trance in Richtung eines tieferen Bewusstseins, ist sie gesund. Das ist genau die Richtung, in die wir arbeiten.

Trance bedeutet, dass wir uns jenseits gedanklicher Präsenz bewegen. Trance, die wir durch das Fernsehen erleben, führt uns zwar ebenfalls heraus aus unserem gewohnten Gedankenfluss, jedoch führt sie uns lediglich in die Gedankenwelt des Fernsehens – und verwirrt uns. Fernsehen ist in der Regel keine gesunde Trance.

Im Gegensatz zum Fernsehen bietet uns die Schwitzhütte eine Möglichkeit, uns jenseits unserer Gedanken zu bewegen. Wie weit wir aber dabei tatsächlich gehen können, hängt von unserer Leidenschaft ab.

In der Kindheit lernen wir meist nur ungesunde Trance. Im Zustand dieser ungesunden Trance wachsen wir auf – und sollen doch zu gesunden und reifen Erwachsenen heranwachsen. Das ist unmöglich!

Die Trance, die wir während unserer Kindheit entwickeln, ist eine Abwehrreaktion gegen die schrecklichen Dinge, die während unserer Kindheit geschehen. Diese Art von Trance ist zwar ungesund, aber notwendig, um überhaupt überleben zu können.

Als Erwachsene wiederholen wir diesen Vorgang immer dann, wenn Schwierigkeiten auftauchen: Wir ziehen uns in dieses Loch – ungesunde Trance – zurück. Wir haben als Erwachsene die ungesunde Trance sogar so weit entwickelt, dass es uns nicht mehr auffällt, wenn wir in sie hineingehen. Dies kann von einem Augenblick zum anderen geschehen. Deshalb brauchen wir Menschen um uns herum, die uns darauf aufmerksam machen und fragen, wo wir gerade mit unseren Gedanken, Eindrücken und Bildern sind. Ungesunde Trance ist eine Flucht. Wir laufen – geistig gesehen – vor etwas davon.

In der Männerarbeit haben wir für die Trancearbeit eine spezielle Sprache entwickelt. Wenn die ganze Gruppe in einen Trancezustand geht, dann nennen wir dies einen »heiligen Raum« oder einfach »Raum«.

Der Sprung in den Tod und die Dynamik eines »heiligen Raums«

Die Begriffe Mentor, Ältester und Medizinmann sind alle eng miteinander verbunden, auch wenn sie auf den ersten Blick sehr unterschiedlich sind. Jeder Mann, der anderen dienen will, muss wissen, wie er einen »heiligen Raum« (im Folgenden »Raum«) erschaffen kann.

Solch ein »Raum« ist eine Verbundenheit innerhalb der Gruppe, durch den die Möglichkeit sofortigen Lernens, schnellen heilenden Wachstums und/oder schneller/heilender Transformation gegeben ist.

Ein Grund, weshalb viele von uns bereit sind, hohe Preise für Konzerte oder Theaterstellungen zu bezahlen, ist weniger die Erfahrung der Vorstellung selbst, sondern die Erfahrung des Raums, der dabei erschaffen wird.

Welche Bedeutung hat das Ritual für die Schaffung eines Raums? In der hier verwendeten Bedeutung ist ein Ritual alles, was ausreichend Verbundenheit in einer Gruppe erzeugt, sodass durch das Schmelzen der rationalen Verstandesanteile aller Anwesenden ein Raum entsteht.

Dies führt zu einer weiteren Definition von Raum: Die Qualität von Gruppenachtsamkeit ist so beschaffen, dass sich der Fluss von Heilung und evolutionärer Transformation selbst erhält – jedenfalls solange der Raum existiert. Das Geheimnis von Räumen ist also Bewusstheit – die Bewusstheit, die wir in die Gruppe einbringen und die Qualität der Achtsamkeit in der Gruppe selbst.

Wenn wir einen Raum vorbereiten, müssen wir uns zuerst selbst betrachten: Was ist unsere Motivation, einen Raum zu schaffen? Was wollen wir erreichen? Sind wir bereit, unsere ganze Energie der Gruppe zu geben? Wenn wir diese Fragen nicht klar und uneigennützig beantworten können, müssen wir weiterhin an uns selbst arbeiten und uns so lange erforschen, bis wir die richtigen Antworten gefunden haben.

Träume

Träume sind für alle Menschen wichtig. Aus der Männerarbeit hat sich einiges an Traumarbeit entwickelt, und bestehende bekannte Traumübungen haben sich bewährt: zum Beispiel ein Traumbuch zu schreiben oder Träume auf ein Tonband (Diktaphon) zu sprechen oder mit den Worten (Gedanken) »Ich kenne meinen Traum, der Traum sagt mir etwas über ... Ich setze meinen Traum, den ich letzte Nacht begonnen habe, heute Nacht fort« usw. in den Schlaf fallen.

Wenn Kinder oder Erwachsene Albträume haben, dann können sie vor dem Einschlafen bewusst wieder in den Albtraum zurückkehren und eine Lösung sehen. Der Albtraum kann sich aber auch in einem befreienden und klärenden Traum verändern, der einige neue Facetten aufzeigt und neue Wege offenbart.

Im so genannten Normaltraum sind wir mehr oder weniger hilflos. Manche Menschen entwickeln oder besitzen jedoch die Fähigkeit, Träume bewusst wahrzunehmen. Sie können ihre Träume beeinflussen und mit ihren Träumen arbeiten.

Traumarbeit für Traumweisheit

Der Kern der Traumarbeit besteht darin:

- der Gefahr zu begegnen und sie zu besiegen,
- sich auf einen Zustand der Freude zuzubewegen und
- eine positive Lösung zu erreichen.

Und dies sind die Werkzeuge:

- Behalte eine bewusste Absicht bei, um diese Art von Arbeit leisten zu können.
- Halte ein Notizbuch oder ein Kassettenrecorder neben deinem Bett verfügbar.
- Sprich jedes Mal vor dem Schlafengehen das Datum auf Kassette.
- Wiederhole deine Absicht, und frage dich, bevor du einschläfst, ob du irgendwelche Furcht einflößenden Wesen und Dinge in deinen Träumen gesehen hast.
- Wenn ein Traum nicht ganz vollständig zu sein scheint oder von besonderem Interesse ist, dann versuche nochmals in den Traum zu kommen, entweder in der nächsten Nacht oder auch während der Tagträume.
- Nimm alle Träume auf Kassette auf, sobald du erwacht bist.
- Berichte die Träume beim Aufnehmen immer in der Gegenwartsform.

- Mach dir keine Sorgen über das Entschlüsseln deiner Träume – ihre Bedeutung wird dir gewöhnlich erst nach einer gewissen Zeit klar.

Es ist gut, mit nahe stehenden Freunden oder mit der Familie über Träume zu sprechen, doch man sollte vermeiden, die Träume von andern zu interpretieren.

Trauer

In der Männerarbeit wird Trauerarbeit auch als Aschenarbeit bezeichnet. Präziser formuliert ist es jedoch so: Die Wirkung von Trauerarbeit beruht auf Asche.

In die Asche gehen – das heißt, Männer müssen weinen lernen. Sie müssen erst lernen, Tränen in Gegenwart anderer Männer zu vergießen und auf diese Weise die Wunden zu heilen, die sie erlitten haben. Dann können sie die Fähigkeit entwickeln, in Gegenwart von Frauen zu weinen und so die Wunden zu heilen, die sie verursacht haben. Dies ist der wahre Pfad männlicher Mannhaftigkeit – hinab in die Asche, um zu weinen!

In unserer Gesellschaft haben die Männer in der Regel nicht die Erlaubnis, Trauer zu zeigen.

Wir sind immer froh, wenn die Männer weinen können. Wir haben aus diesem Anlass bestimmte Grundregeln entwickelt, was wir tun und wie wir uns verhalten sollen, wenn ein Mann weint.

Eine Grundregel heißt: Wir gehen nicht automatisch zu dem Mann, der weint und kümmern uns um ihn, umarmen und trösten ihn. Die meisten Männer wollen, wenn sie weinen, nicht sofort getröstet werden. Bei Frauen scheint dies anders zu sein. Sie wollen in der Situation des Weinens – der Trauer – oft getröstet, umarmt und verstanden werden. Wir warten so lang, bis der weinende Mann von sich aus nach Unterstützung und Trost verlangt.

Manchmal kann ein Mann nicht mehr aufhören zu weinen. In einem solchen Fall empfehlen wir, dass zwei Männer aus der Gruppe zu diesem Mann vorsichtig sagen, er solle mit ihnen in einen anderen Raum gehen, damit die Gruppe weitermachen kann.

An unseren Männerwochenenden versuchen wir vor allem am Freitag und Samstag, Trauerarbeit zu machen. Am Sonntag lassen wir die Arbeit ausklingen.

Trauerarbeit braucht Zeit. Wir empfehlen deshalb, einen Lebensberater aufzusuchen oder eine Trauerberatung (Trauerarbeit) zu besuchen und gleichzeitig mit einer Männergruppe in Verbindung zu bleiben.

Wenn ein Mann in der Männergruppe weint, ist es notwendig, dass zumindest ein Teammitglied ausreichend emotionale Distanz wahrt. Auf keinen Fall darf irgendein Mann einen Witz über das Weinen oder über den weinenden Mann machen!

Unsere Erfahrung zeigt immer wieder, wie schwer es von Männern zu akzeptieren und auszuhalten ist, wenn eine Frau in ihrer Gegenwart weint. Männer wirken dann oft sehr hilflos. Sie vermitteln der Frau dadurch, dass sie ihr Problem nicht verstehen. Daraus entsteht bei Männern wiederum eine Notsituation, die sie veranlasst, der Frau zu »helfen«, möglichst schnell mit dem Weinen aufzuhören. Dabei bleiben sie jedoch in der Falle der Beschwichtigung gefangen. Erst wenn es ihnen scheinbar gelungen ist, die Frau von ihrer Trauer zu befreien, glauben sie wieder Boden unter den Füßen zu haben.

In einer Partnerschaft stellt es einen großartigen Fortschritt dar, wenn der Mann genügend Trauerarbeit geleistet hat – so kann er akzeptieren, wenn seine Frau oder seine Kinder weinen. Der Schlüssel heißt also: Stelle dich zuerst deiner eigenen Trauerarbeit.

Lebenslinien: Reinhold

Ich wurde 1958 als letztes von fünf Kindern geboren. Meine Mutter führte das Gasthaus der Großmutter, die halbseitig gelähmt war, mein Vater arbeitete als Fahrdienstleiter bei der Bundesbahn. Als ich drei Monate alt war, brach sich meine Mutter die Hand, worauf ich für eine Woche zu meiner Tante kam. Spätere Recherchen nach der Ursache meiner Verlustängste führten mich zu diesem ersten traumatischen Ereignis in meinem Leben. Als ich ein Jahr alt war, übersiedelten wir in den Heimatort meines Vaters, wo dieser ein Einfamilienhaus gebaut hatte. Mit meiner frühesten Kindheit verbinde ich sehr angenehme Gefühle, Erinnerungen habe ich aus dieser Zeit praktisch keine mehr. Ich hatte einen Vater, den ich aufgrund seiner Schichtarbeit viel im Haus und im Garten erleben konnte, und eine Mutter, die ständig anwesend war und uns gut umsorgte. Mit Beginn der Schulzeit war das sorglose Leben rasch vorbei. Die hohen Anforderungen meines Vaters an die schulischen Leistungen kannte ich bereits von meinen älteren Geschwistern. Auch ich hatte den Stolz meines Vaters zu befriedigen und musste vor den Verwandten Gedichte aufsagen.

Selbst die Zeugnisse wurden öffentlich zur Schau gestellt und mussten natürlich dem Vergleich mit meinen Cousins und Cousinen standhalten. Die Zeit, die neben dem Lernen übrig blieb, wurde mit gemeinsamer Gartenarbeit verbracht. Seinen Perfektionismus lebte mir der Vater mustergültig vor und forderte ihn natürlich auch von mir und meinen Geschwistern. Die Zeit spielte nie eine Rolle, es wurde ja ohnehin immer bis zum Abend gearbeitet. Auch mehrere Zeitmanagement-Seminare, die ich während meines Berufslebens besucht habe, konnten meine Arbeitsweise nur ansatzweise ändern.

An Tagen, an denen der Vater im Dienst war, konnte ich nahezu uneingeschränkt tun, was ich wollte - das trug mir den Titel »Gassenjunge« ein, und meine Mutter wurde gerügt. Um sie zu schützen, mussten also auch diese Tage - meist kurz bevor der Vater nach Hause kam - mit einigen vorzeigbaren Taten eingeschränkt werden.

Die Ausflüge, die ich als Kleinkind immer so sehr mochte, vergingen mir gründlich, war doch jedes Mal ein ausführlicher Aufsatz über das Erlebte zu schreiben. Ich habe viel dabei gelernt, aber das habe ich damals nicht so gesehen. Die Kämpfe mit dem sonntäglichen Kirchgang überließ ich meinen älteren Brüdern. Ich hatte schnell bemerkt, dass es nur wichtig war, zu wissen, welcher Pater die Messe hielt, den Rest der Zeit verbrachte ich mit Schulfreunden in der Au. Es ging eigentlich ohnehin nur darum, dass die Nachbarn und Verwandten sahen, wie wir in die Kirche gingen. Alles andere war eigentlich unwichtig - außer der entsprechenden Sonntagskleidung natürlich.

Obwohl das Lügen in den Augen meines Vaters ein schweres Vergehen war, galt es doch immer, die Wahrscheinlichkeit des Überführtwerdens abzuschätzen. Das Strafmaß war zwar empfindlich hoch, aber in der Summe konnte ich mir mit einigem Geschick doch einiges ersparen. Da mein Vater zeitweise auch Tricks anwandte, um den Wahrheitsgehalt meiner Aussagen zu prüfen, musste immer bis zum bitteren Ende weitergelogen werden. Am peinlichsten waren mir die Gegenüberstellungen mit den Nachbarskindern, die trotz ausdrücklicher Vereinbarung »umgefallen« waren. Es war demütigend, mit Schimpf und Schande abgeführt zu werden. Wirklich Schläge bekam ich ganz selten, das Haareziehen war schon eine etwas gängigere Praxis der Bestrafung. Wenn wir in Gesellschaft waren, galt es, laufend die Stirn des Vaters im Auge zu behalten. Sobald sich diese zu Falten zusammenzog, musste schleunigst das Verhalten geändert werden. Eine Widerrede gegen jegliche Obrigkeit - dazu zählten alle Erwachsenen - wurde nicht geduldet. Auch unter uns Geschwistern gab es eine eindeutige Altershierarchie. Den Anweisungen der älteren Geschwister war unbedingt Folge zu leisten. Bei empfundener Ungerechtigkeit konnte später beim Vater Beschwerde eingereicht werden. Diese Regelung war aber eher eine theoretische Möglichkeit, weil sie von meinen Geschwistern fast nie in Anspruch genommen wurde.

Meine Eltern waren sehr sparsam. Und obwohl mein Vater nicht sehr viel verdiente und fünf Kinder zu versorgen hatte, fuhren wir jeden Sommer in den Urlaub in die Berge oder ans Meer. Ich hörte nie, dass wir uns etwas aus finanziellen Gründen nicht leisten konnten. Ich lernte bereits mit fünf Jahren das Skifahren. Da nahm ich auch den Ehrgeiz des Vaters in Kauf, mit dem er mich und meine Schwester unter Tränen übersteile Buckelpisten hinunterlotste. Meine Mutter hatte von diesen Urlauben meist weniger, da unsere finanzielle Situation nur Selbstversorgerquartiere zuließ.

Mein Vater startete ständig neue Anläufe, um das Haus zu vergrößern, zu verbessern oder funktioneller zu gestalten, wobei er sehr viel selbst machte. Bei diesen Tätigkeiten half ich viel lieber als bei der Gartenarbeit. Und ich konnte dabei auch viel lernen. Ich strengte mich immer sehr an, um über die Handlangerdienste hinauszukommen und die Anerkennung des Vaters zu erhalten. Dies geschah meist unter dem Motto: »Nichts gesagt ist Lob genug.«

Der schulische Werdegang führte mich nach vier wenig erfolgreichen Jahren im Gymnasium in die HTL, wo ich ohne übermäßige Anstrengungen unter den Klassenbesten rangierte. Da in der HTL keine Mädchen waren und ich im Gymnasium zum letzten nicht gemischten Jahrgang gehörte, verbrachte ich meine gesamte Schulzeit in einer reinen Knabenklasse. Der Umgang mit den Mädchen war für mich immer von der Vorstellung geprägt, auch das zu erfahren, was meine Klassenkameraden vorgaben, schon erlebt zu haben. Ich versuchte - aus Mangel an besserem Wissen - einen sehr direkten Weg, der meist mit Zurückweisungen und Frust verbunden war. Die ersten »Erfahrungen« waren dann zwar für mein Selbstwertgefühl sehr wichtig, aber alles andere als schön und erfüllend. Nach der Matura folgte ich meinem Bruder nach Graz, um dort ein technisches Studium zu absolvieren.

Nach einigen kürzeren Beziehungen lernte ich meine spätere Frau kennen. Sie war 16 und ich 22. Da wir fünf Zugstunden voneinander entfernt wohnten und uns nur alle zwei bis drei Wochen sahen, hatten wir Gelegenheit, unsere Beziehung langsam und mit viel Sehnsucht und Romantik zu vertiefen. Für mich war diese Zeit der Himmel auf Erden. Ich versuchte, alles zu tun, um diese symbiotische Liebesbeziehung auf ewig zu erhalten. Wir waren beide bemüht, jegliche Risse, die unser gemeinsames Bild bekam, sofort zu überpinseln. Obwohl manche dieser Risse immer deutlicher wurden, heirateten wir und bekamen in der Folge drei Kinder.

Für meine Frau wurden die Phasen der Enttäuschung und Verzweiflung immer öfter und länger, während ich mich voll auf den Aufbau meiner beruflichen Karriere konzentrierte. Mein Beitrag zur Beziehungsarbeit beschränkte sich auf die Mitarbeit bei der Hausarbeit und der Kinderbetreuung. Ich hatte keine Freunde und auch fast keine Hobbys, es gab nur noch Arbeit und Familie. Trotzdem - aus heutiger Sicht: deswegen - wurden unsere Beziehungskrisen immer offensichtlicher.

Zu diesem Zeitpunkt stieß ich auf die Seminarreihe »Der Weg der Männer« mit Greg und Peter. Anfänglich verstand ich es gut, mich nicht zu tief darauf einzulassen. Die Einladung, für Greg als Übersetzer zu arbeiten, half mir dabei. Je größer der Leidensdruck durch unsere Beziehungskrisen wurde, desto mehr konnte ich in die »Aschenarbeit« einsteigen und mich mit meinen Verletzungen auseinander setzen. Ich begann mühsam, den Zugang zu meinen Gefühlen zu erlernen und die bisher so wichtige Kontrolle über mich zu überwinden. So schmerzlich es auch war, es war für mich eine einzige Entdeckungsreise, bei der ich auf immer neue Erkenntnisse über mein Mannsein stieß. Die Qualität der Beziehung zu meiner Frau wurde eine andere, die Beziehungskrisen gingen jedoch weiter. Die Verstrickungen in unseren Beziehungsmustern waren bereits so stark und für uns beide undurchschaubar, dass wir sie bisher noch nicht aufzulösen vermochten.

Aus den Seminarserien entwickelte sich eine Männergruppe, die sich nun schon seit Jahren wöchentlich trifft. Diese Gruppe gab mir die Kraft und den Rückhalt, an den Beziehungskrisen nicht zu zerbrechen. Die Männer waren und sind für mich wie eine zweite Familie. Egal wie es mir geht, wo ich momentan stehe oder was ich mache, ich finde dort immer Verständnis und Unterstützung. Das gibt mir jetzt auch die Kraft und die Sicherheit, an der Weiterentwicklung der Beziehung zu meiner Frau zu arbeiten.
Ich bin Greg und Peter dankbar, dass sie mir das Tor zu einem Leben mit mehr Bewusstsein geöffnet haben.

Unschuld

Im Jahre 1637 kritzelte Pierre de Fermat, später als Begründer der Zahlentheorie bekannt geworden, auf den Rand einer Buchseite, was heute als Fermat-Vermutung bezeichnet wird: »Wenn *n* größer ist als 2, gibt es keine ganze Zahl, deren *n*-te Potenz gleich der Summe der jeweils *n*-ten Potenz der beiden kleineren ganzen Zahlen ist.«

Dieser Satz sagt jenen, die nur damit befasst sind, ihr Bankkonto im Gleichgewicht zu halten, nichts über die Tragweite dieser Erkenntnis. Doch die wahre Faszination von Theoremen besteht darin, sie zu beweisen – oder zu widerlegen. Fermat fügte hinzu, er hätte einen erstaunlichen Beweis, aber der Rand des Buches wäre zu schmal, um ihn aufzunehmen.

Unter diesem Blickwinkel möchten wir nachfolgend das anbieten, was wir die Axiome unserer Seele nennen, und zugleich darauf hinweisen, dass die persönliche Erprobung (oder Überprüfung) weit wichtiger sein könnte als das theoretische Verständnis unserer Annahmen und Folgerungen:

- Unsere »grundlegende Unschuld« (im Folgenden Seele genannt) ist der zentrale oder wichtigste Teil von uns.
- Die nicht deformierte Seele ist der anziehendste und schönste Aspekt menschlicher Wesen.
- Die menschliche Seele ist sehr biegsam, außerordentlich verwundbar und für jede Art von Eindrücken empfänglich.
- Eine Seele wird geboren und entwickelt sich, stirbt jedoch niemals.
- Die Seele kann sich positiv oder negativ entwickeln – entsprechend den Erfahrungen und dem Lebensstil eines Individuums.
- Die Seele ist WEIBLICH – bei Frauen und Männern. Es ist das Werk von Frauen, die Seele in dieser zutiefst feindseligen Welt zu verkörpern.
- Es die Aufgabe der Männer, eine intuitive Einsicht in die Seele zu entwickeln und im Einklang damit zu leben – das ist eine schwierige Pflicht.
- Dieses Vertrautwerden mit der Seele wird durch Intuition, Körperempfindungen, Visionen und unsere Vorstellungskraft vermittelt.
- »Seelengestaltung« – das ist die schwierige, fordernde und wahrhaft belebende Aufgabe, zu der wir alle aufgerufen sind.

Urweiblichkeit

Die Geschichte von Adam und Eva lässt sich auch anders als nur im Verständnis der christlichen Bibel interpretieren. Wir versuchen diese Geschichte in Bezug auf die Männerarbeit mit neuen Augen zu lesen. Im Alten Testament wird berichtet, dass Eva aus Adam erschaffen wurde. Aus Sicht der Männerarbeit ist Eva deshalb die weibliche Seite von Adam.

Die Schwierigkeiten von uns Männern entstanden, weil Adam ein typisch schwacher und unreifer Mann war. Er hatte nicht das Zeug, mit seiner eigenen Weiblichkeit zu kommunizieren. Das heißt, Adam musste leiden und wurde aus dem Garten Eden vertrieben. Seine weibliche Seite, Eva, folgte ihm – sie war ja seine Seele. Eva hatte sich im Gegensatz zu Adam weiterentwickelt; das zeigte ihre Fähigkeit, mit den Tieren zu kommunizieren. Adam hatte zwar allen Tieren einen Namen gegeben, was auf den bereits gut entwickelten Verstand Adams hindeutet, doch er konnte nicht mit ihnen kommunizieren. Die Vertreibung Adams aus dem Zustand des Verwöhntwerdens und der Unreife war eine von Gott beabsichtigte Aktion. Adam musste gehen, um außerhalb des Paradieses kommunizieren zu lernen.

Für uns Männer kann der Weg zurück in den Garten Eden also nur über die wiedererlangte Fähigkeit führen, mit unserer eigenen Weiblichkeit oder Seele zu kommunizieren – dieser Entwicklungsprozess kann Jahre dauern. Männerarbeit kann helfen, ihn zu strukturieren, zu steuern und zu überwachen und ihn damit letztlich zu beschleunigen.

Vater

»Der Segen eines Vater kann weder im Wasser ertränkt noch im Feuer verbrannt werden«, sagt der Volksmund.

Wir alle sind von unseren Eltern gesegnet, doch dies geschieht meist unbewusst. Wenn die Segnung unbewusst bleibt, hat es für das betreffende Kind negative Folgen – wir nennen das einen »Fluch«.

Es gibt ein Naturgesetz (das zugleich ein göttliches Gesetz ist), das besagt: »Je bewusster die Segnung von Vater und Mutter durchgeführt wird, desto gesünder und positiver ist sie für das Kind.«

Wir geben deshalb allen Vätern die dringende Empfehlung, dass sie ihre Kinder so oft wie möglich am Tag segnen. In unserer Männerarbeit haben wir die Botschaften der guten und reifen Mutter und des guten und reifen Vaters entwickelt. Wir empfehlen, diese Botschaften auch mündlich an die Kinder weiterzugeben, obwohl Worte nur durch unser Gehör gehen. Wesentlich daran ist, dass die Botschaften von einem reifen Vater und von einer reifen Mutter ausgehen.

Lebenslinien: Norbert

Es begann in einen kleinen Ort in den Bergen. Mein Vater stammt aus einer Bauernfamilie, meine Mutter aus einer Kaufmannfamilie. Ich wuchs mit meinen Bruder, der ein Jahr jünger ist, in einer sehr kleinen Wohnung auf. Meine Jugend war mit Rollenspielen, die wir mit unseren Nachbarskinder spielten, ziemlich ausgefüllt. Wir waren etwa acht Burschen, die immer wieder in verschiedene Rollen geschlüpft sind (beginnend bei Bonanza bis hin zu Prinz Eisenherz und seinen Rittern). Im Nachhinein gesehen eine nahezu perfekte Kindheit. Leider eben nur beinahe.

Mein Heranreifen war mehr von meinen Freunden bestimmt als von meinen Eltern. Dadurch haben sich auch eher verklärte Moralvorstellungen in meinen Kopf eingebrannt. In dieser Zeit wurde ein romantisches Bild in meinen Kopf gepflanzt, das mir später noch ziemliche Probleme bereitet hat. Es beschrieb den Glauben, dass man sich ohne Worte versteht, dass man immer das Gleiche will usw., wenn man sich nur genug liebt. (Wenn ich jetzt ein Märchen von der Prinzessin und dem Prinzen lese, so habe ich das Gefühl, dass dies meiner damaligen Sichtweise sehr nahe kommt.)

Meine Auseinandersetzung mit mir selbst und mit meiner Umwelt begann mit ca. 14 Jahren. Mein damaliger Religionslehrer konfrontierte mich mit Referaten zum Beispiel über das Leben nach dem Tod von Murry bis zum *Glasperlenspiel* von Hesse. Ich kann mich noch gut an die Diskussionen um das Wesen des Christentums oder des Buddhismus erinnern. Nach mehreren sehr intensiven Jahren, in denen ich unter anderem ein halbes Jahr als UN-Soldat in Zypern und auch sieben Monate in Australien verbrachte, habe ich 1987 geheiratet. Nach einem Jahr wurde mein Sohn Benjamin geboren. Mit dem Heranwachsen meines Sohnes und im Verlauf der Auseinandersetzung mit meinem Vater wurden Fragen meines Mannseins immer drängender: Was ist es, was ist der Kern meines Mannseins?

Dieser Weg wurde aber jäh unterbrochen, als ich von der Bank meines Vaters angeschrieben wurde. Mein Vater hatte begonnen ein Haus zu bauen und sich dabei übernommen. Ich sah jetzt die Stunde gekommen, um gleich zwei Fliegen mit einer Klappe zu schlagen. Einerseits wollte ich für meine kleine Familie ein Heim schaffen und andererseits meinem Vater zu Hilfe eilen.

Aus diesen Grund habe ich eingewilligt, das Haus zu übernehmen und fertig zu bauen. Mit der Zeit offenbarte sich mir dann die ganze Wahrheit über die finanzielle Situation, leider war da schon zu spät. Durch die Übernahme des Hauses hatte ich auch die gesamte Verantwortung für meine Eltern übernommen. Aufgrund der Tatsache, dass das Haus ohne Genehmigung gebaut worden war und niemand es für nötig gehalten hatte, mich darüber zu informieren, befand ich mich mit meiner Familie in einer Situation, aus der es keinen Ausweg mehr zu geben schien.

Ein wunderschöner Moment in diesem verworrenen Leben war die Geburt meiner Tochter. Dieses Ereignis verlieh mir neue Kraft, um weiterzugehen.
Natürlich wurde mir von jeder Seite gesagt, dass die Behörde keine Schritte unternehmen würde, aber ...

Was hat das für mich bedeutet? Ich hatte mich in eine Situation begeben, in der ich mich nicht von der Last befreien konnte, die mich fast erdrückte. Also blieb mir nur zu arbeiten und möglichst viel Geld zu verdienen, um die Schulden zu zahlen. Das dauerte insgesamt beinahe zehn Jahre. Die Spannungen, die sich dadurch auch zwischen meiner Frau und mir aufbauten, brauche ich wohl nicht zu beschreiben.

Gleich zu Beginn dieser Phase wurde meine Vorstellung von der Beziehung zwischen Vater und Sohn regelrecht pulverisiert.

Meine schöne Welt zerbröselte zwischen meinen Fingern, und übrig blieb nur der Wille, nicht unterzugehen. Ich spürte zu diesem Zeitpunkt eher unbewusst, dass ich irgendwie Hilfe brauchte und ich mir dies auch sehnlichst wünschte. Natürlich glaubte ich vom Kopf her, dass ich nach wie vor der Macher war, der, der das alles schaffen konnte und schaffen würde. Mein Zorn auf das Ganze, auf meinen Vater, der mich so verraten hatte, auf meine Frau, in deren Schuld ich stand, verlieh mir unglaubliche Kräfte, die ich wohl auch nötig hatte.

Ein Jahr reihte sich an das andere, und ich verlor immer mehr den Glauben an die Zukunft - und ich spürte, dass ich immer härter wurde. Ich vermisste das freie Atmen, das tiefe Luftholen. Langsam kam die Angst über meinen Rücken gekrochen, die Angst, alles zu verlieren und zuallererst mich selbst zu verlieren.

Ich fühlte, dass der Lebensweg mit Sicherheit in einer Sackgasse enden würde. Leider erging es mir wie so vielen Männern: Erst als ich nicht mehr weiterkonnte und der Verzweiflung nahe war, begann ich mich mit anderen Männern zu treffen. Bei den Männern unserer Gruppe fand ich den nötigen Rückhalt, um mich auf das dünne Eis zu wagen, mich umzusehen, den Faden des Lebens wieder zu ergreifen und mich daran aufzurichten.

Nach einigen Schnupperwochenenden und ebenso vielen durchwanderten Schwitzhütten begann ich 1994 mit meiner Serie »Der Weg der Männer«. Daraus erwuchs für mich immer mehr das Bedürfnis, aktiver an diesem »Projekt« mitzuarbeiten.

Für mich ist diese Arbeit immer wieder eine neue Herausforderung, und ich habe das Gefühl, dass der Weg zu mir eigentlich das Ziel ist. Immer wieder ergeben sich neue Herausforderungen, denen ich mich, dank der Hilfe der Männer, zu stellen wage.

Am Ende denke ich, dass ich die Verantwortung, die ich gegenüber mir selbst, meinen Kindern und der Erde habe, übernehmen und dadurch meine Umwelt ein wenig mitgestalten kann.

Vergangenheitsbewältigung

»Wer seine Vergangenheit nicht kennt, der ist verurteilt, sie zu wiederholen«, heißt es bei Sigmund Freud.

Die gegenwärtige Aufarbeitung der Vergangenheit ist nicht auf Einzelne beschränkt, sondern sie ist für ganze Gesellschaften (und Nationen) ein Thema – zum Beispiel sind der Vietnamkrieg und die Indianerkriege ein Beweis für nicht bewältigte Vergangenheit in den USA.

Die »Höhepunkte« westlicher Zivilisation

Das sind die offensichtlichen, jedoch häufig übersehenen »Höhepunkte« unserer westlichen Zivilisation: der Peloponnesische Krieg, die Eroberungen von Alexander dem »Großen«, die Punischen Kriege und die

Jahrhunderte der römischen Eroberungen, die »heiligen« Kreuzzüge des Mittelalters, die Inquisition, der Hundertjährige Krieg zwischen Frankreich und England, die Eroberung Nord-, Mittel- und Lateinamerikas, die Religionskriege des 16. Jahrhunderts, der Dreißigjährige Krieg, der Sklavenhandel, die Kabinettskriege des 18. Jahrhunderts, die Amerikanische Revolution, die Französische Revolution, die Napoleonischen Kriege, die Eroberungen in Afrika und Asien, der Amerikanische Bürgerkrieg, die Oktoberrevolution in Russland, der Erste Weltkrieg und der Zweite Weltkrieg, die Kriege in Korea, Vietnam, Afghanistan und im Irak, die Kriege in Jugoslawien und in Tschetschenien und so weiter, und so weiter, und so weiter ...

Drei dringliche Schritte zur Vergangenheitsbewältigung

Vergangenheitsbewältigung ist ein wichtiger Grund, weshalb wir in der Männerarbeit mit dem »inneren Kind« und dem »achtungsvollen Abschied von Vater und Mutter« arbeiten.

In unseren Augen zählt nicht »Schuld«, sondern »Reue«: Sie reinigt und heilt die Wunden. Schuld bringt uns nicht weiter – sie verleitet zu Passivität, Nichtstun und Depression. Reue hingegen führt zu Aktivität und heilendem Dienen.

Absolutes Verzeihen

Ein absolutes (volles) Verzeihen ist etwas so Wertvolles und Wesentliches, das wir nicht einfach nur durch Worte wie »Tut mir Leid, dass ich dich verletzt habe« vom anderen erfahren und bekommen werden. Wenn wir einem anderen Unrecht getan oder ihn verletzt haben – das kann bei keinem Menschen ganz ausgeschlossen werden – und uns bewusst sind, dass wir für alle unsere Handlungen auch die Konsequenzen zu tragen haben, sollte uns die Notwendigkeit des absoluten (vollen) Verzeihens klar sein.

Das absolute Verzeihen erfordert vier Schritte. Dieser Prozess bezieht unseren Geist und unser Verhalten ein:

Umkehr
Wir erkennen, dass wir einem anderen Unrecht getan und geschadet oder dass wir ihn in einer unnötigen Art und Weise verletzt haben. Der Schmerz, den diese Erkenntnis auslöst, bewegt uns zur Umkehr. Was in der Bibel häufig als Umkehr übersetzt ist, heißt im Griechischen »Metanoia«. Metanoia bedeutet, dass eine Transformation ins Bewusstsein stattfindet. In diesem Abschnitt beginnen wir, uns vom oberflächlichen Leben der Unreife und der daraus resultierenden Unempfindlichkeit gegen Verletzungen und Ungerechtigkeiten abzuwenden und uns zu drehen, eben umzukehren. Wenn wir bereit sind, den Schmerz der Unehrlichkeit völlig zu erfassen, führt uns dies zum nächsten Schritt.

Reue
Spüren wir bis jetzt noch keine Reue, können wir sicher sein, dass unsere offensichtliche Umkehr nur oberflächlich erfolgte. Reue ist das tiefe Empfinden von Traurigkeit, das wir angesichts unserer Taten wahrnehmen. An diesem Punkt erfolgt der Antrieb, authentisch um Verzeihung zu bitten. Wir sollten wissen, dass das authentische Verzeihen durch ein Gegenüber für unser körperliches, psychisches und geistiges Wohl notwendig ist. Es gibt keine abschließende oder anschließende (verspätete) Befreiung ohne absolutes (volles) Verzeihen.

Wiedergutmachung
Wenn wir wirkliche Reue praktizieren wollen, müssen wir denjenigen, den wir verletzt haben, fragen, wie wir unsere Tat wiedergutmachen können – dafür gibt es keine Ausrede, auch wenn die Wiedergutmachung fast aussichtslos erscheint. Die Entscheidung, ob der andere unser Verzeihen oder die angebotene Wiedergutmachung

annimmt, liegt nicht bei uns. Erst wenn der andere einwilligt, kann Versöhnung beginnen.

Versöhnung
Die Versöhnung schließt den Prozess ab. Heute wollen wir meist sofort mit der Versöhnung beginnen, ohne den Schmerz des ganzen Prozesses erfahren zu haben. Versöhnung wird damit zur Illusion. Absolutes (volles) Verzeihen ist eine der höchsten Segnungen in unserem Erdendasein. Denn diese Segnung ist das Tor zur Göttlichkeit. Ohne authentische Versöhnung auf Erden gibt es keine Vereinigung mit der göttlichen Welt.

Reue

Leider haben wir – nicht zuletzt durch das Wirken der Kirche – heute eine völlig falsche Vorstellung von Reue. So glauben beispielsweise viele Menschen, Reue habe etwas mit Scham und Schuld zu tun. Doch Reue geht wesentlich tiefer und weit über Scham und Schuld hinaus. Das weit verbreitete kulturelle Missverständnis von Reue ist schwer zu überwinden. Trotzdem versuchen wir es in unserer Arbeit mit Männern.

Scham und Schuld bilden einen Teufelskreis. Scham frisst Schuld und Schuld frisst Scham usw. Die meisten Menschen stecken bewusst oder unbewusst tief in diesem Teufelskreis. Unserer Erfahrung nach gibt es nur zwei Wege, die aus diesem Teufelskreis herausführen:

- Der populärste und am häufigsten gewählte Weg ist der Weg des Vergessens. Bei den meisten Menschen geht das Vergessen allerdings in eine Art Taubheit über, die auf Dauer abstumpft.
- Der zweite Weg ist die tägliche Praxis von Reue. Ein Leben in gesunder Reue verwandelt Scham und Schuld in Befreiung. Das heißt: Wir beabsichtigen nicht, Scham und Schuld zu unterdrücken, sondern versuchen im Gegenteil, uns Scham und Schuld so bewusst wie möglich zu machen, damit sie sich in eine dauernde Befreiung verwandeln.

Ein Leben in tiefer und gesunder Reue bedeutet, dass wir einerseits befreit sind von Scham und Schuld und andererseits schöpferisch an unseren Lebensproblemen arbeiten können. Die wieder aufgenommene enge und bewusste Verbindung zu unserem »grundlegenden Gutsein« bzw. zu unserer Seele überhäuft uns mit einem Glücksgefühl und einem unablässigen gegenwärtigen Sinn für Humor. – Aber wir müssen noch tiefer gehen!

Ein Leben in einem Zustand tiefer und bewusster Reue bedeutet auch, dass wir stets ein offenes Herz haben. Nicht nur für die angenehmen und schönen Dinge des Lebens, sondern auch für das Unbequeme und Unangenehme. Was müssen wir dafür tun? Gemeinsam mit anderen in barfüßiger Einfachheit leben, Buße tun und beten – in ständiger Erinnerung an unser Leben. Diese Erinnerung ist das geheime Herz aller Religionen. Wir müssen uns an den Inhalt unseres Lebens erinnern, an alles, was geschehen ist, an die guten und an die schlechten Ereignisse. Wir müssen uns daran erinnern, was gut und schlecht in unserer Familie war. Wir müssen uns an das Gute und an das Schlechte in unserem Stamm oder unserer Gesellschaft erinnern.

Scham und Schuld sind Anzeichen, dass wir nur widerwillig Verantwortung übernehmen wollen. Reue hingegen ist die Akzeptanz dieser Verantwortung.

Das jüngste Gericht

Es gibt eine »höhere Macht«. Wir können sie Gott, Buddha, Allah oder wie auch immer nennen, solange wir dabei in Erinnerung behalten, dass diese göttliche Macht oder Kraft schon immer in einem Zustand der Einheit und Vollkommenheit weit jenseits all unserer Versuche, ihr einen Namen zu geben, existiert hat und alle unsere Namen dieser Herrlichkeit des lebendigen Göttlichen nichts hinzufügen können.

Wir alle sind – ohne Ausnahme – ein Teil dieser Kraft, ob wir es wissen oder nicht. Sie ist allumfassend, ohne irgendein Ding oder Objekt auszuschließen.

Deshalb hat diese »höhere Macht« nicht das geringste Interesse, uns nach unserem Tod zu verurteilen. Das lebendige Göttliche bemerkt nicht einmal unser Dahinscheiden. Wie könnte es auch?

Und doch gibt es tatsächlich so etwas wie ein jüngstes Gericht. Aber es ereignet sich auf eine reflexive Art und Weise während unseres Sterbens. Das heißt: Wir sitzen über uns selbst zu Gericht, indem wir unser gewahr werden! Dabei werden alle Ereignisse und Nicht-Ereignisse, all unsere Handlungen und unsere unterlassenen Handlungen aufgezeichnet und in einer automatischen Wiedergabe durch ein sich selbst auslösendes Playback noch einmal vor unserem inneren Auge ablaufen. Das ist das eigentliche und zentrale Ereignis im Prozess des Sterbens – und es bedeutet, dass wir unsere eigenen Richter sind!

Deshalb müssen wir lernen, uns selbst zu vergeben. Paradoxerweise lernen wir das am besten, indem wir anderen vergeben und verzeihen. Wenn wir das auf allen Ebenen praktizieren, können wir den Segen der Reue in unserem Leben auf folgende Art und Weisen erkennen:

Wir bemerken einen Heilungsprozess an uns und registrieren die Befreiung von Schuld und Scham und depressiven Verstimmungen.

Wir erfahren kreative, visionäre und inspirierte Anstöße, um dem »roten Faden« des Lebens selbst folgen zu können. Wir sind fähig, unser gemeinsames Schicksal als menschliche Wesen zu feiern. Hier und jetzt, in diesem Mysterium und in seinen Ausdrucksformen; wir sind fähig gleichzeitig zu leben und zusammen zu sterben, wie wir es jetzt bereits tun.

Wir sind nicht länger Gefangene unserer eigenen Gedanken, und wir sind immer mehr bereit, unser Leben so zu leben, dass wir die Fehler der Vergangenheit nicht wiederholen.

Wir leben universales Verzeihen.

Vision

Was ist deine Vision? Was ist dein Lebensziel? Was ist deine Lebensaufgabe? Was ist dein Sinn des Lebens? Welches sind deine zehn wichtigsten Werte im Leben? Liste sie auf. Gib ihnen eine Rangfolge. Überprüfe die Liste regelmäßig.

Beantworte die folgenden Fragen, so gut du kannst. Wenn du Schwierigkeiten hast, dann warte einfach ab, was sich in dir regt:
Beschreibe deine naturgegebenen Talente und Fähigkeiten, auch wenn sie noch nicht völlig ausgereift und entwickelt sind.
»Später will ich einmal ...« – Was war das, wovon du schon als Kind geträumt hast?
Was glaubst du, wozu du bestimmt bist?
Verhältst du dich dieser Bestimmung entsprechend?

Beschreibe, was du vor dem Ende deines Lebens erreicht haben willst. Beschreibe deine Vision, den Sinn deines Lebens. Mache kurze und klare Aussagen. Widme der Beschreibung deiner Vision besondere Aufmerksamkeit. Beschreibe sie so genau wie möglich, sodass du sie erkennst, wenn sie da ist. Beschreibe sie so, als ereignete sie sich gerade. Beschreibe das Ergebnis, das du dir wünschst. Forme es, bis es dir wirklich gefällt. Nenne das alles »meine Vision – der Sinn meines Lebens«.

Schreibe diese Vision auf ein Blatt Papier. Du kannst mehrere Blätter beschreiben und sie dann in deiner Wohnung, dort, wo du sie am häufigsten sehen kannst, aufhängen – zum Beispiel neben dem Badezimmerspiegel oder an der WC-Tür.

Oder du teilst sie den Männern einer Männergruppe mit, das verleiht ihr Kraft. Du kannst sie aber auch – auf einem Blatt Papier festgehalten – in die Mitte deines Altars legen.

Die Suche nach einer Vision

Bei fast allen Naturvölkern ist die Suche nach einer Vision das Herzstück ihres Stammeslebens. Die Stammesangehörigen begeben sich auf die Suche nach einer Vision für ihr Leben, um für den Stamm und den »Großen Geist« ein gesunder und reifer Diener sein zu können.

In unserem modernen und zivilisierten Leben ist diese Suche pervertiert. Viele Männer suchen nach rein materiellen Dingen wie Geld, Besitz und Karriere.

Doch seit Christus wissen wir, dass Mann nicht wirklich durch »Haben« zufrieden und satt werden kann; er muss auch nach dem »Sein« Ausschau halten. Diese Suche ist unverzichtbar für Männer, die wahrhaftig Mensch werden wollen. Deshalb ist die Suche nach einer Vision ein wichtiger Bestandteil unserer Männerarbeit. Sie erfolgt in fünf Schritten:

1. Der Abschied von der vertrauten Welt, von der Kindheit, von den Eltern, von der Partnerin, von Freunden usw. Denn es ist notwendig, den gewohnten Bereich zu verlassen und nach Möglichkeit in ein anderes, ein fremdes Land zu gehen.
2. Die Beschränkung des aufwändigen Lebensstils und des unreflektierten Konsums auf die wesentlichen Grundbedürfnisse wie Essen, Wohnen, Kleidung und Erdverbundenheit (-vertrauen).
3. Die Auseinandersetzung mit der Natur – so, wie im zweiten Schritt bereits beschrieben: »Die Befriedigung der Grundbedürfnisse reicht fürs Überleben aus«.
4. Die Verbundenheit mit einem Ersatzvater. Obwohl es denkbar ist, dass man sich allein auf Visionssuche begibt, empfehlen wir trotzdem, die Reise gemeinsam mit anderen Männern in der Gruppe zu machen, wenn möglich mit einem oder mehreren in der Visionssuche erfahrenen Mentoren.
5. Die Rückkehr zum alltäglichen Leben und der Versuch, die gewonnene Vision zu leben. Es kann sein, dass du mehrmals auf Visionssuche gehen musst, bevor du eine für dich stimmige Vision entwickeln kannst.

Eine unserer wesentlichen Erfahrungen als Mentoren in der Männerarbeit besteht in der Erkenntnis, dass unser Leben eine fortwährende Pilgerreise ist, bei der wir immer wieder an bestimmten Orten (Ereignissen, Lebensphasen) Einkehr halten, um uns von einem höheren Geist empfangen zu lassen – wir führen unser Leben wie eine Art ständige Visionssuche. Zwar haben wir in der Männerarbeit schon

Visionen gefunden, aber wir suchen weiterhin ständig nach Wegen, unsere Vision von Heilung und Reifung noch besser umsetzen zu können.

Um dieses Ziel zu erreichen, haben wir auch schon gefastet. Allerdings ist ein erprobtes Sicherheitssystem notwendig, will man in der Wildnis allein über mehrere Tage hinweg fasten. Hierfür sind bestimmte Voraussetzungen zu schaffen. So muss man körperlich gut vorbereitet sein und über eine entsprechende Ausrüstung verfügen. Wir haben zwei verschiedene Formen der Visionssuche entwickelt: eine für Jungen, wir nennen sie »Feuerprobe«, und eine für Männer, wir nennen sie »Initiation in der Männergruppe«.

Die zur Verfügung stehende Zeit ist bei den Jungen kürzer bemessen als bei den Männern. Wir verlangen auch nicht, dass die Jungen fasten – das dürfen sie nur mit Erlaubnis des Gruppenmentors.

Wasser

Wasser spielt eine große Rolle in der Männerarbeit. Wir nutzen es in Form von

- Wasser
- Dampf
- Schweiß
- Tränen
- Blut
- Samen

Als erstes wollen wir uns dem Wasser zuwenden, das wir trinken. Wir empfehlen, täglich zwei bis drei Liter Wasser zu trinken. Vor allem bei der emotionalen Arbeit brauchen wir viel Wasser für die innere Reinigung des Körpers, die Ausscheidung der Gifte und die Lösung überschüssiger Spannungen und Blockaden. Wasser hat eine wichtige Schutzfunktion.

Eine andere Form von Wasser ist der Dampf in der Schwitzhütte. Wir empfehlen allen Männern, Frauen, Jugendlichen und Kindern, regelmäßig in ein Dampfbad bzw. in eine Sauna zu gehen. Eine Sauna ist eher verfügbar als eine Schwitzhütte. Sauna und Schwitzhütte haben eher mit geistiger als mit körperlicher Reinigung zu tun, obwohl die körperliche Reinigung in der Sauna/Schwitzhütte ein wesentlichen Faktor ist.

Die dritte Form von Wasser ist Schweiß. Wir empfehlen, dass Männer zwei- bis dreimal pro Woche etwas machen, das sie anständig zum Schwitzen bringt, zum Beispiel Bergwandern, Holzhacken, Joggen, Radfahren oder mit Kindern spielen. Was auch immer ein Mann macht: Es ist wichtig, dass er dabei ordentlich schwitzt.

Die vierte Form von Wasser, die in unserer Arbeit wichtig ist, sind Tränen. Es ist eines unserer Ziele, dass sich Männer mit ihren Tränen anfreunden. Im Allgemeinen fühlen Männer sich stark und frei von Ängsten. Doch wer nicht in einer angemessenen Art und Weise weinen kann, läuft Gefahr, auf Dauer krank zu werden.

Die fünfte Form von Wasser in unserer Männerarbeit ist Blut. Bei uns gilt die Grundregel: kein Blutvergießen! Wir führen auch keine Bluttrituale oder Beschneidungen durch. Aber die Männer sollten ihre gespaltenen Gefühle gegenüber Blut zur Sprache bringen und damit auch überwinden. Manche Männer verspüren in der Tat eine unbewusste Lust auf Blut. Diese Blutlust ist ein uraltes Menschheitsproblem, das unserer Meinung nach nur durch intensive Männerarbeit gelöst werden kann.

Die sechste Form von Wasser ist männlicher Samen. Er ist so etwas wie eine Leben spendende Milch. Normalerweise erzeugt eine Frau nur dann Muttermilch, wenn sie ein Kind geboren hat. Unsere Männermilch (Samen) hingegen scheint einem nie endenden Quell zu entspringen. Leider wissen die wenigsten Männer, dass der sorgsame Umgang mit ihrem Samen ihre Gesundheit, Vitalität, Anziehungskraft und Lebensenergie (Sexualität, Ekstase) erhält. Wir sagen allen Männern: Jedes Mal, wenn du ejakulierst, schwindet ein Stück deiner Lebenskraft. Du wirst schwächer, und wahrscheinlich wirst du einige Jahre früher sterben. Belasse also den Samen in dir, und verschwende ihn nicht.

Wilder Mann

Der Begriff Wilder Mann wird häufig missverstanden. Er ist kein Berserker. Der Wilde Mann ist auch kein Barbar. Er ist vielmehr das Spiegelbild von Mutter Natur. Leider sind wir in der modernen Zivilisation so weit von Mutter Natur getrennt, dass wir keine oder nur ganz wenige Kenntnisse über den Wilden Mann haben.

Ebenso wie Mutter Natur nicht ohne Gefahr ist, so ist auch der Wilde Mann nicht ohne Gefahr: Erdbeben, Stürme, Überschwemmungen und Lawinen töten jährlich Tausende von Menschen. Der Wilde Mann tötet nicht nur Tausende von Menschen, er tötet Millionen von Menschen durch Kriege und Gewalt.

Solange sich die Männer nicht des Wilden Mannes, der in ihnen schlummert, bewusst werden, rennen sie als Berserker, Barbaren, Soldaten oder Verbrecher durch die Weltgeschichte.

Wut

Obwohl Wut für die meisten von uns unangenehm ist, bleibt sie doch ein Teil unseres Lebens. Wir haben verschiedene Möglichkeiten entwickelt, mit Wut körperlich zu agieren. Wir können zwar viel über Wut schreiben, und es ist auch gut vorstellbar, dass es für einige Männer sehr hilfreich sein kann, das zu lesen, aber letztlich kommen wir nicht umhin, Wut bis zu einem gewissen Grad körperlich auszudrücken.

Mit Wut körperlich zu arbeiten, ist für viele Männer ein sehr schwieriges Unterfangen. Aber wenn wir nicht den Mut aufbringen oder nicht die Gelegenheit bekommen, unserer Wut Ausdruck zu verleihen, dann staut sie sich auf und wirkt in uns wie ein Gift. Wir haben gelernt, unsere Wut hinunterzuschlucken und zu unterdrücken – das ist eine sehr ungesunde Art und Weise des Umgangs mit ihr. Die meisten Männer kommen mit so viel unterdrückter und verschleppter Wut zu uns, dass sie emotional völlig erstarrt sind. Oftmals brauchen diese Männer Gelegenheit, ihre angestaute Wut auf eine sehr dramatische Weise auszudrücken, zum Beispiel mit einem Holzstock auf Kissen, Decken oder abgestorbene Baumstämme zu schlagen oder laut zu schreien.

Doch derartige Übungen können gefährlich werden. Sie funktionieren nur in einem aufmerksamen, starken und erfahrenen Männerteam. Wir empfehlen dringend, dass Wutübungen nur gemeinsam mit einem erfahrenen Gruppenleiter oder Gruppenteam durchgeführt werden. Für Anfänger in der Männerarbeit – Leiter wie auch Teilnehmer – sind solche Übungen nicht geeignet.

Zwänge

Wir können beinahe gänzlich davon ausgehen, dass es keine von Zwängen befreiten Männer gibt. Den meisten Männern ist das allerdings überhaupt nicht bewusst, weil sie ihr gewohntes Verhalten und ihre verwöhnende Umgebung nicht unter die Rubrik Zwangsverhalten einordnen können oder wollen. Ist im Umfeld eines Mannes immer alles kontrollierbar, geordnet und sauber, so erwächst für ihn daraus ein unnötiges Leiden.

Nach unserer Meinung werden die Grundlagen für zwanghafte Erkrankungen – bei Kindern und Erwachsenen – bereits mit den (moralisierenden) Reinigungsansprüchen in der Kindheit gelegt. Auch eine dogmatische und streng religiöse Erziehung kann entsprechende Erkrankungen hervorrufen.
Zwanghaftes Verhalten ist eine seelische Erkrankung, die darauf beruht, dass der Betroffene Angst- und Zwangszustände zum Vorwand nimmt, um den Pflichten und Anforderungen des (sozialen) Gemeinschaftslebens auszuweichen (aus biologischen, ökonomischen, pädagogischen, sozialen und kulturellen Gründen braucht die menschliche Existenz die

Grunderfahrung des Minderwertigkeitsgefühls – es verlangt nach Ausgleich und erzeugt aus dieser inneren Spannung heraus den Antrieb, der Gemeinschaft zu dienen).

Übertrieben verwöhnte, behütete, körperlich benachteiligte und besonders vernachlässigte Kinder laufen Gefahr, später unter extremen Zwängen zu leiden. Aus den natürlichen Gefühlen eines Kindes werden Komplexe, wenn sie nicht auf ein gesundes und reifes Umfeld treffen.

Register

R

S

T

U

V

W

Z